〔元〕脱脱 等撰
陳述 補注

遼史補注

第五册

卷三一至卷四〇（志一）

中華書局

遼史補注卷三十一

志第一

營衛志上〔一〕

上古之世，草衣木食，巢居穴處，熙熙于于，不求不爭。爰自炎帝政衰，蚩尤作亂，始制干戈，以毒天下。軒轅氏作，戮之涿鹿之阿。處則象吻于宫，行則懸旄于纛，以爲天下萬世戒。於是師兵、營衛，〔二〕不得不設矣。

冀州以南，歷洪水之變，夏后始制城郭，其人土著而居。綏服之中，外奮武衛，内揆文教，守在四邊。營衛之設，以備非常而已。并、營以北，勁風多寒，隨陽遷徙，歲無寧居，曠土萬里，寇賊姦宄乘隙而作。營衛之設，以爲常然，其勢然也。

有遼始大，設制尤密。居有宫衛，謂之斡魯朵；〔三〕出有行營，謂之捺鉢；〔四〕分鎮邊圉，謂之部族。有事則以攻戰爲務，閑暇則以畋漁爲生。無日不營，無在不衛。立國規模，莫重於此。作營衛志。

〔一〕營衛志在二十四史中爲本史獨有之篇目。

〔二〕索隱卷三：「案史記五帝本紀，黄帝遷徙往來無常處，以師兵爲營衛。正義曰：『環繞軍兵爲營以自衛，若轅門，即其遺象。』」清卜陳彝握蘭軒隨筆卷下營衛條亦引史記正義卷一五帝本紀説，並云：「軍行以車爲陣，轅相向爲門。故云。」

〔三〕斡魯朵，亦譯斡耳朵、訛耳朵，漢義：宫也。或謂沿於匈奴之甌脱（見史記、漢書匈奴傳），如宗廟祠堂之意。按漢書卷九四上匈奴傳上服虔注：「甌脱，作土室以伺也。」師古曰：「境上候望之處，若今之伏宿舍也。」史記集解：「韋昭曰：界上屯守處。」史記索隱：「服虔云：作土室以伺漢人。又纂文曰：甌脱，土穴也。又云是地名，故下云生得甌脱王。」按斡魯朵即游牧宫衛制度，與斡脱無多關聯。

〔四〕捺鉢，亦譯納鉢、納跋、納寶，漢義「行在」也。因游牧傳統，春水秋山，兩地轉徙，坐冬坐夏，稱曰捺鉢。斡魯朵、捺鉢，均應作制度理解。不能僅泥於詞義。

宫衛

遼國之法：天子踐位置宫衛，分州縣，析部族，設官府，籍户口，備兵馬。崩則扈從后妃宫帳，以奉陵寢。有調發，則丁壯從戎事，老弱居守。〔一〕

太祖曰弘義宫，應天皇后曰長寧宫，太宗曰永興宫，世宗曰積慶宫，穆宗曰延昌宫，景宗曰彰愍宫，承天太后曰崇德宫，聖宗曰興聖宫，興宗曰延慶宫，道宗曰太和宫，天祚曰永昌宫。又孝文皇太弟有敦睦宫，丞相耶律隆運有文忠王府。凡州三十八，縣十，提轄司四十一，石烈二十三，瓦里七十四，抹里九十八，得里二，閘撒十九。爲正户八萬，蕃漢轉户十二萬三千，〔二〕共二十萬三千户。

算斡魯朵，太祖置。國語心腹曰「算」，宫曰「斡魯朵」，是爲弘義宫。以心腹之衛置，益以渤海俘，錦州户。其斡魯朵在臨潢府，陵寢在祖州東南二十里。正户八千，蕃漢轉户七千，出騎軍六千。〔三〕

州五：錦、祖、嚴、祺、銀。

縣一：富義。

提轄司四：南京、西京、奉聖州、平州。

石烈二：曰須，曰速魯。

瓦里四：曰合不，曰撻撒，曰慢押，曰虎池。

抹里四：曰膻，曰預墩，曰鶻突，曰糺里闡。

得里二：曰述壘北，曰述壘南。

〔一〕契丹國志卷二三：「每其主立，聚所得人户、馬牛、金帛及其下所獻生口，或犯罪没入者，別爲行營（一作宫）領之，建州縣、置官屬。既死，則設大穹廬，鑄金爲像，朔望節辰忌日輒致祭。」此源於長編天聖九年六月。

〔二〕按下文各宫户數合計，正户爲八萬一千，蕃漢轉户十二萬四千。

〔三〕索隱卷三：「案此宫分人有耶律欲穩（傳三）孫胡吕（傳廿八），又耶律合魯子夷獵葛（傳八），又蕭塔剌葛（傳廿）。」

國阿輦斡魯朵，太宗置。收國曰「國阿輦」，是爲永興宫，初名孤穩斡魯朵。以太祖平渤海俘户，東京、懷州提轄司及雲州懷仁縣、澤州灤河縣等户置。其斡魯朵在游古河側，陵寢在懷州南三十里。正户三千，蕃漢轉户七千，出騎軍五千。〔一〕

州四：懷、黔、開、來。〔二〕

縣二：保和、灤河。

提轄司四：南京、西京、奉聖州、平州。

石烈一：北女古。

瓦里四：曰抹，曰母，曰合李只，曰述壘。

抹里十三：曰述壘軫，曰大隔蔑，曰小隔蔑，曰母，曰歸化不朮，曰唐括，曰吐谷，曰百爾瓜忒，曰合魯不只，曰移馬不只，曰膧，曰清帶，曰速穩。

閘撒七：曰伯德部，曰守獄，曰穴骨只，曰合不頻尼，曰虎里獄，曰耶里只挾室，曰僧隱令公。

〔一〕索隱卷三：「案此宮分人有耶律喜孫（傳廿七）子涅哥。（興宗紀）」

〔二〕本史卷三八地理志二：「瀋州，初隸永興宮，後屬敦睦宮。」又卷三九地理志三：「恩州，初隸永興宮，後屬中京。建州，初名武寧軍，隸永興宮，後屬敦睦宮。」

耶魯盌斡魯朵，世宗置。興盛曰「耶魯盌」，是爲積慶宮。以文獻皇帝衛從及太祖俘户，及雲州提轄司，并高、宜等州户置。其斡魯朵在土河東，陵寢在長寧宮北。正户五千，蕃漢轉户八千，出騎軍八千。〔一〕

州三：康、顯、宜。〔二〕

縣一：山東。

提轄司四。〔三〕

石烈一：兮臘。

瓦里八：曰達撒，曰合不，曰吸烈，曰逼里，曰潭馬，曰槊不，曰耶里直，曰耶魯兀也。

抹里十：曰紇斯直，曰鑾葛，曰厥里，曰潭馬忒，曰出懶，曰速忽魯椀，曰牒里得，曰閭馬，曰迭里特，曰女古。

〔一〕索隱卷三：「案此宮分人有女里，佚其氏族（傳九），又耶律傒古子瑶質（傳十八），又耶律鐸軫子低烈（傳廿三）。」

〔二〕本史卷三九地理志三：「興中府，本霸州彰武軍，隸積慶宮，後屬興聖宮。重熙十年升興中府。」

〔三〕按此缺提轄司所在地名，應與弘義、永興兩宮同。下文長寧宮、彰愍宮、興聖宮、延慶宮仿此。

蒲速盌斡魯朵，應天皇太后置。興隆曰「蒲速盌」，是爲長寧宮。〔一〕以遼州及海濱縣等户置。其斡魯朵在高州，陵寢在龍化州東一百里。世宗分屬讓國皇帝宮院。正户七千，蕃漢轉户六千，出騎軍五千。

州四：遼、儀坤、遼西、顯。〔二〕

縣三：奉先、歸義、定霸。

提轄司四。

石烈一：北女古。

瓦里六：曰潭馬，曰合不，曰達撒，曰慢押，曰耶里只，曰渾只。

抹里十三：曰渾得移鄰稍瓦只，曰合四卑臘因鐵里卑稍只，曰奪羅果只，曰拏葛只，曰合里只，曰婆渾昆母温，曰阿魯埃得本，曰東斯里門，曰西斯里門，曰東鑁里，曰西鑁里，曰牒得只，曰滅母鄰母。

〔一〕本史卷七四韓匡嗣傳作長樂宮。

〔二〕本史卷三八地理志二：「康州，初隸長寧宮，後屬積慶宮。」

奪里本斡魯朵，穆宗置，是爲延昌宮。討平曰「奪里本」。以國阿輦斡魯朵户及阻卜俘户，中京提轄司、南京制置司、咸、信、韓等州户置。其斡魯朵在糺雅里山南，陵寢在京南。正户一千，蕃漢轉户三千，出騎軍二千。

州二：遂、韓。〔一〕

提轄司三：中京、南京、平州。

石烈一：曰須。

瓦里四：曰抹骨古等，曰兀没，曰潭馬，曰合里直。

抹里四：曰抹骨登兀没滅，曰土木直移鄰，曰息州決里，曰莫瑰奪石。

〔一〕按本史卷三七地理志：「慶州本太保山黑河之地，穆宗建城，號黑河州。景福元年復置，更隸興聖宮。」又：「降聖州，穆宗建州。先屬延昌宫，後隸彰愍宫。」卷三八地理志二：「雙州，故隸延昌宫，後屬崇德宫。」

監母斡魯朵，景宗置，是爲彰愍宫。〔一〕遺留曰「監母」。以章肅皇帝侍衛及武安州户置。其斡魯朵在合魯河，陵寢在祖州南。正户八千，蕃漢轉户一萬，出騎軍一萬。

州四：永、龍化、降聖、同。

縣二：行唐、〔二〕阜俗。〔三〕

提轄司四。

石烈二：曰監母，曰南女古。

瓦里七：曰潭馬，曰奚烈，曰埃合里直，曰鑾雅葛，曰特末，曰烏也，曰滅合里直。

抹里十一：曰尼母曷烈因稍瓦直，曰察改因麻得不，曰移失鄰斡直，曰辛古不直，曰撒改真，曰牙葛直，曰虎狘阿里鄰，曰潑昆，曰潭馬，曰閘臘，曰楚兀真果鄰。

〔一〕宋綬契丹風俗作昭敏。

〔二〕按本史卷四〇地理志四：「行唐縣，太祖掠定州，破行唐，盡驅其民，北至檀州，擇曠土居之，凡置十寨，仍名行唐縣，隸彰愍宫。」卷四一地理志五：「望雲縣，景宗於此建潛邸，因而成井肆。……號御莊。後置望雲縣，直隸彰愍宫。」

〔三〕本史卷三九地理志三：「阜俗縣，統和四年置縣，初隸彰愍宫，更隸中京。」中京建於統和二十五年。卷三七地理志一：保和縣、宣化縣均太祖所俘渤海民，統和八年以諸宫提轄司人户置，隸彰愍宫。

孤穩斡魯朵，承天太后置，是爲崇德宫。〔一〕玉曰「孤穩」。以乾、顯、雙三州户置。其斡魯朵在土河東，陵袝景宗皇帝。正户六千，蕃漢轉户一萬，出騎軍一萬。

州四：乾、川、雙、貴德。

縣一：潞上京。

提轄司三：南京、西京、奉聖州。

石烈三：曰鑁里，曰滂，曰迭里特女古。〔二〕

瓦里七：曰達撒，曰耶里，曰合不，曰歇不，曰合里直，曰慢押，曰耶里直。

抹里十一：曰阿里厮直述壘，曰預篤温稍瓦直，曰潭馬，曰賃預篤温一臘，曰牙葛直，曰牒得直，曰虎温，曰孤温，曰撒里僧，曰阿里葛斯過鄰，曰鐵里乖穩鑁里。

閘撒五：曰合不直迷里幾頻你，曰牒耳葛太保果直，曰爪里阿本果直，曰僧隱令公果直，〔三〕曰老昆令公果直。

〔一〕遼寧義縣清河門遼墓出土銅銚，外側面近底邊，刻有「嵩德宫造重一斤□□□三日」銘款。日本津田左右吉遼代制度之二重體系（刊於滿鮮地理歷史研究報告卷五）謂李胡已有斡魯朵，稱崇德宫。

〔二〕金史卷二四地理志上部族節度使下有「迪烈（原注：又作迭剌）女古部族，承安三年改爲土魯渾札石合節度使」。又卷四四兵志：「東北路部族乣軍曰迭剌部（原注：承安三年改爲土魯渾札石合節度使），曰唐古部（原注：承安三年改爲部魯火札石合節度使）。」

〔三〕按即國阿輦斡魯朵下閘撒之第七。果直即割只。應是原屬永興宮者，後改隸本宮。

女古斡魯朵，聖宗置，是爲興聖宮。金曰「女古」。以國阿輦、耶魯盌、蒲速盌三斡魯朵户置。其斡魯朵在女混活直，陵寢在慶州南安。〔一〕正户一萬，蕃漢轉户二萬，出騎軍五千。〔二〕

州五：慶、隰、烏上京、烏東京、霸。

提轄司四。〔三〕

石烈四：曰毫兀真女姑，曰拏兀真女室，曰女特里特，曰女古滂。

瓦里六：曰女古，曰蒲速盌，曰鶻篤，曰乙抵，曰蓊，曰埃也。

抹里九：曰乙辛不只，曰鐵乖温，曰埃合里只，曰嘲瑰，曰合魯山血古只，曰奪忒排登血古只，曰勞骨，曰虚沙，曰土鄰。

閘撒五：曰達鄰頻你，曰和里懶你，曰爪阿不厥真，曰粘獨里僧，曰袍達夫人厥只。

〔一〕按本史卷三七地理志一：慶州有孝安無南安。似是因建陵寢，改南安爲孝安。

〔二〕索隱卷三：「按此宫分人有蕭塔里直後烏野。（傳廿三）」

〔三〕按本史卷三五兵衛志有南京、奉聖州、平州提轄司三。

窩篤盌斡魯朵，興宗置，是爲延慶宫。孳息曰「窩篤盌」。以諸斡魯朵及饒州户置。其斡魯朵在高州西，陵寢在上京慶州。正户七千，蕃漢轉户一萬，出騎軍一萬。

州三：饒、長春、泰。

提轄司四。〔一〕

石烈二：曰窩篤盌、曰鶻篤骨。

瓦里六：曰窩篤盌，曰廝把，曰廝阿，曰紇里，曰得里，曰歐烈。

抹里六：曰歐里本，曰燕廝，曰緬四，曰乙僧，曰北得里，曰南得里。

〔一〕按本史卷三五兵衛志爲南京、西京、奉聖州、平州。

阿思斡魯朵，道宗置，是爲太和宫。寬大曰「阿思」。以諸斡魯朵御前承應人及興中府户置。其斡魯朵在好水濼，陵寢在上京慶州。正户一萬，蕃漢轉户二萬，出騎軍一萬五千。

石烈二：曰阿斯，曰耶魯。〔一〕

瓦里八：曰阿斯，曰耶魯，曰得里，曰紇里，曰撒不，曰鶻篤，曰蒲速斡，曰曷烈。

抹里七：曰恩州得里，曰斡奢得里，曰歐里本，曰特滿，曰查剌土鄰，曰紇里，曰阿里斯迷里。〔二〕

〔一〕索隱卷三：「案此宮分人有蕭敵魯後胡篤（傳卅一），又有不詳某宮宮分人耶律敵魯（傳卅五），古迭，不知姓氏（傳四四）。」本史卷二二道宗紀重元平後，有「阿斯、宮分人急里哥、霞抹、乙辛、只魯并加上將軍」。

〔二〕一九八〇年内蒙古巴林右旗在遼黑山（今稱罕山）發現一遼代殘碑，正面已泐，可識者有「今再欲崇善跡長存世而名不（朽），不其偉歟？」背面著人名姓氏里居，摘舉數例如次，用見當時居民聚落情況。（參見向南遼代石刻文編補編黑山崇善碑題名。）

梁李氏、男圓覺、次男十哥、劉釋迦奴、妻安氏……嚴敬寺：講經尼行如、遵惠、俗六姐、尼悟應、尼妙應……黑河州：何寒食、妻劉氏……下三家寨：六院司契丹烏魯本娘子……六院司契丹郭家奴……六院司契丹烏者索董……家奴念九泉、家奴妻古典……樺皮寨：高鈞福……南新莊子：劉公儀、妻趙氏……校尉劉用……營作寨：張彥、妻延哥……上楊家寨：楊翰、妻阿王……王特末、妻武氏……長坐寨：齊璘、男整、侯信、妻金氏、男拽思……窑坊寨：俗葦、姪謀温、次姪温轄、男獨魯花、狄哥、必剌……中作寨：李士全……契丹石家奴……教坊寨：楊秀成、妻張氏……興中府莊：陸八兒……團子山：劉倬……孔□寨：董萬、□耶耶、任娘娘、任黑兒、田惟室，王耶耶、孫仙花、孫奚婆……糧穀務：王惟俊、郭松、劉重陽、契丹十五……。宜州莊：高元和、高娘娘、謝娘娘、劉娘娘……柿作務：陳阿吕、陳盧氏……五家寨：王進、張楊氏……瞿州莊：張孝順、張娘娘、高娘娘……八作司：□□、劉元祥……南灰務：張和尚、王藥師……砂宸寨：郭常、母張氏、弟霖……店者胡魯剌……契丹囊葦。下后妃寨：馬文孝、妻張氏……上后妃寨：李有福、重孫堅兒……果園寨：楊撒八、妻王氏……契丹黑奴、妻師姑……下麥務：張公讓、張公軍……上麥務：王得兒、楊男哥……渤海店：□□□……□家莊：張祐妻阿……南山楊墨里寨：張……西陡嶺寨：韓必祐……教坊寨：李藥師……高殿直……西寺家莊：王從善……六院司契丹□和尚娘娘……六院司契丹□□妻□葦、男醜和尚。蘇家寨：葛文□……劉進。官莊：趙士章、嫂馬氏、妻王氏……蠅子崖：楊壽兒……金家寨：仇裕、妻王氏、男七十、妻李氏……西麥務：齊五戒、妻高氏……六院司契丹移典……校尉□公裕、校尉馬信、妻□氏……趙家寨：……六院司猪兒胡信。□城子：……劉公林、姐姐奚婆、趙小兒……六院司契丹姚家娘子……契丹查哥、妻押思里……六院司契丹□□成。

阿魯盌斡魯朵，天祚皇帝置，是爲永昌宮。輔祐曰「阿魯盌」。以諸斡魯朵御前承應人，春、宣州〔一〕户置。正户八千，蕃漢轉户一萬，出騎軍一萬。

石烈二：曰阿魯盌，曰榆魯盌。

瓦里八：曰阿魯斡，曰合里也，曰鶻突，曰敵剌，曰謀魯斡，曰紇里，曰奪里剌，曰特末也。

抹里八：曰蒲速盌，曰移輦，曰斡篤盌，曰特滿，曰謀魯盌，曰移典，曰悅，曰勃得本。

〔一〕宣州，若非宣州誤字，則是另一頭下州。

孝文皇太弟敦睦宮，〔二〕謂之赤寔得本斡魯朵。〔三〕孝曰「赤寔得本」。文獻皇帝承應人及渤海俘，建、瀋、巖三州户置。陵寢在祖州西南三十里。正户三千，蕃漢轉户五千，出騎軍五千。〔三〕

州三：建、瀋、巖。

提轄司一：南京。

石烈二：曰嘲，曰與敦。

瓦里六：曰乙辛，曰得里，曰奚烈直，曰大潭馬，曰小潭馬，曰與墩。

抹里三：曰潭馬抹乖，曰柳實。

闡撒二：曰聶里頻你，曰打里頻你。

〔一〕契丹國志卷一四：「孝文皇太弟隆慶，番名菩薩奴……景宗第二子。」全遼文卷六秦晉國大長公主墓誌銘稱：「(公主)女二人，長適秦晉國王追謚孝貞皇太弟隆慶。」契丹國志避宋仁宗禎諱，改貞爲文，此因契丹國志作孝文。

〔二〕除太祖、太宗及孝文皇太弟三宫而外，其他斡魯朵名均與該屬下之石烈或抹里名同。

〔三〕本史卷二五道宗紀：「大安十年五月，敵烈等部來侵……敦睦宫太師耶律愛奴及其子死之。」

大丞相晉國王耶律隆運，本韓氏，名德讓。以功賜國姓，出宫籍，隸横帳季父房。贈尚書令，謚文忠。無子，〔一〕以皇族魏王貼不子耶魯爲嗣，早卒；天祚皇帝又以皇子敖魯斡繼之。官給葬具，建廟乾陵側。擬諸宫例，建文忠王府。正户五千，蕃漢轉户八千，出騎軍一萬。

州一。〔二〕

提轄司六：上京、中京、南京、西京、奉聖州、平州。

〔一〕契丹國志卷一八耶律隆運傳：「隆運薨，無子，帝特以皇姪周王宗業（胡都古）紹其後，宗業無子，帝復以周王同母弟宗範（合禄）繼隆運後。」宗範無子，由其弟貼不子耶魯繼嗣。

〔二〕本史卷三八地理志二：「宗州，耶律隆運以所俘漢民置。聖宗立爲州，隸文忠王府。王薨，屬提轄司。」又卷三九地理志三：「川州，初隸崇德宮，統和中，屬文忠王府。」

著帳郎君

著帳郎君：初，遥輦痕德菫可汗以蒲古只等三族害于越釋魯，〔一〕籍没家屬入瓦里。淳欽皇后宥之，以爲著帳郎君。世宗悉免。後族、戚、世官犯罪者没入。

著帳户

著帳户：本諸斡魯朶析出，及諸罪没入者。凡承應小底、〔二〕司藏、鷹坊、湯藥、尚飲、盥漱、尚饍、尚衣、裁造等役，及宮中親王祗從伶官之屬，皆充之。

凡諸宮衛人丁四十萬八千，〔三〕騎軍十萬一千。著帳釋宥、没入，隨時增損無常額。

〔一〕按本史卷七三曷魯傳、卷一一二滑哥傳，于越釋魯爲其子滑哥所害。

〔二〕武溪集卷一八契丹官儀：「十宮院人呼小底，如官奴婢之屬。」本史卷七穆宗紀：應曆十八年九月，「以唤鹿人鋪姑並掖庭户賜夷臘葛」。卷七八本傳作「賜宫户」。

〔三〕永昌宮正户八千，正丁一萬四千。若按其他各宮每户二丁之例，則應是人丁一萬六千。諸宮衛人丁共爲四十一萬。

遼史補注卷三十二

志第二

營衛志中

行營

周官土圭之法：日東，景夕多風；〔一〕日北，景長多寒。天地之間，風氣異宜，人生其間，各適其便。王者因三才而節制之。長城以南，多雨多暑，其人耕稼以食，桑麻以衣，宮室以居，城郭以治。大漠之間，多寒多風，畜牧畋漁以食，皮毛以衣，轉徙隨時，車馬爲家。此天時地利所以限南北也。遼國盡有大漠，浸包長城之境，因宜爲治。秋冬違寒，春夏避暑，隨水草就畋漁，歲以爲常。四時各有行在之所，謂之「捺鉢」。〔二〕

〔一〕夕，原誤「朝」。據周禮地官司徒第二大司徒改。大司徒：「以土圭之法，測土深，正日景，以求地中。日南則景短多暑，日北則景長多寒，日東則景夕多風，日西則景朝多陰。」周禮注疏卷一〇：「鄭司農云：『測土深，謂南北東西之深也。日南，謂立表處大南，近日也；日北，謂立表處大北，遠日也；景夕謂日昳景乃中，立表處大東，近日也；景朝謂日未中而景中，立表處大西，遠日也。』玄謂：景短於土圭謂之日南，是地於日爲近南也。景長於土圭謂之日北，是地於日爲近北也。東於土圭謂之日東，是地於日爲近東也。西於土圭謂之日西，是地於日爲近西也。」

〔二〕茅齋自叙：「是日已立契丹納跋行帳前列。」宋王易燕北録：「捺鉢者，戎主所至處也。」文昌雜録卷六：「北人謂住坐處曰捺鉢，四時皆然，如春捺鉢之類是也，不曉其義。近者，彼國中書舍人王師儒來修祭奠，余充接伴使，因以問，師儒答云：『是契丹家語，猶言行在也。』」大金國志卷一一熙宗紀：「皇統三年七月，主諭尚書省：將循契丹故事，四時遊獵，春水秋山，冬夏剌鉢。」剌下原注音云：「盧達切。」剌鉢下又注義云：「剌鉢者，契丹語，所在之意。」金史卷一一章宗紀：「泰和二年五月壬戌，諭有司曰：『金井剌鉢不過二三日留。』」元周伯琦近光集扈從詩前序云：「大駕北巡上京，例當扈從。是日啓行，至大口，留信宿，歷皇后店、皂角，至龍虎臺，皆納鉢也。國語曰納鉢者，猶漢言宿頓所也。」元楊允孚灤京雜詠卷上有「納寶盤營象輦來……萬歲聲傳龍虎臺」之句。自注：「龍虎臺，納寶地也。凡車駕行幸宿頓之所，謂之納寶，如云納鉢。」又卷下有句云：「南坡暖翠接暖屏。」注曰：「南坡，乃納寶地也，故遊人罕至焉。」

日本白鳥庫吉東胡民族考論捺鉢云：「蒙古語謂遊牧人之野營或住所爲nutuk，元朝秘史原文之嫩秃黑，譯意作營盤，又Tunkinsk 語謂村落曰nutuk，Selenginsk 語謂村落曰nutük。又據蒙語類解，知蒙語稱故鄉曰nu-t'uk。則契丹語捺鉢之捺，剌鉢之剌，當即上述nutuk nutük之對音。又鉢字似爲捺鉢一語之語尾，滿洲語謂處所曰ba，女真語謂地方曰卜阿以，謂地面曰卜阿朶buana，朝鮮語謂處所曰pa，日本語謂處所曰ba，捺鉢之鉢或即此等處所之語之對音。如以上所論不誤，捺鉢當爲nutuk-ba之對音，義行在所也。」

春捺鉢：

曰鴨子河濼。〔一〕皇帝正月上旬起牙帳，約六十日方至。〔二〕天鵝未至，卓帳冰上，鑿冰取魚。〔三〕冰泮，乃縱鷹鶻捕鵝雁。晨出暮歸，從事弋獵。鴨子河濼東西二十里，南北三十里，在長春州東北三十五里，四面皆沙堝，多榆柳杏林。皇帝每至，侍御皆服墨綠色衣，各備連鎚〔四〕一柄，鷹食一器，刺鵝錐一枚，於濼周圍相去各五七步排立。皇帝冠巾，衣時服，繫玉束帶。於上風望之。有鵝之處舉旗，探騎馳報，遠泊鳴鼓。鵝驚騰起，左右圍騎皆舉幟麾之，五坊擎進海東青鶻，拜授皇帝放之。鶻擒鵝墜，勢力不加，排立近者，舉錐刺鵝，取腦以飼鶻。救鶻人〔五〕例賞銀絹。皇帝得頭鵝，薦廟，羣臣各獻酒果，舉樂。更

相酬酢，致賀語，皆插鵝毛于首以爲樂。賜從人酒，遍散其毛。弋獵網鈎，春盡乃還。〔六〕

〔一〕燕北録：「春捺鉢多於長春州東北三十里就濼甸住坐。」參見本書卷一六聖宗紀太平四年注〔四〕。

池内宏遼代春水考擬鴨子河濼在松花江與嫩江合流點之西，今拜布原察罕諸原。

本史卷四〇地理志四：「瀞陰縣。遼每季春，弋獵於延芳淀，在（南）京東南九十里。延芳淀方數百里，春時鵝鶩所聚。」……前期在鴨子河濼，後亦在延芳淀。

〔二〕契丹國志卷二三：「每歲正月上旬，出行射獵，凡六十日。然後竝撻魯河鑿冰釣（鈎）魚，冰泮，即縱鷹鶻以捕鵝鴈。」

大金國志卷一一：「契丹主有國以來，承平日久，無以爲事。每歲春，放鵝（按應作放鷹捕天鵝）於春水，鈎魚於混同江。」蓋鈎魚、捕鵝并爲春捺鉢之兩項主要内容，參見本書卷三二冬捺鉢注〔二〕。

禮成指受賀正旦禮。冬夏捺鉢；春水秋山。説郛百卷本卷三使遼録曰：「北人打圍，一歲各有處所。正月釣（鈎）魚海上，於冰底釣（鈎）大魚；二月、三月放鶻，號海東青，打雁；四、五月打麋鹿；六、七月於涼淀坐夏；八、九月打虎豹之類，自此直至歲終，如南人趁時耕種也。」

〔三〕宋綬於聖宗開泰九年（宋天禧四年）上契丹風俗云：「蕃俗喜罩魚，設氈廬於河冰之上，密掩其門，鑿冰爲竅，舉火照之，魚盡來湊，即垂釣竿（繩鈎），罕有失者。迴至張司空館，聞國主在土河上罩魚，以魚來饋。」

演繁露卷三契丹於達魯河鈎魚條：「達魯河鈎牛魚，北方盛禮，意慕中國賞花釣魚，然非釣也，鈎也。此所紀於北爲道宗清寧四年，其甲子則戊戌五月也。達魯河東與海接，歲正月方凍，至四月而泮。其鈎是魚也，北主與其母皆設次冰上，先使人於河上下十里間，以毛網截魚，令不得散逸，又從而驅之，使集冰帳。其床前預開冰竅四，名爲冰眼，中眼透水，旁三眼環之不透，第斲減令薄而已。薄者所以候魚，而透者將以施鈎也。魚雖水中之物，若久閉於冰，遇可出水之處，亦必伸首吐氣，故透水一眼必可以致魚，而薄不透水者，將以伺視也。魚之將至，伺者以告，北主即遂於斲透眼中，用繩鈎擲之，無不中者。既中，遂縱繩令去，魚倦，即曳繩出之，謂之得頭魚。頭魚既得，遂相與出冰帳，於別帳作樂上壽。」

演繁露卷一三牛魚條：「契丹主達魯河鈎牛魚，以其得否占歲好惡，蓋仿中國賞花釣魚而因以卜歲也。近世周茂振使金，酋賜之魚，曰手所親鈎者，則金亦用遼制也。」燕北録：「牛魚觜長鱗硬，頭有脆骨，重百斤，即南方鱏魚也。鱏、鰉同，本草既有鰉魚，又別有牛魚，云生東海，頭如牛，則牛魚別是一種，非鰉也。馮道使契丹詩云：『曾叨臘月牛頭賜。』史謂契丹真以牛頭賜之，非也。契丹主率以臘月打圍，因敲冰鈎魚，則臘月牛頭者，正本草所著東海之魚，其頭如牛者也。非真牛頭也。」

明方以智通雅卷四七：「契丹主撻魯河鉤牛魚，以其得否爲歲占。」占歲祝豐收，作樂上壽，舉行頭魚宴。本史卷二七天祚紀：「天慶二年二月，如春州，幸混同江鉤魚。界外生女直酋長在千里内者，以故事皆來朝。適遇『頭魚宴』，酒半酣，上臨軒，命諸酋次第起舞；獨阿骨打辭以不能。」

松漠紀聞：「寧江州，每春冰始泮，遼主必至其地，鑿冰釣（鈎）魚放弋爲樂，女真率來獻方物，若貂鼠之屬，各以所産量輕重而打博，謂之打女真，後多强取，女真始怨。」接受朝貢，舉行交易。并作樂歌舞，殆恍如蒙古之那達慕大會。

〔四〕連鎚，本史卷一一二察割傳作鍊鎚，即殺鵝鎚。

〔五〕鵝鶻搏鬥時，舉錐刺鵝，故曰救鶻人。或以救作放，非。

〔六〕本史卷七穆宗紀：「應曆十五年三月，虞人沙刺迭偵鵝失期，加炮烙鐵梳之刑而死。」又：「十八年三月，獲駕鵝，祭天地。」卷二三道宗紀：「大康元年二月乙酉，駐蹕大魚濼，丁亥，以獲鵝，加鷹坊使耶律楊六爲工部尚書。」卷二四道宗紀：「太康五年三月辛未，以宰相仁傑獲頭鵝，加侍中。」

晁迥上虜中風俗云：「長泊多野鵝鴨，戎主射獵，領帳下騎，擊扁鼓繞泊，驚鵝鴨飛起，乃縱海東青擊之，或親射焉。戎人皆佩金玉錐，號殺鵝殺鴨錐。每初獲，即拔毛插之，以鼓爲坐，遂縱飲，最以此爲樂。」捕鵝事本史卷四〇地理志南京漷陰縣下亦言之。

宋姜夔白石道人詩集卷上契丹歌、題注：「都下聞蕭總管自説其風土如此。」歌曰：「……平沙軟草天鵝肥，胡兒千騎曉打圍。皂旗低昂圍漸急，驚作羊角凌空飛。海東健鶻健如許，鞲上風生看一舉。萬里追奔未可知，劃見紛紛落毛羽。……一鵝先得金百兩，天使走送賢王廬。」事雖屬於追叙，描繪生動逼真。可資參考。

金趙秉文滏水集卷三春水行：「光春宫外春水生，駕鵝飛下寒猶輕。緑衣探使一鞭信，春風寫入鳴鞘聲。龍旂曉日迎天仗，小隊長圍圓月樣。忽聞叠鼓一聲飛，輕紋觸破桃花浪。内家最愛海東青，錦鞲掣臂翻青冥。晴空一擊雪花墮，連延十里風毛腥。初得頭鵝誇得儁，一騎星馳薦陵寢。歡聲沸入萬年觴，瓊毛散上千官鬢……」所言捕鵝之情形與本志所記同。蓋此俗沿傳於金也。

夏捺鉢：

無常所，多在吐兒山。〔一〕道宗每歲先幸黑山，拜聖宗、興宗陵，賞金蓮，乃幸子河避暑。〔二〕吐兒山在黑山東北三百里，近饅頭山。黑山在慶州北十三里，上有池，池中有金蓮。〔三〕子河在吐兒山東北三百里。懷州西山有清涼殿，亦爲行幸避暑之所。〔四〕四月中旬起牙帳，卜吉地爲納涼所，五月末旬、六月上旬至。居五旬。與北南臣僚議國事，〔五〕暇日遊獵。七月中旬乃去。

〔一〕慶州爲今巴林右旗白塔子，此即慶州附近之吐兒山，又作兔兒山。清一統志卷四〇六：「兔兒山在喀喇沁右翼東南九十五里，又右翼南百八十五里有拉克兔兒山。」兔、吐音近，但此吐兒山在慶州黑山東北三百里，則在遼上京道，非今喀喇沁之山。

〔二〕羅校：「子河亦不見諸帝紀及遊幸表。按紀、表所載避暑所凡十有六：曰裹潭，曰炭山，曰没打河，曰永安山，曰别葦斗，曰永安山之涼陘，曰孤樹淀，曰緬山，曰七金山，曰燕子城，曰栢坡，曰散水源，曰胡土白山，曰曷里狘，曰拖古烈，曰頻蹕淀。」

〔三〕索隱卷三：「案金史地理志，桓州曷里滸東川，更名金蓮川。世宗曰：『蓮者連也。取金枝玉葉相連之義。』景明宫，避暑宫也。在涼陘有殿，此金之金蓮川也。元史河渠志：『灤河源出金蓮川中。』此元之金蓮川也。皆非此金蓮。五代史記附録胡嶠陷北記：『渡黑水，又二日，至湯城淀，水泉清冷，草軟如茸，而多異花。一曰旱金，大如掌，金色爍人。』又查慎行人海記云：『旱金蓮花，瓣如池蓮較小，色如真金。扈從出古北口，塞外山多有之。開花在五六月間，入秋，莖株俱萎。』是則金蓮塞外多有，不止金、元之金蓮川矣。」

〔四〕索隱卷三：「案不止懷州也。地理志：南京道順州華林、天柱二莊，遼建涼殿，夏納涼。西京道歸化州炭山，又謂之陘頭，有涼殿。承天皇后納涼於此。山東北三十里有新涼殿，景宗納涼於此，唯松柵數陘而已。又太宗紀會同三年，詔燕京皇城西南堞建涼殿。」大金國志卷一一云：「夏避暑於永安山，或長嶺豹子河。」

〔五〕上文行營注〔二〕引遼中書舍人王師儒言：「捺鉢契丹語，猶言行在也。」本史卷九三蕭惠傳：「封魏國王，詔冬夏赴行在，參決疑議。」卷三〇天祚紀乾統六年，耶律淳守南京，「冬夏入朝」，即朝於捺鉢。大金國志卷一一有「冬夏剌鉢」之語（參本書本卷行營注〔二〕）故云「四時捺鉢」者，漢人籠統之說。嚴格言之，遼時捺鉢，止指冬、夏。春水秋山，與捺鉢不同。夏捺鉢爲春水後之坐夏；冬捺鉢爲秋山後之坐冬。迨至金、元，其事漸變，其義亦漸有不同。

秋捺鉢：

曰伏虎林。〔一〕七月中旬自納涼處起牙帳，入山射鹿及虎。林在永州〔二〕西北五十里。嘗有虎據林，傷害居民畜牧。景宗領數騎獵焉，虎伏草際，戰慄不敢仰視，上舍之，因號伏虎林。每歲車駕至，皇族而下分佈濼水側，伺夜將半，鹿飲鹽水，令獵人吹角效鹿鳴，既集而射之。謂之「舐鹻鹿」，又名「呼鹿」。

〔一〕索隱卷三：「案一統志：虎山在翁牛特右翼西一百十里，蒙古名巴爾圖。又右翼西北一百五里有老虎山，蒙古名鄂爾查爾巴爾圖。其左翼東南百里，即遼永州也。宋張舜民使遼録云：『八月、九月打虎豹。』又地理志：『慶州，穆宗號黑河州，每歲來幸，射虎障鷹。聖宗秋畋，建號慶州。』」池内宏比定伏虎林在西剌木倫與老哈木倫合流點附近，永州西北五十里。

〔二〕傅樂焕遼代四時捺鉢考（見傅樂焕遼史叢考）謂此永州乃慶州之誤。蓋以「永州爲冬捺鉢所在，秋捺鉢不應亦在此。又其地處潢、土二河合流點。遍檢景宗紀，毫無臨幸土、潢河一帶痕迹。又秋獵目的在射野獸，必須於山林深邃，禽獸繁殖處爲之。永州地平多沙，絶不宜獵。前乎景宗之穆宗獵慶州，後乎景宗之聖宗後諸帝亦獵慶州，秋捺鉢自景宗或景宗前，下迄道宗或道宗後未易地址，自必設於最習至之地點，非慶州莫屬矣。凡此數點亦可證永州爲慶州之誤」云云。大金國志卷一一云：「秋射鹿於慶州黑嶺秋山，冬射虎於顯州。」陷北記：「（女真）常作鹿鳴，呼鹿而射之，食其生肉。」滏水集卷九呼羣鳴鹿圖二首：「麂班剥落錯古錦，麢角輪囷生肉芝，呦呦誰見呼羣態，憶在秋山扈從時。」「霜林楓葉動秋山，誰道呦呦物性閑，同類呼羣更媒禍，世間何處不黄間。」此金時秋山呼鹿也。然遼時呼鹿常以女真人爲之。如統和九年八月女真進喚鹿人之例，北風揚沙録亦記之。

冬捺鉢：

曰廣平淀，在永州東南三十里，本名白馬淀。〔一〕東西二十餘里，南北十餘里。地甚坦夷，四望皆沙磧。木多榆柳，其地饒沙。冬月稍暖，牙帳多於此坐冬，與北南大臣會議國事，時出校獵講武，兼受南宋及諸國禮貢。〔二〕皇帝牙帳以槍爲硬寨，用毛繩連繫。每槍下黑氈傘一，以芘衛士風雪。槍外小氈帳一層，每帳五人，各執兵仗爲禁圍。南有省方殿，殿北約二里曰壽寧殿，皆木柱竹榱，以氈爲蓋，綵繪韜柱，錦爲壁衣，加緋繡額。又以黄布繡龍爲地障，牕、槅皆以氈爲之，傅以黄油絹。基高尺餘，兩廂廊廡亦以氈蓋，無門户。省方殿北有鹿皮帳，帳次北有八方公用殿。壽寧殿北有長春帳，衛以硬寨。宫用契丹兵四千人，每日輪番千人祗直。禁圍外卓槍爲寨，〔三〕夜則拔槍移卓御寢帳。周圍拒馬，外設鋪傳鈴宿衛。〔四〕

每歲四時，周而復始。

皇帝四時巡守，契丹大小内外臣僚，并應役次人及漢人宣徽院所管百司皆從。漢人樞密院、中書省唯摘宰相一員，樞密院都副承旨二員，令史十人，中書令史一人，御史臺、大理寺選摘一人扈從。〔五〕每歲正月上旬，車駕啓行。宰相以下，還於中京居守，行遣漢人一切公事。除拜官僚，止行堂帖權差，俟會議行在所，取旨、出給誥敕。文官縣令、録事以下更不奏聞，聽中書銓選；武官須奏聞。〔六〕

五月，納涼行在所，南北臣僚會議。十月，坐冬行在所，亦如之。

〔一〕索隱卷三：「案地理志永州又有柳林淀亦曰馬淀。又五代史記附録云：『湯城淀地氣最温，契丹若大寒，則就温於此。』又王易燕北録云：『冬捺鉢多在邊甸住坐。』甸即淀之音轉字。又見地理志。」池内宏比定廣平淀在永州東南四十里。

彭汝礪鄱陽集卷八廣平甸詩序云：「廣平淀，謂虜地險阻，至此廣大而平易云。初至單于行在，其門以蘆箔爲藩垣，上不去其花以爲飾，謂之羊箔門。作山棚，以木爲牌。左曰紫府洞，右曰桃源洞，總謂之蓬萊宫，殿曰省方殿。……山棚之前，作花檻，有桃杏楊柳之類。前謂丹墀，自丹墀十步，謂之龍墀。殿皆設青花氈，其階高二、三尺，闊三尋，縱殺其半，由階而登，謂之御座。」此彭氏所親歷之廣平淀大概也。宋會要蕃夷二記「嘉祐六年三月，以北人武珪爲下班殿侍，以上所畫廣平淀受禮圖。武珪，本鎮州人，陷虜多年，頗知虜中之事，爲沿邊安撫司指使，至是因獻圖，特録之。」長編畧同。武氏畫圖久佚無存，然彭氏所記之廣平淀亦歷歷如繪。羊箔門、紫府、桃源二洞蓬萊宫并不見於本志，蓋屬硬寨禁圍範圍者。許亢宗奉使行程録記其奉使金廷所見云：「捧國書自山棚東入。……山棚左曰桃源洞，右曰紫極洞，中作大牌，題曰翠微宫。……木建殿七間……額曰乾元殿，階高四尺許，階前土壇，方闊數丈，名曰龍墀。」許氏爲宋人初次使金者，見金太宗於冒離納鉢，所記冒離納鉢之布置，殆襲遼人之舊儀。

蘇魏公集卷一三後使北詩北帳書事題下注云：「到會同館，是夕大風，沙塵蔽日，倍覺苦寒。」王珪華陽集卷一發會同館詩：「一持天子節，兹喜去龍廷。」欒城集卷一六奉使詩渡桑乾有句云：

「會同出入凡十日。」蓋會同館爲廣平淀接待宋使之驛館。

〔二〕欒城集卷一六奉使詩虜帳：「虜帳冬駐沙陀中，索羊織葦稱行宮（謂坐冬捺鉢）。從官星散依冢阜，氈廬窟室欺霜風（從行官員及衙署）。……禮成即日卷廬帳，鈎魚射鵝滄海東（謂春水）。秋山既罷復來此（坐冬捺鉢），往返歲歲如旋蓬（指兩地轉徙）。」

〔三〕索隱卷三：「案漢書揚雄傳：『木擁槍纍以爲儲胥。』注：『蘇林曰：以竹槍纍爲外儲胥也。』説文：『槍，歫也；歫，槍也。』廣雅：『篪謂之笟槍。』何承天纂文：『篪，笟槍也。儲胥即扶胥。』六韜軍用篇有大扶胥、矛戟扶胥，斯時尚無火器，用木槍如漢制。漢無寨字。集韻：『寨，籬落也。』則即國語楚語之藩籬，周禮夏官注之藩羅，變而爲寨耳。其本字爲柴。説文繫傳通釋：『師行野次，竪散木爲區落，名曰柴籬，後人語譌轉入去聲，又别作寨。』」

〔四〕索隱卷三：「案此亦漢制，拒馬即行馬也。周禮掌舍設梐枑再重。注：『梐枑，謂行馬。』又脩閭氏注：『互謂行馬，所以障互禁止人也。』説文：『梐，梐枑也；枑，行馬也。』行馬又謂之拒馬。通典兵典云：『拒馬槍，以木徑二尺，長短隨事，十字鑿孔，縱横安檢，長丈，鋭其端，以塞要路。』是其證也。鋪，俗字作鋪，設鋪傳鈴，則宮正夕擊柝。脩閭氏：『宿，互柝之變，蓋古行夜擊柝，漢舊儀擊刁斗，傳五夜後又代以鈴。』」

〔五〕北方文物一九八六年第二期梁援墓誌：「咸雍五年，從駕春蒐，兼權行宮御史臺。」援即扈從者。

〔六〕軍權、用人權由皇帝掌握，經捺鉢會議決定。

部族上

部落曰部，氏族曰族。契丹故俗，分地而居，合族而處。有族而部者，五院、六院之類是也；有部而族者，奚王、室韋之類是也；有部而不族者，特里特勉、稍瓦、曷朮之類是也；有族而不部者，遥輦九帳、皇族三父房是也。

奇首八部爲高麗、蠕蠕所侵，僅以萬口附于元魏。生聚未幾，北齊見侵，掠男女十萬餘口。繼爲突厥所逼，寄處高麗，不過萬家。部落離散，非復古八部矣。別部有臣附突厥者，内附於隋者，依紇臣水而居。部落漸衆，分爲十部，有地遼西五百餘里。唐世大賀氏仍爲八部，而松漠、玄州別出，亦十部也。遥輦氏承萬榮、可突于散敗之餘，更爲八部；然遥輦、迭剌別出，又十部也。阻午可汗析爲二十部，契丹始大。至于遼太祖，析九帳、三房之族，更列二十部。聖宗之世，分置十有六，增置十有八，并舊爲五十四部；内有拔里、乙室已國舅族，外有附庸十部，盛矣！

其氏族可知者，略具皇族、外戚二表。餘五院、六院、乙室部止見益古、撒里本，涅剌，烏古部止見撒里卜、涅勒，〔一〕突吕不、突舉部止見塔古里、航斡，皆兄弟也。奚王府部時瑟、哲里，則臣主也。品部有拏女，楮特部有洼。其餘世系名字，皆漫無所考矣。

舊志曰：「契丹之初，草居野次，靡有定所。至涅里始制部族，各有分地。太祖之興，以迭剌部强熾，析爲五院、六院。奚六部以下，多因俘降而置。勝兵甲者即著軍籍，〔二〕分隸諸路詳穩、統軍、招討司。番居内地者，歲時田牧平莽間。邊防糺户，〔三〕生生之資，仰給畜牧，績毛飲湩，以爲衣食。各安舊風，狃習勞事，不見紛華異物而遷。故家給人足，戎備整完。卒之虎視四方，强朝弱附，東踰蟠木，西越流沙，莫不率服。部族實爲之爪牙云。」

〔一〕按本卷末段及下卷太祖二十部，烏古應作烏隗。

〔二〕按本史卷三四兵衛志上：「凡民年十五以上，五十以下，隸兵籍。」

〔三〕乣户全家駐在邊地，屯牧偵戍。乣字，世傳各本皆誤作糺。一九八三年張建立墓誌出土，乣字可以確認無疑矣。書内按原樣未改。參見本書卷三四兵衛志上叙論注〔一〇〕。

古八部：

悉萬丹部。〔一〕

何大何部。〔二〕

伏弗郁部。

羽陵部。〔三〕

日連部。〔四〕

匹絜部。

黎部。〔五〕

吐六于部。

契丹之先，曰奇首可汗，生八子。其後族屬漸盛，分爲八部，居松漠之間。今永州木葉山有契丹始祖廟，奇首可汗、可敦併八子像在焉。〔六〕潢河之西，土河之北，奇首可汗故壤也。

〔二〕清初達呼爾族凡十二氏，第一氏曰達呼爾氏。此契丹八部之悉萬丹與契丹有關聯。最低悉萬丹爲契丹之一部。但魏書卷六顯祖紀皇興二年（四六八）四月，又有契丹與悉萬丹等八部同舉，則兩者又未必相當。卷五高宗紀興光元年（四五四），有庫莫奚國、叱萬單國先後來朝。卷七高祖紀承明元年（四七六），又有庫莫奚、契丹諸國朝貢。悉萬斤國與宕昌國偕，悉萬斤爲西域颯秣建，今撒馬爾罕。

〔二〕此從魏書卷一〇〇契丹傳。魏書卷六顯祖紀皇興二年作阿大何，卷一〇〇勿吉傳作拔大何，册府元龜卷九六九作阿大阿。

〔三〕伏弗郁部及羽陵部，按此二部名本魏書卷一〇〇契丹傳。魏書卷六顯祖紀兩見，並作具伏弗部、郁羽陵部，册府元龜卷九六九同。魏書卷一〇〇勿吉傳又見郁羽陵之名。魏書卷一〇〇契丹傳誤。通典卷二〇〇邊防典，北史卷九四契丹傳及本志均沿誤。

〔四〕魏書卷一〇〇契丹傳，本史卷六三世表與此同。新唐書卷四三下地理志作白連，誤。

〔五〕匹絜部及黎部，按此本魏書卷一〇〇契丹傳。魏書卷六顯祖紀、卷一〇〇勿吉傳並作匹黎爾部。册府元龜卷九六九，通典卷二〇〇邊防典作匹黎部，均作一部之名。本志及北史均沿魏書卷一〇〇契丹傳分爲二部。又魏書卷六顯祖紀：皇興二年（四六八）四月來朝者爲具伏弗、郁羽陵、日連、匹黎爾、叱六于、悉萬丹、阿大何、羽真侯各部，設匹黎爾是一部，即合共七部，則羽真侯部應屬八部之一。魏獻文時莫弗紇何辰先於其他七部來獻，何辰應即羽真侯部酋首矣。

〔六〕按本史卷三七地理志一：「永州木葉山，上建契丹始祖廟，奇首可汗在南廟，可敦在北廟，繪塑二聖並八子神像。相傳有神人乘白馬，自馬盂山浮土河而東，有天女駕青牛車，由平地松林泛潢河而下，至木葉山，二水合流，相遇爲配偶，生八子，其後族屬漸盛，分爲八部。」契丹國志初興本末：「古昔相傳，有男子乘白馬浮土河而下，復有一婦人乘小車，駕灰色之牛，浮潢河而下，遇於木葉之山，顧合流之水，與爲夫婦，此其始祖也。是生八子，各居分地，號八部落。」

東齋記事卷五：「契丹之先，有一男子乘白馬，一女子駕灰牛，相遇於遼水之上，遂爲夫婦，生八男子，則前史所謂迭爲君長者也。此事得於趙志忠，志忠嘗爲契丹史官，必其真也。」參見本書卷二太祖紀贊注〔三〕。白馬、灰牛事並見東都事畧卷一二三。

契丹國志初興本末：「有一主號曰迺呵，此主特一髑髏，在穹廬中，覆之以氈，人不得見。國有大事，則殺白馬灰牛以祭，始變人形，出視事，已，即入穹廬，復爲髑髏。因國人竊視之，失其所在。復有一主號曰喎呵，戴野猪頭，披猪皮，居穹廬中，有事則出，退復隱入穹廬如故。後因其妻竊其猪皮，遂失其夫，莫知所如。次復一主，號曰晝里昏呵，惟養羊二十口，日食十九，留其一焉，次日復有二十口，日如之。是三主者，皆有治國之能名，餘無足稱焉。異矣哉，氈中枯骨，化形治事；戴猪服豕，罔測所終。當其隱入穹廬之時，不知其孰爲主也，孰爲之副貳也。荒唐怪誕，訛以傳訛，遂爲口實，其詳亦不可得而詰也。」

辦理四庫全書檔案乾隆四十六年十月内閣奉上諭：「契丹祭用灰牛白馬，氈中枯骨，化形視事，及戴猪頭、披野猪皮之類，雖迹涉荒誕，然與詩、書所載簡狄吞卵，姜嫄履武，復何以異。蓋古神道設教，以溯發祥，義正如此，又何信遠而疑近乎？」

按枯骨化形，即別有生人寢殿學士代先王言，用先王口氣，掌答書詔以賜國君。因先王已成枯骨。其事詳本書卷四五百官志所補陵寢官。

戴野猪頭、披野猪皮，爲射獵遺俗，今達呼爾、鄂倫春獵人射鹿時，仍有戴鹿頭、披鹿皮以求接近易獲者；或是酋首以此示其威嚴；或者是薩滿神服。養羊二十，日食十九，猶言量入爲出，無致困乏，亦寓訓誡之意。

隋契丹十部：

元魏末，莫弗賀勿于畏高麗、蠕蠕侵逼，率車三千乘、衆萬口内附，乃去奇首可汗故壤，居白狼水東。〔一〕北齊文宣帝自平州三道來侵，虜男女十餘萬口，分置諸州。又爲突厥所逼，以萬家寄處高麗境内。隋開皇四年，諸莫弗賀悉衆款塞，聽居白狼故地。又别部寄處高麗者曰出伏等，率衆内附，詔置獨奚那頡之北。〔二〕又别部臣附突厥者四千餘户來降，詔給糧遣還，固辭不去，部落漸衆，徙逐水草，依紇臣水而居。〔三〕在遼西正北二百里，其地東西亘五百里，南北三百里。分爲十部，逸其名。〔四〕

〔一〕按隋書卷八四契丹傳作白貔河。索隱卷三：「案魏書、北史同。水道提綱云：『白狼河亦曰狼水，又曰老花母林。今蒙古稱老哈河，源出古北口東北喀喇沁右翼南胡鞍山，西南流折而東北流與潢河會。』或謂白狼水今大凌河，非也。隋書作白貔河，誤。」

〔二〕按本史卷六三世表及隋書卷八四契丹傳、册府元龜卷九五八並作渴奚那頡。索隱卷三：「即今喀喇河屯。」

〔三〕索隱卷三：「案隋書託紇臣水是也。唐書地理志注：乞丹帳土護真河，即託紇臣音轉，爲今土河，與上云居白狼故地同。」

〔四〕隋書卷八四契丹傳記隋初：「分爲十部（未著部名），兵多者三千，少者千餘，逐寒暑，隨水草畜牧，有征伐則酋帥相與議之，興兵動衆合符契。」

唐大賀氏八部：〔一〕

達稽部，峭落州。

紇便部，彈汗州。

獨活部，〔二〕無逢州。

芬問部，〔三〕羽陵州。

突便部，日連州。〔四〕

芮奚部，徒河州。〔五〕

墜斤部，萬丹州。〔六〕

伏部，州二：匹黎、赤山。〔七〕

唐太宗置玄州，以契丹大帥據曲爲刺史。〔八〕又置松漠都督府，〔九〕以窟哥爲都督，分八部，并玄州爲十州。則十部在其中矣。

〔一〕舊唐書卷一九九下契丹傳：「其君長姓大賀氏，勝兵四萬三千人，分爲八部，若有徵發，諸部皆須議合，不得獨舉，獵則別部，戰則同行。」新唐書卷二一九契丹傳：「有勝兵四萬，析八部。」蓋舉其成數言之。

新唐書卷四三下地理志：「松漠都督府，貞觀二十二年以内屬契丹窟哥部置。其別帥七部分置峭落等八州。李盡忠叛後廢。開元二年復置，領州八。」與本志同。索隱卷三：「（唐書）地理志松漠都督府領州八，無紇便部彈汗州，則八部少一部。蓋以開元四年改彈汗州爲歸順州歸化郡而不數。」新唐書卷四三下地理志以伏部爲匹黎、赤山二州。

〔二〕張曲江集卷八勑契丹王據埒可突干等書有「蜀活刺史郁捷」，即乙失活部遇折。

〔三〕芬問部，册府元龜卷九七七、新唐書卷四三下地理志及卷二一九契丹傳同。本史卷三七地理志一作芬阿部。

〔四〕即上文日連部，新唐書卷四三下地理志作白連州。

〔五〕索隱卷三：「即上何大何部，何大何及徒河皆即今土河。」按徒河或是土河；大何應是大賀，即達稽部。

〔六〕索隱卷三：「即上（古八部）悉萬丹部。」

〔七〕索隱卷三：「案匹黎州合上匹絜部、黎部爲一州。赤山州即今烏蘭哈達。一統志：『烏蘭哈達廢城在承德府赤峯縣境内，有三：其一在西北，周八里；一在西南，周四里；一在縣北，周五里。』」赤峯即以山呈紅色得名。

〔八〕據曲，新唐書卷二一九契丹傳、卷四三下地理志並作曲據。新唐書卷四三下地理志：「玄州，貞觀二十年以紇主曲據部落置。」「青山州，景雲元年析玄州置。」舊唐書卷三九地理志作李去閭：「玄州，隋開皇初置，處契丹李去閭部落。」

〔九〕索隱卷三：「案蒙古游牧記：翁牛特左翼旗北有唐松漠府故壘。引北蕃地理志云：自潢水石橋至高州百五十里。西北至饒州六十里，乃唐松漠府故壘。」

遥輦氏八部：〔一〕

旦利皆部。〔二〕

乙室活部。〔三〕

實活部。〔四〕

納尾部。

頻没部。〔五〕

納會雞部。〔六〕

集解部。

奚嗢部。〔七〕

當唐開元、天寶間，大賀氏既微，遼始祖涅里立迪輦祖里爲阻午可汗。〔八〕時契丹因萬榮之敗，部落凋散，即故有族衆分爲八部。涅里所統迭剌部自爲別部，不與其列。并遥輦、迭剌亦十部也。

遥輦阻午可汗二十部：

耶律七部。

審密五部。

八部。

涅里相阻午可汗，分三耶律爲七，二審密爲五，并前八部爲二十部。三耶律：一曰大賀，二曰遥輦，三曰世里，即皇族也。二審密：一曰乙室已，二曰拔里，即國舅也。其分部皆未詳；可知者曰迭剌，曰乙室，曰品，曰楮特，曰烏隗，曰突吕不，曰捏剌，曰突舉，又有右大部、左大部，〔九〕凡十，逸其二。大賀、遥輦析爲六，而世里合爲一，兹所以迭剌部終遥輦之世，强不可制云。

〔一〕索隱卷三：「案舊五代史外國傳：『契丹之先大賀氏，有勝兵四萬，分爲八部。』五代史記四夷附録亦云：『其部族之大者曰大賀氏，後分爲八部。』是遥輦氏之八部實承大賀氏舊制。」

〔二〕索隱卷三：「案通鑑（二百六十六）考異引蘇逢吉漢高祖實録曰：『契丹本姓大賀氏，後分八族，一曰利皆邸。』（述案部名全同。惟納會雞納作内。）五代史記作伹利皆部，契丹國志作祖皆利部注：祖一本作徂，文獻通考（三百四十五）四裔考同五代史記。」又漢高祖實録：「一曰利皆邸……八曰奚嗢部，管縣四十一，縣有令，八族之長皆號大人稱刺史。常推一人爲王，建旗鼓以尊之，每三年第其名以相代。」（東都事畧卷一二五畧同。）

〔三〕索隱卷三：「案此部已見於唐初。唐書地理志：『契丹信州，萬歲通天元年以乙失活部落置。縣一：黄龍，僑治范陽境。』漢高祖實録作乙失活邸，契丹國志作一室活，新五代史、通考並作乙室活。」張曲江集卷八作蜀活。本史卷三九地理志三（高州）作室活部。

〔四〕索隱卷三：「漢實録實活邸，國志、五代史記、通考並作實活部。」

〔五〕通考卷三四五作類没部。

〔六〕按本史卷三七地理志一作内會雞部。案諸書並作内會雞。新唐書卷四三下地理志：「（契丹）

威州本遼州，武德二年以内稽部落置。貞觀元年更名。」内稽，即此内會雞，此部亦已見於唐初。

〔七〕通鑑卷二六六考異：「新唐書載契丹八部名與漢高祖實録所載多不同。蓋年祀相遠，虜語不常耳，其實一也。」索隱卷三：「唐契丹州十七府一，如内稽部之威州，乙失活部之信州，並不在松漠府所領八州内，則其地實不一，似非虜語之異也。」

〔八〕按本史卷六三世表作迪輦俎里。

〔九〕按此右大部、左大部之分法，實源於草原傳統之舊制，匈奴有左賢王、右賢王者。三國志卷三〇魏志鮮卑傳注引王沉魏書記鮮卑檀石槐亦曾分其領域爲三大部。本志稱隋時之二别部，與大賀别出之二州。遥輦時代之遥輦、迭剌並可視同此分法。

王沉魏書：檀石槐在高柳之北三百里（其地恰當張家口附近）建牙帳於彈汗山之下。全領域分爲三大部分：即自平泉附近至長春之東邊爲東部；熱河附近至獨石口附近（上谷）一帶爲中部；又自此西至燉煌北接烏孫地方爲西部。白鳥庫吉稱：「此種區畫，蓋一導匈奴之遺制，而檀石槐之牙帳果在此三部中之何部，雖歷史上未有明文，但所謂上谷者既位於大同府廣陵縣之西，與高柳相距不遠，則其王庭當在中部之西境上谷之塞外可知也。上谷塞外據形勢之要區，統馭漠北、寇掠中國俱甚便利，古來北族據守此地者，往往易致强盛，此皆由於地理上之影響。」北史卷一一隋本紀：「開皇五年三月戊午，以尚書左僕射高熲爲左領軍大將軍，以上柱國宇文忻爲右領軍大將軍。」

北史卷一魏本紀：「思皇帝諱弗……一年而崩，神元子昭帝祿官立。帝元年，分國爲三部：一居上谷北，濡源西，東接宇文部，自統之；一居代郡之參合陂北，使文帝長子桓帝諱猗㐌統之；一居定襄之盛樂故城，使桓帝弟穆帝猗盧統之。……昭帝崩，穆帝遂總攝三部爲一統。平文皇帝，諱鬱律……二年劉武據朔方，來侵西部，帝大破之，西兼烏孫故地，東吞勿吉以西，控弦上馬將百萬。是歲，晉元帝即位於江南。」

遼史補注卷三十三

志第三

營衛志下

部族下

遼起松漠，經營撫納，竟有唐、晉帝王之器，典章文物施及潢海之區，作史者尚可以故俗語耶？舊史有部族志，歷代之所無也。古者，巡守於方岳，五服之君各述其職，遼之部族實似之。故以部族置宮衛、行營之後云。

遼內四部族：

遥輦九帳族。〔一〕

橫帳三父房族。〔二〕

國舅帳拔里、乙室己族。

國舅別部。〔三〕

〔一〕九帳謂遥輦洼可汗、阻午可汗、胡剌可汗、蘇可汗、鮮質可汗、昭古可汗、耶瀾可汗、巴剌可汗、痕德堇可汗。

〔二〕玄祖有四子：長子麻魯早卒，無後。次子巖木之後曰孟父房。叔子釋魯之後曰仲父房。季子爲德祖，即太祖之父，其後爲季父房。合稱三父房。太祖繼位稱尊，自季父房分出，别立横帳。此「一帳三房，謂之四帳皇族」。本史卷四五百官志一云：「遼俗東嚮而尚左，御帳東嚮，遥輦九帳南嚮，皇族三父帳北嚮。東西爲經，南北爲緯，故謂御營爲横帳云。」據此則横字爲經緯縱横之横。然四帳皇族，皆有横帳之目，即所謂北嚮之三父房，亦稱横帳。全遼文卷八耶律仁先墓誌銘：「（仁先）遠祖曰仲父述剌（述瀾）實魯（釋魯）于越，即第二横帳。」仲父房稱第二横帳，則孟父房稱第一横帳，季父房稱第三横帳，可推知也。本史卷六六皇族表稱横帳孟父房。卷三一營衛志：「大丞相晉國王耶律隆運以功賜國姓，出宫籍，隸横帳季父房。」卷一六聖宗紀開泰八年十月，「詔横帳三房，不得與卑小族帳爲婚。」是横帳不專指太祖子孫，參見本書卷一一六國語解注。

〔三〕本史卷六七外戚表序：「契丹外戚，其先曰二審密氏：曰拔里，曰乙室己。至遼太祖，娶述律氏。

述律，本回鶻糯思之後。……由是拔里、乙室已、述律三族皆爲蕭姓。拔里二房，曰大父、少父；乙室已亦二房，曰大翁、小翁。世宗以舅氏塔列葛爲國舅別部，三族世預北宰相之選。……聖宗合拔里、乙室已二國舅帳爲一，與別部爲二。」卷三太宗紀天顯十年四月：「皇太后父族及母前夫之族二帳並爲國舅，以蕭緬思爲尚父領之。」此皆國舅內部之分合。二國舅升帳分，則由二十部中分出者。

太祖二十部，二國舅升帳分，止十八部。

五院部。其先曰益古，凡六營。阻午可汗時，與弟撒里本領之，曰迭剌部。傳至太祖，以夷離堇即位。天贊元年，以强大難制，析五石烈爲五院，六爪爲六院，各置夷離堇。會同元年，更夷離堇爲大王，〔一〕部隸北府，以鎮南境。大王及都監春夏居五院部之側，秋冬居羊門甸。〔二〕石烈四：

大蔑孤石烈，

小蔑孤石烈，

甌昆石烈，太宗會同二年，以烏古之地水草豐美，命居之。三年，益以海勒水之地爲農田。〔三〕

乙習本石烈，會同二年，命以烏古之地。〔四〕

六院部。隸北府，以鎮南境。〔五〕其大王及都監春夏居泰德泉之北，秋冬居獨盧金。

石烈四：

轄懶石烈，〔六〕

阿速石烈，

斡納撥石烈，

斡納阿剌石烈，會同二年，命居烏古。三年，益以海勒水地。〔七〕

乙室部。其先曰撒里本，阻午可汗之世，與其兄益古分營而領之，曰乙室部。會同二年，更夷離堇爲大王，〔八〕隸南府。其大王及都監鎮駐西南之境，司徒居鴛鴦泊，闡撒狘居車軸山。石烈二：

阿里答石烈，

欲主石烈。〔九〕

品部。〔一〇〕其先曰拏女，阻午可汗以其營爲部。太祖更諸部夷離堇爲令穩。統和中，又改節度使，〔一一〕隸北府，屬西北路招討司，〔一二〕司徒居太子墳。凡戍軍隸節度使，留後户隸司徒。石烈二：

北哲里只石烈，

南轄懶石烈。〔一三〕

楮特部。〔一四〕其先曰洼，阻午可汗以其營爲部。隸南府，節度使屬西北路招討司，司徒居柏坡山及鏵山之側。〔一五〕石烈二：

北石烈，

南石烈。〔一六〕

烏隗部。其先曰撒里卜，與其兄涅勒同營，阻午可汗析爲二：撒里卜爲烏隗部，涅勒爲涅剌部，俱隸北府。烏隗部節度使屬東北路招討司，〔一七〕司徒居徐母山、郝里河之側。石烈二：

北石烈，

南石烈。〔一八〕

涅剌部。其先曰涅勒，阻午可汗分其營爲部。節度使屬西南路招討司，居黑山北，〔一九〕司徒居郝里河側。石烈二：

北塌里石烈，

南察里石烈。〔二〇〕

突吕不部。其先曰塔古里，領三營。阻午可汗命分其一與弟航斡爲突舉部；塔古里得其二，更爲突吕不部。隸北府，節度使〔二一〕屬西北路招討司，司徒居長春州西。

石烈二：

北托不石烈，

南須石烈。〔二二〕

突舉部。〔二三〕其先曰航斡，阻午可汗分營置部。隸南府，戍於隗烏古部，司徒居冗泉側。石烈二：

北石烈，

南石烈。〔二四〕

奚王府六部五帳分。其先曰時瑟，事東遥里十帳部主哲里。後逐哲里，自立爲奚王。卒，弟吐勒斯立。遥輦鮮質可汗討之，俘其拒敵者七百户，摭其降者。以時瑟鄰睦之故，止俘部曲之半，餘悉留焉。奚勢由是衰矣。〔二五〕初爲五部：曰遥里，〔二六〕曰伯德，曰奥里，〔二七〕曰梅只，〔二八〕曰楚里。〔二九〕太祖盡降之，號五部奚。天贊二年，〔三〇〕有東扒里厮胡損者，恃險堅壁於箭笴山以拒命，揶揄曰：「大軍何能爲，我當飲墮瑰門下矣！」太祖滅之，以奚府給役户，併括諸部隱丁，收合流散，置墮瑰部，因墮瑰門之語爲名，遂號六部奚。命勃魯恩主之，仍號奚王。太宗即位，置宰相、常衮各二員。聖宗合奥里、梅只、墮瑰三部爲一；特置二剋部以足六部之數。奚王和朔奴討兀惹，敗績，籍六部隸北府。〔三一〕

突吕不室韋部。本名大小二黄室韋户。太祖爲達馬狘沙里，〔三二〕以計降之，乃置爲二部。隸北府，節度使屬東北路統軍司，戍泰州東北。

涅剌拏古部。與突吕不室韋部同。節度使戍泰州東。

迭剌迭達部。本鮮質可汗所俘奚七百户，太祖即位，以爲十四石烈，置爲部。隸南府，節度使屬西南路招討司，戍黑山北，部民居慶州南。〔三三〕

乙室奥隗部。神册六年，太祖以所俘奚户置。隸南府，節度使屬東北路兵馬司。〔三四〕

楮特奥隗部。太祖以奚户置。隸南府，節度使屬東京都部署司。

品達魯號部。〔三五〕太祖以所俘達魯號部置。隸南府，節度使屬西南路招討司，戍黑山北。

烏古涅剌部。〔三六〕亦曰涅離部，太祖取于骨里户六千，神册六年，析爲烏古涅剌及圖魯二部，俱隸北府，節度使屬西南路招討司。

圖魯部。節度使屬東北路統軍司。

已上太祖以遥輦氏舊部族分置者凡十部，增置者八。

〔一〕按本史卷二太祖紀天贊元年十月：「分迭剌部爲二院：斜涅赤爲北院（六院）夷離堇，綰思爲南院（五院）夷離堇。」卷四太宗紀會同元年十一月：「升北、南二院及乙室夷離堇爲（大）王。」

〔二〕冬字原脱，據上下文義補。

〔三〕按農田可有兩解：一、謂耕地；二、農田即農土，謂營盤，元朝秘史卷一譯音作嫩禿黑。

〔四〕本史卷四太宗紀：「會同三年八月，詔以于諧里河、臚朐河之近地，給賜南院歐堇突吕、乙斯勃，北院温納何剌三石烈人爲農田。」則烏古即于諧里，海勒水即臚朐河，甌昆即歐堇突吕，乙習本即乙斯勃，下文斡納阿剌即温納何剌。

索隱卷三：「案部人有耶律八哥（傳十），耶律胡劣孫阿息保（傳卅一），耶律敵魯（傳卅八方技），耶律迭剌子乙辛（傳四十姦臣），蕭塔列葛（傳十五），蕭素颯子謀魯斡（傳廿五），蕭約質子迂魯及鐸盧斡（傳廿三）。」

〔五〕武溪集卷一八契丹官儀：「北王府南王府分掌契丹兵，在雲中歸化州之北。二王，皆坐在樞密下帶平章事之上，舊例皆賜御服。」又云：「北王府兵刺左臂，南王府兵刺右臂。」

〔六〕本史卷一太祖紀：「太祖姓耶律氏，諱億，字阿保機，契丹迭剌部霞瀨益石烈鄉耶律彌里人。」迭剌部分爲五院、六院，霞瀨益石烈即轄懶石烈。又太祖七年六月作轄賴縣。

〔七〕海勒水，今海拉爾河。索隱卷三：「案部人有耶律室魯子十神奴及歐里思（傳十一），耶律世良及族弟敵烈（傳廿四），耶律阿古只子谷欲（傳卌四文學），蕭塔剌葛（傳廿），蕭兀納兄圖獨及孫移敵蹇（傳廿八），又有北院史護思（傳八）。」

〔八〕按本史卷四太宗紀，更夷離菫爲大王在會同元年十一月。

〔九〕乙室部與迭剌部爲兄弟分領之部。武溪集卷一八契丹官儀：「北王府、南王府分掌契丹兵，……乙室王府亦掌契丹兵，然稍卑矣。其有居鴈門之北，似是契丹别族。」索隱卷三：「此部人有耶律歐禮斯子撒合（傳十五），蕭巖壽（傳廿九）。」

西夏書事卷三三：「宣和六年，夏元德六年春正月，（夏）奉表稱藩於金，金賜以遼西北地。」金都統粘没喝承制割下寨以北、陰山以南乙室耶剌部吐渌濼西之地與之，濼西，本拓跋地，向爲遼侵取者也。

〔一〇〕按本史卷四太宗紀會同四年正月作品卑，卷一一聖宗紀統和四年四月作頻不。又卷四六百官志二有頻必剋軍。耶律延寧墓誌銘（見全遼文卷五）、宋會要蕃夷二：大中祥符三年（統和二十八年）作頻畢。

〔一一〕按本史卷一三聖宗紀統和十四年四月，改諸部令穩爲節度使。

〔一二〕本史卷三五兵衛志作西南路招討司。

〔一三〕索隱卷三：「此部人有耶律雙古子引吉（傳廿七），又耶律喜孫傳云隸品部。」

〔一四〕本史卷二太祖紀神册六年正月作鋤得部。

〔一五〕鏵，南監本同殿本改作鏵，鏵、鏵均不見字書，疑應作鏵或韡。

〔一六〕索隱卷三：「按部人有蕭德（傳廿六）、蕭惟信五世祖霞賴，曾祖烏古，祖阿古只，父高八（傳同上），蕭圖古辭（傳四一姦臣）。」

〔一七〕「烏隗部」三字衍。

〔一八〕索隱卷三：「按部人有蕭女古子阿魯帶（傳廿四）。」

〔一九〕居，疑當作戍。

〔二〇〕索隱卷三：「按部人有蕭安搏孫韓家奴（傳卅三文學）。」

〔二一〕本史卷七六耶律解里傳：「應曆初，置本部令穩，解里世其職。」

〔二二〕索隱卷三：「按部人有耶律臺押孫（原文爲子，誤。）欲穩及霞里（傳三），欲穩後人（原文爲子，誤）楊五子（原文爲孫，誤）胡呂（傳廿八），又耶律解里（傳六），蕭合卓子烏古（傳十一），蕭速撒（傳廿九），蕭因吉孫里拔曾孫陶蘇斡（傳卅一）。」

〔二三〕本史卷四太宗紀會同四年正月作突軌部，統和四年八月作諦居部。金史卷七二習古迺傳作突鞠部。

〔二四〕索隱卷三：「按部人有耶律諧里（傳十五）。」

〔二五〕本史卷一太祖紀：「先是德祖俘奚七千户，徙饒樂之清河，至是創爲奚迭剌部，分十三縣。」新唐書卷二一九奚傳：「咸通九年（八六八），其王突董蘇使大都督薩葛入朝。是後契丹方彊，奚不敢亢而舉部役屬。」

〔二六〕本史卷一六聖宗紀開泰八年七月作肴里。金史卷六七回離保傳作越里部，卷九四有瑶里孛迭傳，卷一一一古里甲石倫傳有姚里鵶鶻；元史卷一四九耶律留哥傳妻姚里氏。

〔二七〕本史卷一三聖宗紀統和十二年十二月，詔并奚王府奥理、墮隗、梅只三部爲一，其二剋各分爲部，以足六部之數。卷一〇六耶律官奴傳：「官奴與歐里部人蕭哇友善，時稱『二逸』。」

〔二八〕本史卷四六百官志無梅只有墮瑰。金史卷六七回離保傳作梅知。

〔二九〕本史卷四太宗紀會同六年六月作鋤骨里部。金史卷六七回離保傳贊作揣氏，卷七二麻吉傳作楚里迪部。

〔三〇〕二年，原誤「八年」。按本史卷二太祖紀，天贊僅五年，滅胡損事在二年三月，據改。

〔三一〕按本史卷三五兵衞志中，六部奚隸北府。

〔三二〕本史卷一太祖紀作撻馬狘沙里。突吕不室韋部與涅剌拏古部本大、小二黄室韋户。按卷二太祖紀贊，懿祖即阿保機曾祖，嘗與黄室韋挑戰，矢貫數札。

〔三三〕本史卷三五兵衞志作迭達迭剌部，索隱卷三云：「即太祖紀奚迭剌部，部人有耶律斡臘（傳廿四），亦曰迭剌部，耶律欲穩傳云奚迭剌部夷離堇，其孫胡吕傳稱其祖官迭剌部夷離堇，其證也。

蓋皇族世里之迭剌部已析爲五院、六院，則奚迭剌部但稱迭剌無嫌。緣是知蕭痕篤（傳四）亦此部人。」

〔三四〕本史卷五九食貨志：「（聖宗）嘗過藁城，見乙室奥隗部下婦人迪輦等黍過熟未穫，遣人助刈。」

〔三五〕本史卷一六聖宗紀開泰七年六月作品打魯瑰部。

〔三六〕本史卷八二蕭陽阿傳作烏古涅里。

聖宗三十四部：

撒里葛部。奚有三營：曰撒里葛，曰窈爪，〔一〕曰耨盌爪。太祖伐奚，乞降，願爲著帳子弟，籍于宫分，皆設夷離堇。聖宗各置爲部，改設節度使，皆隸南府，以備畋獵之役。居澤州東。〔二〕

窈爪部。與撒里葛部同。居潭州南。

耨盌爪部。節度使屬東京都部署司。

訛僕括部。與撒里葛三部同。居望雲縣東。

特里特勉部。初於八部各析二十户以戍奚，偵候落馬河及速魯河側，置二十詳穩。聖宗以户口蕃息，置爲部。設節度使，隸南府，戍倒塌嶺，居槖駝岡。〔三〕

稍瓦部。初，取諸宮及横帳大族奴隸置稍瓦石烈，「稍瓦」，鷹坊也。居遼水東，掌羅捕飛鳥。聖宗以户口蕃息置部。節度使屬東京都部署司。

曷朮部。初，取諸宮及横帳大族奴隸置曷朮石烈，「曷朮」，鐵也，以冶于海濱柳濕河、三黜古斯、手山。聖宗以户口蕃息置部，屬東京都部署司。

遥里部。居潭、利二州間。石烈三：

撒里必石烈，

北石烈，

帖魯石烈。

伯德部。松山、〔四〕平州之間，太師、太保居中京西。石烈六：

啜勒石烈，

速古石烈，

腆你石烈，

迭里石烈，

旭特石烈，

悦里石烈。

楚里部。居潭州北。

奥里部。統和十二年，以與梅只、〔五〕墮瑰三部民籍數寡，合爲一部。并上三部，本屬奚王府，聖宗分置。

南剋部。

北剋部。統和十二年，以奚府二剋分置二部。〔六〕

隗衍突厥部。〔七〕聖宗析四闢沙、四頗憊户置，以鎮東北女直之境。開泰九年，節度使奏請置石烈，隸北府，屬黄龍府都部署司。

奥衍突厥部。與隗衍突厥同。

涅剌越兀部。以涅剌室韋户置。隸北府，節度使屬西南面招討司，戍黑山北。

奥衍女直部。聖宗以女直户置。隸北府，節度使屬西北路招討司，戍鎮州境。自此至河西部，皆俘獲諸國之民。初隸諸宫，户口蕃息置部，訖於五國，皆有節度使。

乙典女直部。〔八〕聖宗以女直户置。隸南府。〔九〕居高州北。

斡突盌烏古部。聖宗以烏古户置。隸南府，節度使屬西南面招討司，戍黑山北。

迭魯敵烈部。聖宗以敵烈户置。隸北府，節度使屬烏古敵烈統軍司。

室韋部。聖宗以室韋户置。隸北府，〔一〇〕節度使屬西北路招討司。

术哲達魯虢部。聖宗以達魯虢户置。隸北府，節度使屬東北路統軍司，戍境内，居境外。

梅古悉部。聖宗以唐古户置。隸北府，節度使屬西南面招討司。〔一一〕

頡的部。聖宗以唐古户置。隸北府，節度使屬西南面招討司。

北敵烈部。聖宗以敵烈户置。戍隗烏古部。

匿訖唐古部。聖宗置。隸北府，節度使屬西南面招討司。

北唐古部。聖宗以唐古户置。隸北府，節度使屬黄龍府都部署司，戍府南。

南唐古部。聖宗置。隸北府。

鶻刺唐古部。與南唐古同，節度使屬西南面招討司。〔一二〕

河西部。聖宗置。隸北府，節度使屬東北路統軍司。

薛特部。開泰四年，以回鶻户置。隸北府。居慈仁縣北。

伯斯鼻骨德部。本鼻骨德户。初隸諸宫，聖宗以户口蕃息置部。隸北府，節度使屬東北路統軍司，戍境内，居境外。〔一三〕

達馬鼻骨德部。聖宗以鼻骨德户置。隸南府，節度使屬東北路統軍司。

五國部。〔一四〕剖阿里國、〔一五〕盆奴里國、〔一六〕奥里米國、〔一七〕越里篤國、〔一八〕越里吉國，聖宗時來附，命居本土，以鎮東北境，屬黄龍府都部署司。重熙六年，以越里吉國人尚海等訴酋帥渾敞貪污，〔一九〕罷五國酋帥，設節度使以領之。已上聖宗以舊部族置者十六，增置十八。〔二〇〕

〔一〕爪，原作「介」。據下文及本史卷三五兵衛志中、卷四六百官志二改。

〔二〕全遼文卷九蕭孝忠墓誌銘：「錦州界内胡僧山西廿里北撒里比部落，奚王府東太師所管。」

〔三〕金史卷二太祖紀：「天輔六年八月辛丑，中京將完顔渾黜敗契丹、奚、漢六萬于高州，孛堇麻吉死之。得里得滿部降。」本部係由各部抽調之防戍部隊及其家屬組成。

〔四〕松山上疑脱戍字或居字。

〔五〕金史卷一二二伯德窊哥傳：「窊哥，西南路咩乣奚人。」咩乣或是梅只。

〔六〕十二年，原脱十字，誤作二年，按本史卷一三聖宗紀，以二剋分置二部在統和十二年十二月，據補。

〔七〕按本史卷八九耶律庶箴傳作烏衍突厥部。

〔八〕金史卷四六食貨志：「（大定）十七年五月，省奏『咸平府路一千六百餘户，自陳皆長白山星顯、禪春河女直人，遼時簽爲獵户，移居於此，號移典部，遂附契丹籍。本朝義兵之興，首詣軍降，仍居本部，今乞釐正。』詔從之。」金世宗釐正移典户籍，即由獵户改爲女真户。

〔九〕據本史卷三五兵衞志中，此下脱「節度使屬西南路招討司」。

〔一〇〕「隸北府」三字原脱，據本史卷三五兵衞志中補。

〔一一〕索隱卷三：「案亦作蔑古乃，蕭鐸魯斡子十三（傳四十姦臣），蔑古乃部人。」

〔一二〕鶻刺即哈刺，漢義黑。耶律仁先自鶻刺唐古部節度使改北面林牙，見本史卷九六本傳。金史卷六八訛古乃傳：天會八年嘗追余睹於天德，皇統元年，以功授寧遠大將軍，迭刺唐古部節度使。

〔一三〕本史卷六九部族表，重熙二十一年七月，「遣使詣五國及鼻骨德、烏古、敵烈四部捕海東青鶻」。鼻骨德與五國部偕，五國亦設官直轄。

〔一四〕北風揚沙録：「海東青，出五國。五國之東，接大海，自海而來者謂之海東青。」據曹廷杰東三省輿地圖說，三姓當爲五國頭城，自此而東，至烏蘇里江口、松花江兩岸皆五國部地。五國部屬黃龍府都部署司。

〔一五〕剖阿里爲五國部之一，黑龍江輿地圖說以剖阿里定點於精奇里江（西人稱結雅河）會入黑龍江處，去其他四國較遠。東三省輿地圖說謂在伯利，按伯利爲頗里八部，頗里不屬五國部，不合。池内宏鐵利考（刊於滿鮮史研究）比定剖阿里爲今黑龍江省富錦縣，舊稱富克錦。似較前兩説略勝。

〔一六〕本史卷一四聖宗紀統和二十二年七月作蒲奴里，金史卷一世紀作蒲聶。黑龍江輿地圖說呼蘭城圖説稱：「呑河（今湯旺河）既合衆水，又曲曲東流五十餘里逕固木訥城東北，其城即金屯河猛安，元初桃温萬户府故城，亦即遼五國部盆奴里國，一作蒲奴里，金史所謂五國蒲聶部者也，又東南十二里注於松花江。」固木訥城，爲今黑龍江省湯原縣大有屯附近之古城。城周五里，隔湯旺河與湯原縣治相對。

〔一七〕遼東志卷九列黑龍江、松花江沿岸元、明兩代水陸城站，其中有奧里迷站。黑龍江輿地圖説總圖説：「（黑龍江）又東迤南五十里逕奧里米東故城北，松花江東北流來會，又東北流入吉林界。」奧里米東故城即綏濱中興古城，在此西南五十公里左右，松花江北岸敖來河畔有故城，較此大幾倍，應即遼奧里米部故址。中興古城應爲奧里米部所轄之一城鎮。

〔一八〕越里篤在元爲脱斡憐軍民萬户府所在地。明爲阿陵站，即今樺川縣東北之萬里霍通，位於梧桐河會入松花江處對岸。

〔一九〕越里吉酋帥渾敞，本史卷一八興宗紀重熙六年八月越里吉作越棘，渾敞作坤長。越里吉即五國頭城，亦稱五國城。

〔二〇〕金史卷八九移剌慥傳：「移剌慥本名移敵列，契丹虞吕部人。」虞吕部不見本史。

遼國外十部：〔一〕

烏古部。

敵烈八部。

隗古部。〔二〕

回跋部。〔三〕

嵓母部。〔四〕

吾秃婉部。〔五〕

迭剌葛部。〔六〕

回鶻部。

長白山部。〔七〕

蒲盧毛朵部。

右十部不能成國，附庸於遼。時叛時服，各有職貢，猶唐人之有羈縻州也。

〔一〕按本史卷四六百官志二，烏古、敵烈、隗古、迭剌葛入「諸部」；回跋、嵓母、吾秃婉、蒲盧毛朵入「大部」；長白山部作長白山女直國，與回鶻部並入「諸國」。

〔二〕隗古，本史卷四六百官志作隈烏古部，卷二三道宗紀、卷六九部族表並作隗烏古部。

〔三〕本史卷四六百官志等皆作回跋，卷三六兵衛志作回拔，北風揚沙録作回霸。金史卷二太祖紀作回怕里。

〔四〕索隱卷三：「按兵衛志作粘八葛。」

〔五〕本史卷六九部族表作吾獨婉。

〔六〕本史卷六九部族表作達刺乖。

〔七〕索隱卷三：「案金史世紀，元魏時勿吉有七部：曰粟末、曰伯咄、曰安車骨、曰拂涅、曰號室、曰黑水、曰白山。隋稱靺鞨，七部並同。唐初有黑水靺鞨、粟末靺鞨，其五部無聞，粟末靺鞨後爲渤海，稱王。黑水役屬之。五代時，契丹盡取渤海地，而黑水靺鞨在南者籍契丹，號熟女直；其在北者，不在契丹籍，號生女直。生女直地有混同江、長白山，混同江亦號黑龍江，所謂白山黑水是也。是白山靺鞨無聞於唐，而五代時與黑水並號生女直，此志所以謂其不能成國，附庸於遼也。」

本史卷一五聖宗紀：「開泰二年七月乙未，斜軫奏党項諸部叛者，皆遁黄河北模赧山，其不叛者曷黨、烏迷兩部因據其地，今復西遷，詰之則曰逐水草。不早圖之，後恐爲患。」

遼史補注卷三十四

志第四

兵衛志上

軒轅氏合符東海，〔一〕邑于涿鹿之阿，遷徙往來無常處，以兵爲營衛。飛狐以北，〔二〕無慮以東，〔三〕西暨流沙，四戰之地，聖人猶不免於兵衛，地勢然耳。

遼國左都遼海，右邑涿鹿，兵力莫强焉。其在隋世，依紇臣水而居，分爲十部。兵多者三千，少者千餘。順寒暑，逐水草畜牧。侵伐則十部相與議，興兵致役，合契而後動。獵則部得自行。至唐，大賀氏勝兵四萬三千人，分爲八部。大賀氏中衰，僅存五部。有耶律雅里者，分五部爲八，〔四〕立二府以總之，析三耶律氏爲七，二審密氏爲五，凡二十部。刻木爲契，政令大行。遜不有國，迺立遥輦氏代大賀氏，兵力益振，即太祖六世祖也。

及太祖會李克用于雲中，以兵三十萬，盛矣。遥輦耶瀾可汗十年，歲在辛酉，太祖授鉞專征，〔五〕破室韋、于厥、奚三國，俘獲廬帳，不可勝紀。十月，授大迭烈府夷離堇，明賞罰，繕甲兵，休息民庶，滋蕃羣牧，務在戢兵。十一年，總兵四十萬伐代北，克郡縣九，俘九萬五千口。十二年，德祖討奚，俘七千户。十五年，遥輦可汗卒，遺命遜位于太祖。〔六〕

太祖即位五年，討西奚、東奚，悉平之，盡有奚、霫之衆。六年春，親征幽州，東西旌旗相望，亘數百里。所經郡縣，望風皆下，俘獲甚衆。振旅而還。秋，親征背陰國，〔七〕俘獲數萬計。神册元年，親征突厥、吐渾、党項、小蕃、沙陀諸部，俘户一萬五千六百；攻振武，〔八〕乘勝而東，攻蔚、新、武、嬀、儒五州，俘獲不可勝紀，斬不從命者萬四千七百級。盡有代北、河曲、陰山之衆，遂取山北八軍。四年，親征于骨里國，〔九〕俘獲一萬四千二百口。五年，征党項，俘獲二千六百口；攻天德軍，拔十有二栅，徙其民。六年，出居庸關，分兵掠檀、順等州，安遠軍、三河、良鄉、望都、潞、滿城、遂城等縣，俘其民徙内地；皇太子略定州，俘獲甚衆。天贊元年，以户口滋繁，糺轄疎遠，〔一〇〕分北大濃兀爲二部，立兩節度以統之。三年，西征党項等國，俘獲不可勝紀。四年，又親征渤海。天顯元年，滅渤海國，地方五千里，兵數十萬，五京、十五府、六十二州，盡有其衆，契丹益大。

會同初，太宗滅唐立晉，晉獻燕、代十六州，民衆兵强，莫之能禦矣。

〔一〕索隱卷三：「案史記，黄帝合符釜山。正義引括地志云：釜山在嬀州懷戎縣北三里。又漢書西域傳，詔曰：北伐行將於鬴山必克，故朕親發貳師下鬴山。鬴、釜字同。徐松補注謂鬴山者五原塞外山，蓋猶未知即史記之釜山。一統志：釜山在宣化府保安州西北。是釜山在今涿鹿縣。而此志乃謂東海者。史記索隱又案郭子横洞冥記稱東方朔云：東海大明之墟有釜山，山出瑞雲，應王者之符命。蓋黄帝有黄雲之瑞，故曰合符應於釜山。」

〔二〕隋書卷三〇地理志：上谷郡有飛狐縣，遼屬蔚州。

〔三〕漢書卷二八下地理志下：遼東郡有無慮縣。遼顯州、乾州、義州皆漢無慮縣。此云以東即謂上文東海。

〔四〕按乙室部分出迭刺；涅剌部分出烏隗；突吕不部分出突舉，品部、楮特部均以營爲部。立二府即北、南宰相府。亦即左右二大部，分五部爲八，即中部。五部爲乙室部、涅剌部、突吕不部、品部、楮特部。左右二大部對中部言，右大部凡三見，左大部僅本史卷三二營衛志中一見。

〔五〕按本史卷六三世表，耶瀾可汗在唐會昌間，次巴剌可汗在咸通間，又次痕德堇可汗在光啓間。辛酉歲當天復元年，耶瀾可汗十年爲辛酉不合。卷一太祖紀上，「唐天復元年，歲辛酉，痕德堇可汗立，以太祖爲本部夷離堇，專征討」。耶瀾可汗應是痕德堇可汗之誤，十年亦誤。

〔六〕按本史卷一太祖紀上云，丙寅年「十二月，痕德堇可汗殂」，太祖於翌年丁卯歲正月，「即皇帝位」。馮校據太祖紀，德祖討奚在唐天復三年，痕德堇可汗三年或此年之前，此稱耶瀾可汗十二年誤，下文十五年亦誤。

〔七〕按本史卷一太祖紀太祖六年七月作朮不姑，卷七〇屬國表同。卷四六百官志作述不姑、直不姑。卷一九興宗紀重熙十年十二月作撻朮不姑。

〔八〕振武，今和林格爾縣北土城子古城。

〔九〕于骨里即烏古、于厥。本史卷二太祖紀神册四年九月作烏古部，卷七〇屬國表作骨里國。此與上文破于厥，均應屬於攻掠性質。

〔一〇〕錢大昕十駕齋養新餘録卷中及諸史拾遺卷五均謂字書無「糺」字，始見於百官志并引國語解「糺轄」云：「糺」，軍名；「轄」者，管束之義。索隱卷三：「各本國語解皆作糺字，無作糺轄者。糺爲糾字别體，字書有之。作糺者或謁字。」按乣字爲正寫，糺爲乣字轉訛。近年已趨論定。乣，軍也。參見本書卷三二營衛志中部族上叙論注〔三〕。

兵制

遼國兵制，凡民年十五以上，五十以下，隸兵籍。每正軍一名，馬三疋，打草穀、守營鋪家丁各一人。人鐵甲九事，馬韉轡，馬甲皮鐵視其力，弓四，箭四百。長短鎗、䤬䥘〔一〕、斧鉞、小旗、鎚錐、火刀石、馬盂、粆一斗、粆袋、搭钜傘各一，〔二〕縻馬繩二百尺，皆自備。〔三〕人馬不給糧草，日遣打草穀騎四出抄掠以供之。鑄金魚符，調發軍馬。其捉馬及

傳命有銀牌二百。軍所舍，有遠探攔子馬，以夜聽人馬之聲。〔四〕

凡舉兵，帝率蕃漢文武臣僚，以青牛白馬祭告天地、日神，惟不拜月；〔五〕分命近臣告太祖以下諸陵及木葉山神。乃詔諸道徵兵。惟南、北奚王、東京渤海兵馬，燕京統軍兵馬，雖奉詔，未敢發兵，必以聞。上遣大將持金魚符，合，然後行。始聞詔，攢户丁，推户力，覈籍齊衆以待。自十將以上，次第點集軍馬、器仗。符至，兵馬本司自領，使者不得與。唯再共點軍馬訖，又以上聞。量兵馬多少，再命使充軍主，與本司互相監督。又請引五方旗鼓，然後皇帝親點將校。又選勳戚大臣，充行營兵馬都統、副都統、都監各一人。又選諸軍兵馬尤精鋭者三萬人爲護駕軍，又選驍勇三千人爲先鋒軍，又選剽悍百人之上爲遠探攔子軍，〔六〕以上各有將領。又於諸軍每部，量衆寡，抽十人或五人合爲一隊，別立將領，以備勾取兵馬，騰遞公事。

其南伐點兵，多在幽州北千里鴛鴦泊。〔七〕及行，並取居庸關、〔八〕曹王峪、〔九〕白馬口、〔一〇〕古北口、〔一一〕安達馬口、〔一二〕松亭關、〔一三〕榆關〔一四〕等路。將至平州、幽州境，又遣使分道催發，不得久駐，恐踐禾稼。出兵不過九月，還師不過十二月。在路不得見僧尼、喪服之人。

皇帝親征，留親王一人在幽州，權知軍國大事。既入南界，分爲三路，廣信軍、雄州、霸州〔一五〕各一。駕必由中道，兵馬都統、護駕等軍皆從。各路軍馬遇縣鎮，即時攻擊。若大州軍，必先料其虛實、可攻次第而後進兵。沿途民居、園囿、桑柘，必夷伐焚蕩。至宋北京，[二六]三路兵皆會，以議攻取。及退亦然。三路軍馬前後左右有先鋒、遠探攔子馬各十數人，在先鋒前後二十餘里，全副衣甲，夜中每行十里或五里少駐，下馬側聽無有人馬之聲。有則擒之；力不可敵，飛報先鋒，齊力攻擊。如有大軍，走報主帥。敵中虛實，動必知之。軍行當道州城，防守堅固，不可攻擊，引兵過之。恐敵人出城邀阻，乃圍射鼓譟，詐爲攻擊。敵方閉城固守，前路無阻，引兵進，分兵抄截，使隨處州城隔絕不通，孤立無援。所過大小州城，至夜，恐城中出兵突擊，及與鄰州計會軍馬。甲夜，每城以騎兵百人去城門左右百餘步，被甲執兵，立馬以待。兵出，力不能加，馳還勾集衆兵與戰。左右官道、斜徑、山路、河津，夜中並遣兵巡守。其打草穀家丁，各衣甲持兵，旋團爲隊，必先斫伐園林，然後驅掠老幼，運土木填壕塹；攻城之際，必使先登，矢石檑木併下，止傷老幼。又於本國州縣起漢人鄉兵萬人，隨軍專伐園林，填道路。御寨及諸營壘，唯用桑柘梨栗。軍退，縱火焚之。敵軍既陣，料其陣勢小大，山川形勢，往回道路，救援捷徑，漕運所出，各有以制之。然後於陣四面，列騎爲隊，每隊五、七百人，十隊爲一道，十道當一面，各有主帥。最先一隊走馬大譟，衝突敵陣。得利，則諸隊齊進；若未利，引退，第二隊繼之。退者，息馬飲水粆。諸道皆然。更退迭進，敵陣不動，亦不力戰。歷二三日，待其困憊，又令打草穀家丁馬施雙箒，因風疾馳，揚塵敵陣，更互往來。中既飢疲，目不相覩，可以取勝。若陣南獲勝，陣北失利，主將在中，無以知之，則以本國四方山川爲號，聲以相聞，得相救應。

若帝不親征，重臣統兵不下十五萬衆，三路往還，北京會兵，進以九月，退以十二月，行事次第皆如之。若春以正月，秋以九月，不命都統，止遣騎兵六萬，不許深入，不攻城池，不伐林木；但於界外三百里内，耗蕩生聚，不令種養而已。

軍入南界，步騎車帳不循阡陌。三道將領各一人，率攔子馬各萬騎，支散遊弈百十里外，更迭覘邏。及暮，以吹角爲號，衆即頓舍，環繞御帳。自近及遠，折木稍屈，爲弓子鋪，不設鎗營塹柵之備。

每軍行，鼓三伐，不問晝夜，大衆齊發。未遇大敵，不乘戰馬；俟近敵師，乘新羈馬，蹄有餘力。成列不戰，退則乘之。多伏兵斷糧道，〔一七〕冒夜舉火，上風曳柴。饋餉自賫，散而復聚。善戰，能寒。此兵之所以强也。

〔一〕即鐵骨朵，又稱鐵瓜、鐵古都。參見本史卷六刑法志，卷一一六國語解。

〔二〕按「鈋」字不見字書。道光殿本考證云：「通考作『搭鉤氈纖』。史以鉤、氈二字偏旁誤合爲『鈋』字。」

長編：景德二年（統和二十三年）正月丁巳，「召輔臣觀瀛州所獲戎人攻城戰具，皆制度精好，鋒鍔銛利，梯衝竿牌，悉被以鐵。城上懸板才數寸，集矢二百餘」。

〔三〕宋會要蕃夷二：「凡契丹有所調發，先下令使自辦兵器，駞馬、糧糗。」

〔四〕自鑄金魚符以下三十五字，出自契丹國志卷二三。

〔五〕按本史卷九景宗紀：「乾亨二年十月辛未朔，命巫者祠天地及兵神。辛巳祭旗鼓，丁亥，獲敵人，射鬼箭。庚寅次固安，以青牛白馬祭天地。」

〔六〕武溪集卷一八契丹官儀：「遼人之掌兵者，燕中有元帥府，雜掌蕃、漢兵，太弟（即重元）總判之。其外則有北王府、南王府，分掌契丹兵，在雲州歸化州之北。二王皆坐在樞密下，帶平章事之上。舊例皆賜御服。節度使參於旗鼓之南。乙室王府亦掌契丹兵，然稍卑矣。其有居雁門之北，似是契丹別族，其坐在上將軍之上。又有奚王府掌奚兵，在中京之南，與留守相見則用客禮。……國中隨部族大小，各有節度使，不屬州縣。遼人從行之兵，取宗室中最親信者，爲行宫都部署以主之。其兵皆取於南、北王府十宫院人充之。亦有大内點檢、副點檢之官以備宿衛。北王府兵刺左臂，南王府兵刺右臂。十宫院人呼小底，如官奴婢之屬也。巡警者呼拽刺（音力割反）。逐部分各有首領及判官等，渤海亦有宿衛者。又有左右等五北室。（北音牌亦音櫛比之比）。契丹謂金剛爲北室，取其堅利之名也。漢人亦有控鶴等六軍。」拾遺卷一三：「北室即皮室，御帳親軍也。」

索隱卷三引契丹官儀後云：「與志下云北府二十八部，南府十六部及十二宮一府騎軍之制皆合。」

南、北王，奚王，東京，燕京所負責任更重，不同其他地區，必須合符，即調兵手續更詳密。龍袞江南野史卷二：「或傳徵兵率以箭爲號。每一部落傳箭一雙。」

儒林公議卷下：「（契丹）每興兵擾塞，則傳一矢爲信，諸國皆震懼奔會，無後期者。每戰必銜枚無喧，專顧指令。統帥之下，各有部陳。晝戰則望旗幟，遇夜則或鳴鉦，或吹蠡角，或爲禽鳥之聲，各隨部隊撤卷而去，至明，不遺一騎。軍令至峻，常以什伍相分，一人趨敵，則什伍俱前。緩急不相赴援，則盡誅之，故其人能死戰。」契丹國志卷二三：「契丹主投下兵謂之大帳，有皮室兵約三萬人騎。皆精甲也，爲其爪牙。國母述律氏投下謂之屬珊，有衆二萬。先是，戎主阿保機牙將，半已老矣。每南來時，量分借得三五千騎，述律常留數百兵爲部族根本。其諸大首領、太子偉王、永康、南、北王、于越、麻荅、五押等，大者千餘騎，次者數百人，皆私甲也。別族則有奚、霫勝兵亦千餘，人少馬多。又有渤海首領大舍利高模翰兵，步騎萬餘人，竝髠髮左衽，竊爲契丹之飾。復有近界韃靼、于厥里、室韋、女真、党項，亦被脅屬，每部不過千餘騎。其三部落吐渾、沙陁，洎幽州管内雁門以北十餘軍、州部落漢兵，合三萬餘衆。此是石晉割賂契丹之地，番漢諸族，其數可見矣。」吴曾能改齋漫録卷一三：「司馬文正公云：契丹之法，有簡要可尚者，將戰，則選兵爲三等。騎射最精者，給十分衣甲，處於陳後；其次給五分衣甲，處於中間；其下者不給衣甲，處於前行。故未嘗教閱而民皆習於騎射。」燕北雜記：「午日：番兵每遇午日，如不逢兵，亦須排陣望西大喊十聲，言午是番家大王之日。」蘇頌蘇魏公集卷一三後使遼詩契丹馬詩注：「契丹馬羣，動以千數，每羣牧者才三二人而已。縱其逐水草，不復羈馽。有役則旋驅策而用，終日馳驟而力不困乏。彼諺云：『一分餵，十分騎。』番漢人户亦以牧養多少爲高下，視馬之形皆不中法相，蹄毛俱不剪剔。云馬遂性則滋生益繁，此養馬法也。」

方勺泊宅編卷一〇：「富韓公曰：『契丹正强盛，奚、霫、渤海、党項、高麗、女真、新羅、黑水韃靼、回鶻、元昊、凡十國，皆役服之，貢奉不絶，惟與中原爲敵國。兵馬畧集，便有百萬，多作大舟，安四輪陸行以載輜重，遇塘水黄河，則脱輪以渡，人馬亦欲自滄州東泛海而來，爲牽制犄角之勢。』」本史卷九三蕭惠傳：遼有戰艦用於黄河。參該卷耶律鐸軫傳，又高麗史卷一四睿宗十二年三月（天慶七年三月）：耶律寧等曾乘船一百四十艘出泊鴨緑江江頭。李治敬齋古今黈卷一二：「武珪燕北雜記云：『契丹行軍不擇日，用艾和馬糞於白羊琵琶骨上灸，破便出軍，不破即不出。』李子曰：灸琵琶骨，不獨契丹，凡蠻貊皆爲之，番禺記載嶺表占卜甚多，有骨卜、田螺卜、雞卵卜、牛卜、鼠米卜、箸卜、篾卜。乃知四夷尚鬼，遇物皆得以爲卜也。今北方灸琵琶骨者，與珪記特異，所灸之法蓋有可入不可入者。疾病飲食，一動一止，悉有條理。珪則專謂灸破便出軍，不破即不出，蓋當時所見適然，自以爲説耳。」

趙彦衛雲麓漫抄卷六：「契丹用兵，步騎車帳不從阡陌，東西一概而行，大帳前及東西兩面，差大首領三人，各率萬騎，分散遊奕百十里外，交相巡邏，謂之欄子馬。戎主吹角爲號，衆即頓舍，環繞穹廬，以近及遠，只折木梢屈之爲三丫鋪，不設槍營塹栅之備，或聞人聲砍寨，皆不實也。每軍行，聽鼓三伐，不問昏晝，一發便行。未逢大敵，不乘戰馬，俟敵近即競乘之。多伏兵斷糧道，互相舉火，饋餉自賫，退敗無耻，散而復聚。」舊五代史卷七〇張敬達傳：「清泰中九月，契丹至，敬達大敗，尋爲所圍。晉高祖及蕃衆自晉安寨南門外，長百餘里，闊五十里，布以氈帳，用毛索掛鈴，而部伍多犬，以備警急。營中嘗有夜遁者，出則犬吠鈴動，跬步不能行焉。」新五代史卷七二四夷附録：「契丹攻破新州，以（盧）文進部將劉殷守之。莊宗遣周德威擊殷，而文進引契丹數十萬大至，德威懼，引軍去，爲契丹追及，大敗之。德威走幽州，契丹圍之。幽、薊之間，虜騎遍滿山谷，所得漢人，以長繩連頭繫之於木，漢人夜多自解逃去。文進又教契丹爲火車、地道，起土山以攻城。」

〔七〕今河北省張北西北安固里淖。

〔八〕索隱卷三：「案吕氏春秋有始覽，淮南子地形注，居庸並爲九塞之一。高誘注：居庸在上谷沮陽之東，通軍都關也。漢書地理志：上谷郡居庸注：有關。水經濕餘水注：關在沮陽城東南六十里居庸界，濕餘水南流歷故關下，又逕軍都縣界，謂之軍都關。又南流出關謂之下口。一統志：關在順天府昌平州西北，關門相距四十里。」

〔九〕索隱卷三：「今名曹家砦。一統志：砦在密雲縣東北百四十里。司馬臺東有城，周六里有奇，爲古北口東第十三關口，轄關砦二十二。」

〔一〇〕索隱卷三：「今名白馬關。一統志：在密雲縣西北八十里，有城，其北爲白馬正關。」

〔一一〕索隱卷三：「案一統志：在密雲縣東北一百二十里，亦名虎北口。顧炎武昌平山水記：『唐莊宗取幽州，遼太祖取山南，金之破遼兵、敗宋、取燕京，皆由古北口。故中居庸山海而制其扼塞者，古北、喜峯二口焉。』」匈奴須知：「虎北口，南至燕京三百里。」（見通鑑後梁乾化三年（九一三）三月古北口胡注。）

〔一二〕索隱卷三：「今名馬蘭關。一統志：在遵化州西北三十里鮎魚口東。又馬蘭峪在州西北六十里。」

〔一三〕索隱卷三：「案在今喜峯口關北。一統志：『喜峯口關，在永平府遷安縣西北百七十里。西南去遵化州七十里。其北百二十里有松亭關，東北去大寧衛三百六十里。遼金時故關也。』厲氏拾遺引東都事畧曰：『劉敞使契丹，言松亭趨柳河甚徑，不數日可至中京。』又引宋元史曰：『閻詢使契丹，言松亭路迂枉，胡不徑葱嶺?』皆見宋史列傳。又引高士奇松亭行紀曰：『喜峯口，古松亭山。』則與一統志不合矣。」

〔一四〕索隱卷三：「案今名山海關。一統志：『在永平府臨渝縣東門，本古渝關地也。』隋書：『開皇三年，城渝關，十八年漢王諒伐高麗，出臨渝關。』五代史：『幽州北七百里有渝關，關東臨海，北有兔耳、覆舟山，山皆峻絶，並海東北有路，狹僅通車，唐時置東、西狹石、緑疇、米磚、長楊、黄花、紫蒙、白狼等戍，以扼契丹於此。』按明統志云：『榆關在撫寧縣東二十里，徐達移於東界，改名山海。新舊諸志皆從其説。今以通典臨渝關在盧龍縣東百八十里之數考之，乃知即今山海之地。蓋遼金時，以榆關爲腹裏地，故址漸堙，明初始修復之，非徙置也。」

金虜節要：「昌平縣之西乃居庸關，順州之地乃古北口，景州之東北乃松亭關，平州之東乃渝關。」

〔一五〕宋廣信軍本名威虜，其軍與静戎軍比連，有梁門口寨。雄州則瓦橋關，霸州則益津關。

事實卷二〇：「經略幽燕……其他方軍旅大約計之，未必滿三十萬，且自諸京統軍司及寨幕契丹兵不過十五萬，奚家、渤海兵不過六萬，漢兒諸指揮不過一萬五千，剌字父子軍五指揮不過數千，鄉兵、義軍不過三萬，剌手背、揀不中老弱兵不過七千。然而分守諸州及河東河北接界州縣，又東屯女羅、女真、新羅、百濟、野人國、狗國、灰國、黑水國，西屯珠爾布固蕃、遊獵國、沃濟國、室韋國、托歡番、舒嚕國、党項部族番、達靼國、川瓜沙州土番、遇野國土番、夾山土番。西番諸處寨戍縱小，亦須十萬方可分守，外餘二十萬爲戰鬬之兵，若傾國而來，亦須留三萬人防守，外餘一十七萬人，其間亦有負糧持器護從等，不過止有十萬人。其來不過一出梁門、遂城，一出雄、霸，一出雁門、句注，一出并、代。然而雄、滄、霸州以來，頗多溏水，決河東注，於我爲便，則雄、霸以來，不足爲慮矣。又緣邊要害之處，多張旗幟，增加兵守，晝飛沙塵，夜多烽火，有二十萬人精兵，足以禦之。其次清野而待之，多方而誘之，又選良將十餘人領兵十萬，四出密襲其巢穴。自易州以東至於欒州以來，一自紫荆嶺口路，一自白羊口連大安山路，一自南口以北居庸關、八答嶺，一自得勝口、湯山口、古北口，一自遺安口、燕市口，一自松亭關口、白淀口，一自首符家口、大林土山口，所至攻其城邑，盡受大將軍節會於幽州，取山前郡，則山後州縣自下矣。又命兵自梁門至虎北口、石門或鴈門、句注以來，設伏用奇，要敵之兵，斷其往來之路，如此敵騎進退失措，滅之必矣。」

長編：咸平六年「六月己未朔，御便殿，内出陣圖示輔臣曰：『今敵勢未輯，尤須防遏。屯兵雖多，必擇精鋭先據要害以制之。凡鎮、定、高陽三路兵悉會定州，夾唐河爲大陣。量寇遠近出軍樹柵，寇來堅守勿逐，俟信宿寇疲，則鳴鼓挑戰，勿離隊伍，令先鋒策先鋒，誘逼大陣，則以騎卒居中，步卒環之，短兵接戰，亦勿離隊伍，貴持重而敵騎無以馳突也。又分兵出三路，以六千騎屯威虜軍，魏能、白守素、張鋭領之；五千騎屯保州，楊延朗、張延禧、李懷岊領之；五千騎屯北平寨，田敏、張凝、石延福領之，以當敵鋒。始至，勿與鬭，待其氣衰，背城誘戰，使其奔命不暇。若敵南越保州與大軍遇，則令威虜之師與延朗會，使其腹背受敵，乘便掩殺。若敵不攻定州，縱軼南侵，則復會北平田敏，合勢入北界，邀其輜重。令雄、霸破敵以來，互爲應援。又命孫全照、王德鈞、裴自榮領兵八千屯寧遠軍，李重貴、趙守倫、張淵旻領兵五千屯邢州，扼東西路。敵將遁，則令定州大軍與三路騎兵會擊之。又令石普統兵萬人於莫州，盧文壽、王守俊監之，俟敵北去，則西趨順安軍襲擊，斷其西山之路。如河冰已合，賊由東路，則命劉用、劉漢凝、田思明領兵五千會石普、孫全照犄角攻之，自餘衆兵，悉屯天雄，命石保吉領之，以張軍勢。朕雖畫此成謀，以授將帥，尚恐有所未便，卿等審觀可否，更共商搉。』李沆等曰：『戰陣之事古今所難。溝侵邊，自非陛下制勝於内，諸將各禀廟算，分禦邊要，實恐未易驅攘。今所裁制，盡合機宜，固非臣等愚慮所及。』……上曰：『已令將帥別上方畧，候其奏至，或無可採，即當依此施行。』初，馮拯建議以謂備邊之要，不能扼險以制敵之衝，未易勝也。若於保州、威虜間，依徐、鮑河爲陣，其形勢可以取勝。前歲王顯違詔，不趨要地，契丹初壓境，王師未行而敵騎已入抄，賴霖雨乃遁去。比王超奏敵已去，而東路奏敵方來，既聚軍中山以救望都，而兵困糧匱，將臣陷没幾盡，超等僅以身免。今防秋，宜於唐河增屯兵至六萬，控定武之北爲大陣，邢州置都部署爲中陣，天雄軍置鈐轄爲後陣。罷莫州、狼山兩路兵。上多采用其議云」。

〔一六〕今河北省大名。

〔一七〕長編：咸平四年六月「戊辰，出陣圖示宰相，上曰：『北戎寇邊，常遣精悍爲前鋒，若捍禦不及，即有侵軼之患。今盛選驍將統領，別爲一隊，遏其奔衝，彼既挫鋭而退，餘則望風不敢進矣。敵又好遣騎兵出陣後，斷糧道，可別選將領數萬騎殿後以備之。』」

遼史補注卷三十五

志第五

兵衛志中

御帳親軍

漢武帝多行幸之事，置期門、佽飛、羽林之目，天子始有親軍。唐太宗加親、勳、翊、千牛之衛，布腹心之地，防衛密矣。遼太祖宗室盛强，分迭刺部爲二，宮衛内虚，經營四方，未遑鳩集。皇后述律氏居守之際，摘蕃漢精鋭爲屬珊軍；太宗益選天下精甲，置諸爪牙爲皮室軍。〔一〕合騎五十萬，國威壯矣。

大帳皮室軍。

太宗置，凡三十萬騎。〔二〕

屬珊軍。

地皇后置，二十萬騎。〔三〕

宮衛騎軍〔四〕

太祖以迭剌部受禪，分本部爲五院、六院，統以皇族，而親衛缺然。乃立斡魯朵法，裂州縣，割户丁，以强幹弱支，詒謀嗣續，世建宮衛。入則居守，出則扈從，葬則因以守陵。有兵事，則五京二州各提轄司傳檄而集，不待調發州縣、部族，十萬騎軍已立具矣。恩意親洽，兵甲犀利，教練完習。簡天下精鋭，聚之腹心之中。懷舊者歲深，增新者世盛。此軍制之良者也。

弘義宮：

正丁一萬六千，

蕃漢轉丁一萬四千，

騎軍六千。

長寧宮：

正丁一萬四千，

蕃漢轉丁一萬二千，

騎軍五千。

永興宮：

正丁六千，

蕃漢轉丁一萬四千，

騎軍五千。

積慶宮：

正丁一萬，

蕃漢轉丁一萬六千，

騎軍八千。

延昌宮：

正丁二千，

蕃漢轉丁六千，

騎軍二千。

彰愍宮：

正丁一萬六千，

蕃漢轉丁二萬，

騎兵一萬。

崇德宫：

正丁一萬二千，

蕃漢轉丁二萬，

騎軍一萬。

興聖宫：

正丁二萬，

蕃漢轉丁四萬，

騎軍五千。

延慶宫：

正丁一萬四千，

蕃漢轉丁二萬，

騎軍一萬。

太和宮：

正丁二萬，

蕃漢轉丁四萬，

騎軍一萬五千。

永昌宮：

正丁一萬四千，〔五〕

蕃漢轉丁二萬，

騎軍一萬。

敦睦宮：

正丁六千，

蕃漢轉丁一萬，

騎軍五千。

文忠王府：

正丁一萬，

蕃漢轉丁一萬六千，

騎兵一萬。

十二宫一府，自上京至南京總要之地，各置提轄司。重地每宫皆置，内地一二而已。

太和、永昌二宫宜與興聖、延慶同，舊史不見提轄司，蓋闕文也。

南京：

弘義宫提轄司。

長寧宫提轄司。

永興宫提轄司。

積慶宫提轄司。

延昌宫提轄司。

彰愍宫提轄司。

崇德宫提轄司。

興聖宫提轄司。

延慶宫提轄司。

敦睦宫提轄司。

文忠王府提轄司。

西京：〔六〕

弘義宮提轄司。

長寧宮提轄司。

永興宮提轄司。

積慶宮提轄司。

彰愍宮提轄司。

崇德宮提轄司。

延慶宮提轄司。

文忠王府提轄司。

奉聖州：

弘義宮提轄司。

長寧宮提轄司。

永興宮提轄司。

積慶宮提轄司。

彰愍宫提轄司。

崇德宫提轄司。

興聖宫提轄司。

延慶宫提轄司。

文忠王府提轄司。

平州：

弘義宫提轄司。

長寧宫提轄司。

永興宫提轄司。

積慶宫提轄司。

延昌宫提轄司。

彰愍宫提轄司。

興聖宫提轄司。

延慶宫提轄司。

文忠王府提轄司。

中京：

延昌宮提轄司。

文忠王府提轄司。

上京：

文忠王府提轄司。〔七〕

凡諸宮衞，丁四十萬八千，〔八〕出騎軍十萬一千。

〔一〕按本史卷四六百官志二：「太宗選天下精甲三十萬爲皮室軍。初，太祖以行營爲宮，選諸部豪健千餘人，置爲腹心部，耶律老古以功爲右皮室詳穩。則皮室軍自太祖時已有，即腹心部是也。太宗增多至三十萬耳。」武溪集卷一八契丹官儀：「契丹謂金剛爲比室，取其堅利之名也。」

〔二〕契丹國志卷二三作三萬人騎。按本史卷四六百官志二，太祖時已置，太宗增多至三十萬騎。

〔三〕按契丹國志卷二三作二萬。宋琪上書：「晉末，契丹主頭下兵謂之大帳，有皮室軍約三萬人騎，皆精甲也，爲其爪牙。國母述律氏頭下，謂之屬珊，有衆二萬，是先戎主阿保機牙將，半已老矣。南來時，量分借得三五千騎，述律常留餘兵爲部族根本。」

本史卷一一六國語解：「應天皇后從太祖征討，所俘人户有技藝者置之帳下，名屬珊，蓋比珊瑚之寶。」是屬珊爲後勤技藝隊伍。故言分借三五千騎。元史卷二〇三孫威傳：「威有巧思，善爲甲，常以意製蹄筋翎根鎧以獻，太祖親射之，不能徹，大悦，賜名也可兀蘭。」也可謂大，兀蘭謂巧思。華夷譯語：匠，兀矙。

〔四〕按此項宮衛騎軍與本史卷三一營衛志宮衛各斡魯朵重複。斡魯朵著户數，此著丁數。

〔五〕按各宮丁數，均爲户數之二倍，檢本史卷三一營衛志上永昌宮正户八千，若非例外，則丁數應爲一萬六千。

〔六〕按本史卷三一營衛志上，興聖宮提轄司四。此西京下無興聖宮提轄司，疑脱。

〔七〕本史卷三一營衛志上：「國阿輦斡魯朵，太宗置。……以太祖平渤海俘户，東京、懷州提轄司及雲州懷仁縣、澤州灤河縣等户置。」

按本史卷一三聖宗紀統和八年七月，「詔東京路諸宮分提轄司，分置定霸、保和、宣化三縣。」又卷三八地理志二：「東京宗州隸文忠王府。王葽，屬提轄司。」似東京有提轄司。卷三九地理志三：「中京黔州，太祖平渤海，以所俘户居之，隸黑水河提轄司。」卷四六百官志二：「黑水河提轄司，在中京黔州置。」是提轄司不僅以上所列者。

〔八〕設永昌宮正丁一萬六千，則總數爲四十一萬。索隱卷三：「按上正丁轉丁數四十一萬三千。」又遼寧省凌源市博物館藏應曆十五年張建立墓誌：建立曾任「榆州刺史兼番、漢都提轄使」。

卒於天顯五年。子彦英亦曾任「榆、惠二州刺史、知榷場事兼兵馬都監□□任西南路都提轄使、充乣使，銀青崇禄大夫、檢校司徒」。卒於保寧元年。

大首領部族軍

遼親王大臣，體國如家，征伐之際，往往置私甲以從王事。大者千餘騎，小者數百人，著籍皇府。國有戎政，量借三五千騎，常留餘兵爲部族根本。〔一〕

太子軍。〔二〕

偉王軍。〔三〕

永康王軍。〔四〕

于越王軍。〔五〕

麻答軍。〔六〕

五押軍。〔七〕

〔一〕宋會要蕃夷一、長編、宋史卷二六四宋琪傳、契丹國志並稱，晉末契丹主頭下兵稱曰皮室，國母述律氏頭下謂之屬珊。又稱國母述律氏常留餘兵爲部族根本。是太宗時事。參見本書卷三七地理志一頭下軍州注一。

〔二〕太子係沿舊稱即李胡（李胡稱自在太子見契丹國志卷一四），此時太子已是太弟。此段史料雖經屢次轉載，最初出於宋琪上書。設太子非舊稱，亦非太弟之誤，即非李胡之頭下軍。則是指太宗之子壽安王（即穆宗），當時尚未立太子。無此尊稱，尤其無此實力。通鑑天福三年（九三八，十一月，遼改元會同）七月，有元帥太子，偉王，南、北二王，在契丹主及應天太后之下。

〔三〕通鑑：後周廣順元年九月癸亥，「（契丹主）行至新州之火神淀，燕王述軋及偉王之子太寧王漚僧作亂，弒契丹主而立述軋」。册府元龜卷九六七：「周太祖廣順元年九月，偉王子太寧王與燕王耶律述軋殺兀欲並其妻於帳下。時德光子述律王子討太寧之亂，諸部首領共推爲國主，僞號天順皇帝。」本史卷一一二察割傳：「察割，字歐辛，明王安端之子。……以功封泰寧王。……帝伐周，至詳古山，太后與帝祭文獻皇帝於行宫，羣臣皆醉。……是夕，（察割等）同率兵入弒太后及帝。」漚僧爲歐辛異譯，即察割。偉王爲察割之父安端，安端有頭下私城白川州，因察割叛逆没入。

〔四〕永康王即世宗兀欲。按宋琪上書，原作永康、南、北王，即謂永康王、南大王，北大王，此省稱北、南大王，本史卷七七耶律吼傳云：「會同六年，爲南院大王……及帝崩于欒城……吼詣北院大王耶律洼議曰：『天（大）位不可一日曠。若請于太后，則必屬李胡。……必欲厭人望，則當立永康王。』洼然之。……遂定議立永康王，是爲世宗。」同卷耶律洼傳云：「洼字敵輦……太宗崩于欒城……洼與耶律吼定策立世宗。」

〔五〕宋琪上書云：「其諸大首領有太子，偉王，永康，南、北王，于越，麻答，五押等，于越謂其國舅也。大者千餘騎，次者數百人，皆私甲也。」此據宋史卷二六四宋琪傳，長編、宋會要蕃夷一所載宋琪上書並作太子，偉王，永康，南、北王，于越謂國舅，麻答，五押等。

通鑑：後漢天福十二年「六月，甲寅朔，蕭翰至恒州，與麻答以鐵騎圍張礪之第。礪方卧病，出見之。翰數之曰：『……吾爲宣武節度使，且國舅也；汝在中書乃帖我！……』」

舊五代史卷九八蕭翰傳：「蕭翰者，契丹諸部之長也。父曰阿鉢……阿鉢妹爲按巴堅妻，則契丹主德光之母也。翰有妹亦嫁於德光，故國人謂翰爲國舅。」本史卷六七外戚表：「小漢，賜姓名曰蕭翰。」卷一一三有傳：「會帝崩欒城，世宗即位。翰聞之，委事於李從敏，徑趨行在。……天禄二年，尚帝妹阿不里。後與天德謀反，下獄。……復與公主以書結明王安端反，屋質得其書以奏，翰伏誅。」

〔六〕麻答即耶律拔里得，本史卷七六有傳，此軍即其頭下兵。

〔七〕本史卷四六百官志二有西南面五押招討司，設五押招討大將軍，屬西京諸司，控制西夏者。宋會要兵八：「雍熙三年（統和四年）八月，時契丹僞妃（長編作國母蕭氏）與大臣耶律漢寧、南、北皮室及五押、惕隱領衆十餘萬，復陷寰州。」

西夏書事卷五：「至道元年（統和十三年）十二月，誘契丹兵犯府州。先是，契丹招討使韓德威率數萬騎誘党項勒浪嵬族犯府州。」宋會要蕃夷一：「至道二年六月，仡黨族首領迎羅佶及長嗟、黄屯三人詣府州内附，云：『春初，契丹將韓五押領兵來剽掠。……』」

衆部族軍〔一〕

衆部族分隸南北府，守衛四邊，各有司存，具如左。

北府凡二十八部。〔二〕

侍從宫帳：

奚王府部。〔三〕

鎮南境：

五院部。

六院部。

東北路招討司：〔四〕

烏隗部。

東北路統軍司：

遥里部。

伯德部。

奥里部。

南剋部。

北剋部。

圖盧部。〔五〕

朮者達魯號部。

河西部。

西北路招討司：

突呂不部。

奥衍女直部。

室韋部。

西南路招討司：

涅剌部。

烏古涅剌部。

涅剌越兀部。

梅古悉部。

頡的部。

匿訖唐古部。

鶴剌唐古部。

黄龍府都部署司：

隗衍突厥部。

奥衍突厥部。

北唐古部。

五國部。

烏古敵烈統軍司：〔六〕

迭魯敵烈部。

戍隗烏古部：

北敵烈部。

南府凡一十六部。〔一〕

鎮駐西南境：

乙室部。

西南路招討司：

品部。〔二〕

迭剌迭達部。〔三〕

品達魯虢部。〔四〕

〔一〕按此項衆部族軍，可視爲本史卷三三營衛志下部族下之提要。

〔二〕按本史卷三三營衛志下，尚有突呂不室韋部戍泰州東北，涅剌拏古部戍泰州東，伯斯鼻古德部戍境內，屬東北路統軍司，品部屬西北路招討司，均隸北府。實際凡三十二部。

〔三〕按本史卷三三營衛志下及紀、傳並未言奚王府部侍從宫帳，在朝曰奚王府。

〔四〕按本史卷三三營衛志下突呂不室韋部、涅剌拏古部、伯斯鼻古德部均屬東北路統軍司。

〔五〕按本史卷三三營衛志下作圖魯部。

〔六〕治所在克魯倫河下游河董城。

乙典女直部。〔五〕

西北路招討司：

楮特部。

東北路統軍司：〔六〕

達馬鼻古德部。

東北路女直兵馬司：〔七〕

乙室奥隗部。〔八〕

東京都部署司：〔九〕

楮特奥隗部。

窈爪部。

稍瓦部。

曷朮部。

戍倒塌嶺：〔一〇〕

訛僕括部。〔一一〕

屯駐本境：

撒里葛部。

南唐古部。〔二〕

薛特部。〔三〕

〔一〕按本史卷三三營衞志下，尚有耨盌爪部屬東京都部署司，斡突盌烏古部屬西南面招討司，突舉部戍隗烏古部，特里特勉部戍倒塌嶺，凡四部，隸南府；又品部、南唐古部應隸北府。實際凡十八部。

〔二〕按本史卷三三營衞志下，隸北府，屬西北路招討司。卷四太宗紀會同四年正月作品卑部，卷一一聖宗紀統和四年四月作頻不部。

〔三〕迭達迭刺部，本史卷三三營衞志下、卷四六百官志二作迭刺迭達部。

〔四〕按本史卷一六聖宗紀開泰七年五月作品打魯瑰部。

〔五〕金史卷二四地理志有移典乣。又卷四六食貨志：「世宗大定十七年五月，省奏『咸平府路一千六百餘户，自陳皆長白山星顯、禪春河女直人，遼時簽爲獵户，移居於此，號移典部，遂附契丹籍。本朝義兵之興，首詣軍降，仍居本部，今乞釐正。』詔從之。」

〔六〕按本史卷三三營衞志下尚有突吕不室韋部、涅刺拏古部、伯斯鼻骨德部，隸北府，節度使屬東北路統軍司。

〔七〕按本史卷三三營衛志下，作東北路兵馬司。

〔八〕乙室奥隗部，又作乙室奥隈部、乙室姥隈部。

〔九〕按本史卷三三營衛志下，耨盌爪部，節度使屬東京都部署司。

〔一〇〕按本史卷三三營衛志下，特里特勉部，隸南府，戍倒塌嶺。

〔一一〕按本史卷三三營衛志下，訛僕括部，與撒里葛三部同，居望雲縣東。特里特勉部戍倒塌嶺。

〔一二〕按本史卷三三營衛志下，南唐古部隸北府。與鶴剌唐古部同，節度使屬西南面招討司。

〔一三〕宋琪上書：「别族則有奚、霫勝兵亦萬餘人，少馬多步。……又有渤海首領大舍利高模翰，步騎萬餘人，並髠髮左衽，好爲契丹之飾。復有近界達靼、尉厥里、室韋、女真、党項，亦被脅屬，每部不過千餘騎，其三部落、吐渾、沙陁洎幽州管内雁門已北十餘軍、州部落漢兵，合二萬餘衆。……蕃漢諸族，其數可見矣。」此據宋史卷二六四宋琪傳，長編、宋會要蕃夷一同。乘軺録：「虜之兵有四：一曰漢兵，二曰奚兵，三曰契丹兵，四曰渤海兵，駙馬都尉蘭陵郡王蕭寧統之。契丹諸族曰横帳兵，惕隱相公統之，即虜相耶律英也。奚兵，常温相公統之。歲籍其兵，辨其耗登，以授於虜，給衣糧者惟漢兵，餘皆散處帳族，營種如居民，每欲南牧，皆集於幽州。」（見皇朝類苑卷七七引文）

遼史補注卷三十六

志第六

兵衛志下

五京鄉丁

遼建五京：臨潢，契丹故壤；遼陽，漢之遼東，爲渤海故國；中京，漢遼西地，自唐以來契丹有之。三京丁籍可紀者二十二萬六千一百，蕃漢轉户爲多。析津、大同，故漢地，籍丁八十萬六千七百。契丹本户多隸宮帳、部族，其餘蕃漢户丁分隸者，皆不與焉。

臨潢府：

太祖建皇都于臨潢府。太宗定晉，晉主石敬瑭來獻十六城，乃定四京，〔一〕改皇都爲上京。有丁一十六萬七千二百。

臨潢縣丁七千。

長泰縣丁八千。

保和縣丁六千。

定霸縣丁六千。

宣化縣丁四千。〔二〕

潞縣丁六千。

易俗縣丁一千五百。

遷遼縣丁一千五百。

祖州：

長霸縣丁四千。

咸寧縣丁二千。

越王城丁二千。

懷州：

扶餘縣丁三千。

顯理縣丁二千。

慶州玄寧縣丁一萬二千。〔三〕

泰州興國縣丁一千四百。

長春州長春縣丁四千。

烏州愛民縣丁二千。

永州：

長寧縣丁九千。

義豐縣丁三千。

慈仁縣丁八百。

儀坤州廣義縣丁五千。

龍化州龍化縣丁二千。

降聖州永安縣丁一千五百。

饒州：

長樂縣丁八千。

臨河縣丁二千。

安民縣丁二千。

頭下：

徽州丁二萬。

成州丁八千。

懿州丁八千。

渭州丁二千。

原州丁一千。

壕州丁一萬二千。

福州丁五百。〔四〕

横州丁四百。

鳳州丁一千。〔五〕

遂州丁一千。

豐州丁一千。

順州丁二千。

閭州丁二千。

松山州丁一千。

豫州丁一千。

寧州丁六百。

〔一〕主原作「王」，據大典卷七七〇二改。按本史卷一四聖宗紀統和二十五年正月，建中京，卷一九興宗紀重熙十三年十一月，改雲州爲西京。是爲五京。此言四京，指東京、南京、中京、西京言，合上京爲五京。

〔二〕按本史卷三七地理志一，宣化縣户四千。此是一户一丁，疑誤。

〔三〕玄寧，本史卷三七地理志一作玄德。

〔四〕按本史卷三七地理志一，福州户三百。

〔五〕按本史卷三七地理志一，鳳州户四千。丁數少於户數，疑誤。

東京，本渤海，以其地建南京遼陽府。統縣六，轄軍、府、州、城二十六，〔一〕有丁四萬一千四百。天顯十三年，太宗改爲東京。

遼陽府：

遼陽縣丁三千。

仙鄉縣丁三千。

鶴野縣丁二千四百。

析木縣丁二千。

紫蒙縣丁二千。

興遼縣丁二千。

開州開遠縣丁二千。

鹽州丁五百。〔二〕

穆州丁五百。〔三〕

賀州丁五百。〔四〕

定州定東縣丁一千六百。

保州來遠縣丁二千。

辰州丁四千。

盧州丁五百。〔五〕

鐵州丁二千。

興州丁三百。〔六〕

湯州丁七百。〔七〕

崇州丁一千。

海州丁三千。

耀州丁一千二百。

嬪州丁七百。〔八〕

淥州丁四千。

桓州丁一千。〔九〕

豐州丁五百。〔一〇〕

正州丁七百。〔一一〕

慕州丁三百。〔一二〕

〔一〕道光殿本考證云：「按地理志，統縣九，轄軍、府、州、城八十七。此所載『縣六』，係據丁數可見者；其『二十六』之數，恐有舛誤。」

〔二〕按本史卷三八地理志二，鹽州户三百。

〔三〕按本史卷三八地理志二，穆州户三百。

〔四〕按本史卷三八地理志二，賀州户三百。

〔五〕按本史卷三八地理志二，盧州户三百。

〔六〕按本史卷三八地理志二，興州户二百。

〔七〕按本史卷三八地理志二，湯州户五百。

〔八〕按本史卷三八地理志二，嬪州户五百。

〔九〕按本史卷三八地理志二，桓州户七百。

〔一〇〕按本史卷三八地理志二，豐州户三百。

〔一一〕按本史卷三八地理志二，正州户五百。

〔一二〕按本史卷三八地理志二，慕州户二百。

南京析津府，統縣十一，〔一〕轄軍、府、州、城九，有丁五十六萬六千。

析津府：

析津縣丁四萬。

宛平縣丁四萬四千。

昌平縣丁一萬四千。

良鄉縣丁一萬四千。

潞縣丁一萬一千。〔二〕

安次縣丁二萬四千。

武清縣丁二萬。

永清縣丁一萬。

香河縣丁一萬四千。

玉河縣丁二千。

漷陰縣丁一萬。

順州懷柔縣丁一萬。

檀州：

密雲縣丁一萬。

行唐縣丁六千。

涿州：

范陽縣丁二萬。

固安縣丁二萬。

新城縣丁二萬。

歸義縣丁八萬。〔三〕

易州：

易縣丁五萬。

淶水縣丁五萬四千。

容城縣丁一萬。

薊州：

漁陽縣丁八千。

三河縣丁六千。

玉田縣丁六千。

平州：

盧龍縣丁一萬四千。

安喜縣丁一萬。

望都縣丁六千。

灤州：

義豐縣丁八千。

馬城縣丁六千。

石城縣丁六千。

營州廣寧縣丁六千。

景州遵化縣丁六千。

〔一〕十一，原脱「一」字。按下列縣數十一，與本史卷四〇地理志四合，據補。

〔二〕按本史卷四〇地理志四，潞縣户六千。

〔三〕按本史卷四〇地理志四，歸義縣户四千。「丁八萬」應是丁八千之誤。

宋史卷二九〇張利一傳：「遼人刺（雄州）兩屬民爲兵……（利一）移詰涿州，自是不敢復刺。」遼供奉官李信來歸言（統和二十一年）（以下稱李信報告）：「幽州漢兵，謂之神武、控鶴、羽林、驍武等，約萬八千餘騎。」

乘軺録：「（幽州）城中漢兵凡八營，有南北兩衙兵、兩羽林兵、控鶴、神武兵、雄捷兵、驍武兵，皆黥面，給糧如漢制。渤海兵别有營，即遼東之卒也。屯幽州者數千人，並隸元帥府。」（見皇朝類苑卷七七引文）

西京大同府，統縣七，轄軍、府、州、城十七，有丁三十二萬二千七百。

大同府：

大同縣丁二萬。

雲中縣丁二萬。

天成縣丁一萬。〔一〕

長青縣丁八千。

奉義縣丁六千。

懷仁縣丁六千。

懷安縣丁六千。

弘州：

永寧縣丁二萬。

順聖縣丁六千。

德州宣德縣丁六千。

豐州：

富民縣丁二千四百。

振武縣鄉兵三百。

奉聖州：

永興縣丁一萬六千。

礬山縣丁六千。

龍門縣丁八千。

望雲縣丁二千。

歸化州文德縣丁二萬。

可汗州懷來縣丁六千。

儒州縉山縣丁一萬。

蔚州：

靈仙縣丁四萬。

定安縣丁二萬。

飛狐縣丁一萬。

靈丘縣丁六千。

廣陵縣丁六千。

應州：

金城縣丁一萬六千。

渾源縣丁一萬。

河陰縣丁六千。

朔州：

鄯陽縣丁八千。

寧遠縣丁四千。

馬邑縣丁六千。

金肅軍防秋兵一千。〔二〕

武州神武縣丁一萬。

河清軍防秋兵一千。〔三〕

聖宗統和二十三年，城七金山，建大定府，號中京，統縣九，轄軍、府、州、城二十三。

草創未定，丁籍莫考，可見者一縣：

高州三韓縣丁一萬。〔四〕

大約五京民丁可見者，一百一十萬七千三百爲鄉兵。〔五〕

〔一〕成，原誤「詳」。據本史卷四一地理志五改。金史卷二四地理志上作天城。

〔二〕按本史卷四一地理志五作「金肅州，重熙十二年伐西夏置。割燕民三百户，防秋軍一千實之。」唐時西邊駐軍以備吐蕃，吐蕃營游牧，春夏牧草繁茂，秋季草黄枯，常向内地侵襲。朝廷因派兵防衛，每於秋去春回，稱防秋兵，一般是期限三年。遼因唐制，設防秋兵以衛農業區。

〔三〕按本史卷四一地理志五：「重熙十二年建城，號河清軍，徙民五百户，防秋兵一千人實之。」

〔四〕華陽集卷三七賈文元公昌朝墓誌銘：「契丹募亡卒之勇伉者得五百餘人，號『投來南軍』，驅以戰西羌。邊法：雖歸亦殊死，公乃檄邊郡。凡投還者，一切貸貰。後有還者，更與遷補，契丹聞之，遂除其軍不用。」按此「投來南軍」者乃用兵西夏時短期之事。（參本書卷二〇興宗紀重熙十八年注〔五〕及臨川集卷八七贈司空兼侍中文元賈魏公神道碑。）

〔五〕武溪集卷一八契丹官儀：「大抵胡人以元帥府守山前，故有府官，又有統軍，掌契丹、渤海之兵。馬軍步軍司掌漢兵，以乙室王府（守）山後，又有雲、應、蔚、朔、奉聖等五節度營兵。逐州又置鄉兵，其西南路招討，掌河西邊事；西北路招討，掌撻笪等邊事；其東北則有撻領相公，（胡人呼撻字如吞字如聲，領音近廩）掌黑水等邊事；正東則有注展相公，掌女真等邊事，此皆守邊者也。（蕃語注展即女真也。）」

屬國軍

遼屬國可紀者五十有九，朝貢無常。有事則遣使徵兵，或下詔專征，不從者討之。助軍衆寡，各從其便，無常額。又有鐵不得國者，興宗重熙十七年乞以兵助攻夏國，詔不許。

吐谷渾。

鐵驪。

靺鞨。

兀惹。

黑車子室韋。

西奚。

東部奚。

烏馬山奚。

斜離底。〔一〕

突厥。

党項。

小蕃。

沙陀。

阻卜。

烏古。〔二〕

素昆那。

胡母思山蕃。

波斯。

大食。

甘州回鶻。〔三〕

新羅。

烏孫。

燉煌。〔四〕

賃烈。

要里。

回鶻。〔五〕

轄戛斯。

吐蕃。

黄室韋。〔六〕

小黄室韋。〔七〕

大黄室韋。

阿薩蘭回鶻。

于闐。

師子。

北女直。

河西党項。

南京女直。〔八〕

沙州燉煌。

曷蘇館。

沙州回鶻。

查只底。〔九〕

蒲盧毛朵。

蒲奴里。

大蕃。

高昌。〔一〇〕

回拔。〔一一〕

頗里。〔一二〕

達里底。

拔思母。

敵烈。

粘八葛。

梅里急。〔一三〕

耶覩刮。

鼻骨德。〔一四〕

和州回鶻。

斡朗改。〔一五〕

女直。

西夏。

高麗。

遼之爲國，鄰於梁、唐、晉、漢、周、宋。晉以恩故，始則父子一家，終則寇讎相攻；梁、唐、周隱然一敵國；宋惟太宗征北漢，遼不能救，餘多敗衄，縱得亦不償失。良由石晉獻土，中國失五關之固然也。高麗小邦，屢喪遼兵，非以險阻足恃故歟。西夏彈丸之地，南敗宋，東抗遼。雖西北士馬雄勁，元昊、諒祚智勇過人，能使党項、阻卜掣肘大國，蓋亦襟山帶河，有以助其勢耳。雖然，宋久失地利，而舊志言兵，唯以敵宋爲務。踰三關，聚議北京，猶不敢輕進。豈不以大河在前，三鎮在後，臨事好謀之審，不容不然歟。

二帳、十二宮一府、五京，有兵一百六十四萬二千八百。宮丁、大首領、諸部族、中京、頭下等州，屬國之衆，皆不與焉。不輕用之，所以長世。

〔一〕本史卷四六百官志二：「達里得部，亦曰達離底。」按下文有達里底，疑與此爲重出。

〔二〕按本史卷七〇屬國表作骨里國，即烏骨里，亦作于骨里、于厥、于厥里。全遼文卷五耶律延寧墓誌銘作羽厥里，胡嶠陷北記作嫗厥律，宋琪上書作尉厥里。

〔三〕今甘肅張掖縣，自唐以來，其地爲回鶻所據，因稱甘州回鶻。

〔四〕燉煌即瓜州，屬沙州，此與下文沙州燉煌爲重出。沙州回鶻領有瓜州。西夏書事卷一一：「瓜州回鶻乃沙州分部。」高居誨使于闐記云：「自靈州過黃河，行三十里始涉沙入党項界，至三公沙，自此沙行四百餘里至黑堡沙，渡白亭河至涼州，自涼州西行五百里至甘州，自甘州西北五百里至肅州，渡金河，西百里出天門關，又西百里出玉門關，經吐蕃界，西至瓜州。」

〔五〕見以下注〔一〇〕高昌。

〔六〕大黃室韋酋長寅底吉亦作室韋酋長，此黃室韋未必爲別出之另一部。

〔七〕本史卷七三耶律曷魯傳：「太祖爲撻馬狘沙里，參預部族事，曷魯領數騎召小黃室韋來附。」

〔八〕南京女直，按本史卷一四聖宗紀統和二十二年九月：「丙午，幸南京。女直遣使獻所獲烏昭慶妻子。」卷七〇屬國表誤作「南京女直遣使獻所獲烏昭慶妻子」。此「南京女直」似沿襲屬國表之誤。卷二四道宗紀大安元年十一月，「以南女直詳穩蕭袍里爲北府宰相」。檢上文有北女直，則此目當作南女直。即金史卷一世紀所謂其在南者籍契丹，號熟女直；其在北者不在契丹籍，號生女直。下文不冠南北之女直，似指完顏强大以後之女直。

〔九〕按本史卷六九部族表：「太平七年，查只底部民四百户來附。」是部，非屬國。

〔一〇〕此與下文和州回鶻爲重出。吾學編卷六八：「火州，本漢車師前後王地。前王治交河城，即唐交河縣，去長安八千里，後王治務塗谷，即唐蒲類縣，去長安九千里。漢元帝時置戊己校尉，屯田於前王庭，以其地勢高敞，名高昌壘。唐太宗平高昌，置西州及都督府，後陷於吐蕃，其地有回鶻雜居（述案，主要居民爲回鶻），故又名回鶻。」舊唐書卷三太宗紀：「貞觀十四年侯君集平高昌，以其地置西州。」

宋王延德有西州程記，即使高昌回鶻所記。記中高昌王即宋史卷四九〇高昌傳之阿厮蘭漢。故此高昌、師子、阿薩蘭回鶻、和州回鶻均屬重出。

〔一一〕回拔，亦作回霸，參見本書卷四六百官志二大部注〔二〕。

〔一二〕本史卷二〇興宗紀：重熙十七年七月，婆離八部夷離菫虎翫等内附。卷二五道宗紀大安十年四月，蕭朽哥奏頗里八部來侵，擊破之。卷二六道宗紀壽昌元年七月，頗里八部來附，進方物。二年八月，頗里八部進馬。婆離即頗里，卷四六百官志有婆離八部大王府，又有怕里國王府，似是複出或不同部分。唐時勃利州應亦因族、地而名者，即今伯利，俄人改稱哈巴羅夫斯克。東三省輿地圖説以伯利當五國部之剖阿里，不合。

〔一三〕本史卷二六道宗紀壽昌三年閏二月：「阻卜長猛撒葛，粘八葛長秃骨撒，梅里急長忽魯八請復舊地。」可知三部居地相鄰。梅里急，卷三〇天祚紀作密兒紀，即金、元之篾兒乞。粘八葛即乃蠻。

〔一四〕參見本書卷四六百官志二諸國注〔三三〕。

〔一五〕按斡朗改及斡娘改本書屢見，一爲屬國，一爲部族。左盦集卷五遼史部族表書後云：「均烏梁海之轉音，元秘史作兀良合。」馮承鈞遼金北邊部族考（見輔仁學誌八卷一期，一九三九年六月）：「遼史卷四六百官志北面屬國條，諸國中有斡朗改國王府，諸部中有嗢娘改部；卷三六兵衛志屬國下有斡朗改；卷七穆宗紀：『應曆十三年五月壬戌斡朗改國進花鹿生麛。』卷一太祖本紀：『三年十月己巳，遣鷹軍討黑車子室韋，破之。西北嗢娘改部族進輓車人。』斡朗改與嗢娘改（當時譯音用字，改海同音。卷四六百官志，女真回順化王府下『封女真阿海爲順化王亦作阿改』）對音相同，初視之似爲同部，惟在百官志中兩名並著。在太祖紀中有西北嗢娘改之稱，應爲二部也。蒙古諸部落中有兀良合，別有一兀良合部，居森林中，元秘史名後一部曰槐因亦兒堅，此言林木中百姓。則遼史之斡朗改殆指蒙古兀良合部；嗢娘改殆指林木中之兀良合部矣。」烏梁海，清季受沙俄誘騙分裂，民國時尚要求内屬。當時以軍閥戰亂未果所願。今爲俄羅斯圖瓦共和國。

黑龍江外紀卷三：「圖窪，探路兵也。官遠行，如察邊之類，例有圖窪爲前導。其精幹者，馬上望之，能測數里外有無泥水，是否當迂路行，亦一長也。圖窪，哨望之謂。」

邊境戍兵〔一〕

又得高麗大遼事跡，載東境戍兵，以備高麗、女直等國，見其守國規模，布置簡要，舉一可知三邊矣。

東京至鴨渌西北峯爲界：〔二〕

黄龍府正兵五千。

咸州正兵一千。

東京沿女直界至鴨渌江：

軍堡凡七十，各守軍二十人，計正兵一千四百。

來遠城宣義軍營八：〔三〕

太子營正兵三百。

大營正兵六百。

蒲州營正兵二百。

新營正兵五百。

加陀營正兵三百。

王海城正兵三百。〔四〕

柳白營正兵四百。

沃野營正兵一千。

神虎軍城正兵一萬，大康十年置。

右一府、一州、二城、〔五〕七十堡、八營，計正兵二萬二千。

〔一〕契丹國志卷二二：「沙漠府控制沙漠之北。雲中路控制夏國。燕山路備禦南宋。中、上京路控制奚境。遼東路控扼高麗。長春路鎮撫女直、室韋。」

〔二〕索隱卷三：「鴨渌江之西北峯爲長白山之支峯。水道提綱：『長白山自東而西，牽連數百里。又西北爲斐得里山，又百餘里爲衣兒哈雅範山，高峻干雲。佟家江源出其西麓。』又一統志：『長白山橫亘千餘里，東自吉林寧古塔，西至奉天府，諸山皆發脈於此山南，蜿蜒磅礴，分爲兩幹：其一西南指者，東界鴨渌江，西界佟嘉江，至兩江會處而盡。其一繞山之西而北，亘數百里，以其爲衆水所分，舊志總謂之分水嶺。今土人呼爲納嚕窩集。其北一岡亥四十餘里者，土人呼爲果勒敏珠敦。復西指入邊門。其間因地立名，爲山爲嶺者不一，要皆此山之支裔也。』今考長白山之名始見金史紀、志，此志但總名其西行一支曰鴨渌西北峯。」

〔三〕本史卷三八地理志二：「保州來遠縣，初徙遼西諸縣民實之。又徙奚、漢兵七百防戍焉。」

〔四〕案此女直户亦如河董城之遷徙者。本史卷一五聖宗紀：「開泰三年三月，遣耶律世良城招州。」時世良以寧邊功封岐王，爲北院樞密使。

〔五〕索隱卷三：「案聖宗紀猶有威寇、振化二城。」高麗史卷六：「靖宗三年（重熙六年）十月，契丹以船兵侵鴨緑江。」

遼史補注卷三十七

志第七

地理志一

帝堯畫天下爲九州。舜以冀、青地大，分幽、并、營，爲州十有二。幽州在渤、碣之間，并州北有代、朔，營州東暨遼海。〔一〕其地負山帶海，其民執干戈，奮武衛，風氣剛勁，自古爲用武之地。太祖以迭剌部之衆代遥輦氏，起臨潢，建皇都；東併渤海，得城邑之居百有三。太宗立晉，有幽、涿、檀、薊、順、營、平、蔚、朔、雲、應、新、嬀、儒、武、寰十六州，〔二〕於是割古幽、并、營之境而跨有之。東朝高麗，西臣夏國，南子石晉而兄弟趙宋，吴越、南唐航海輸貢。嘻，其盛矣！

遼國其先曰契丹，本鮮卑之地，居遼澤中；去榆關一千一百三十里，去幽州又七百一十四里。南控黄龍，北帶潢水，〔三〕冷陘屏右，遼河塹左。高原多榆柳，下隰饒蒲葦。當元魏時，有地數百里。至唐，大賀氏蠶食扶餘、室韋、奚、靺鞨之區，地方二千餘里。貞觀三年，以其地置玄州。尋置松漠都督府，建八部爲州，各置刺史：達稽部曰峭落州，紇便部[四]曰彈汗州，獨活部曰無逢州，芬阿部[五]曰羽陵州，突便部曰日連州，芮奚部曰徒河州，墜斤部[六]曰萬丹州，伏部曰匹黎、赤山二州。以大賀氏窟哥爲使持節十州軍事。分州建官，蓋昉於此。

迨于五代，闢地東西三千里。遥輦氏更八部曰旦利皆部、乙室活部、實活部、納尾部、頻没部、内會雞部、[七]集解部、奚嗢部，屬縣四十有一。每部設刺史，縣置令。太宗以皇都爲上京，升幽州爲南京，改南京爲東京，聖宗城中京，興宗升雲州爲西京，於是五京備焉。又以征伐俘户建州襟要之地，多因舊居名之；加以私奴置投下州。總京五，府六，州、軍、城百五十有六，縣二百有九，[八]部族五十有二，[九]屬國六十。[一〇]東至于海，西至金山，暨于流沙，北至臚朐河，南至白溝，幅員萬里。

[一]乘軺録：「遼海即遼東也，樂浪、玄菟之地皆隸焉。」(見皇朝類苑卷七七引文)

[二]本史卷四太宗紀會同元年十一月及通鑑所記十六州，均有瀛、莫無營、平，與本志異。通鑑後晉紀天福元年(九三六)十一月十六州胡注云：「盧龍之險，在營、平二州界，自劉守光僭竊，周德威攻取，契丹乘間遂據營、平。自同光以來，契丹南牧，直抵涿、易，其失險也久矣。」廿二史考異

卷八三列舉太宗紀所著十六州，又稱：「此志平州下云：『太祖天贊二年取之。』營州下云：『太祖以居定州俘户。』是營、平非石晉所賂明矣。瀛、莫二州得而旋失，而營、平原係唐故地，後人因以當十六州之數。志謂營、平亦太宗立晉所得，蓋相沿之誤。」京東考古録：「營、平二州，則後唐時契丹自以兵取之者，其後周世宗復關南、北，則瀛、莫二州復歸中國，而其餘十四州遂淪於契丹，并所取營、平二州，亦適得十六之數。」十六州以幽、雲爲代表，稱曰燕雲十六州者，始自三朝北盟會編政宣上秩二一。然所指爲代北之應、朔、寰、蔚，山前之幽、薊、瀛、漠、涿、易、檀、順，山後之儒、嬀、新、武各州，既非指石晉割地，亦非宋人所擬收復之地，稱曰燕雲，實無雲州，尤不合。但世俗相沿，並以石晉割地稱燕、雲十六州。考燕雲最初出現，應始於保大二年，宋宣和四年金人交還宋廷燕京及其所屬六州，宋詔名山前諸州爲燕山府路，山後爲雲中府路，自此燕雲之名始傳。

〔三〕程大昌北邊備對：「契丹在潢水之南，黄龍之北，鮮卑故地。或云亦鮮卑别種，戰國之世，命爲東胡者是也。」

〔四〕紇便，册府元龜卷九七七作祈紇使。

〔五〕按本史卷三二營衛志中，卷六三世表，册府元龜卷九七七，芬阿部，阿并作問。

〔六〕墜斤，册府元龜卷九七七作遂斤。

〔七〕按本史卷三二營衛志中，内會雞，内作納。

〔八〕遼晚期分八路，五京爲五路，合興中府、龍州、平州。本史卷五九食貨志上有五京及長春、遼西、平州，置鹽鐵、轉運諸司。

〔九〕此五十二之數，係以太祖十八部與聖宗三十四部合計之，然兩者屬前後階段，並非同時並存。

〔一〇〕本史卷三六兵衛志凡列屬國五十九，此云六十，蓋舉成數而言。遼代屬部，東北抵今烏底灣，奴兒干有遼代磚塔。西北至嘔朗改，即烏梁海，今俄羅斯圖瓦共和國。

上京道

上京臨潢府，〔一〕本漢遼東郡西安平之地，新莽曰北安平。〔二〕太祖取天梯、蒙國、別魯等三山之勢于葦甸，〔三〕射金齪箭以識之，謂之龍眉宮。〔四〕神册三年城之，名曰皇都。〔五〕天顯十三年，更名上京，府曰臨潢。

淶流河自西北南流，遶京三面，東入于曲江，其北東流爲按出河。〔六〕又有御河、〔七〕沙河、黑河、潢河、〔八〕鴨子河、他魯河、〔九〕狼河、〔一〇〕蒼耳河、〔一一〕輞子河、臚朐河、陰涼河、〔一二〕豬河、鴛鴦湖、〔一三〕興國惠民湖、廣濟湖、鹽濼、〔一四〕百狗濼、火神淀、〔一五〕馬盂山、兔兒山、〔一六〕野鵲山、鹽山、鑿山、〔一七〕松山、平地松林、〔一八〕大斧山、〔一九〕列山、屈劣山、勒得山〔二〇〕唐所封大賀氏勒得王有墓存焉。

户三萬六千五百，轄軍、府、州、城二十五，〔二〕統縣十：

臨潢縣。太祖天贊初，南攻燕、薊，以所俘人户散居潢水之北，縣臨潢水，故以名。地宜種植。户三千五百。

長泰縣。本渤海國長平縣民，太祖伐大諲譔，先得是邑，遷其人於京西北，與漢民雜居。户四千。

定霸縣。本扶餘府强師縣民，太祖下扶餘，遷其人於京西，與漢人雜處，分地耕種。統和八年，以諸宫提轄司人户置。〔三〕隸長寧宫。户二千。〔三〕

保和縣。本渤海國富利縣民，太祖破龍州，盡徙富利縣人散居京南。統和八年，以諸宫提轄司人户置。隸彰愍宫。户四千。

潞縣。本幽州潞縣民，天贊元年，太祖破薊州，掠潞縣民，布於京東，與渤海人雜處。隸崇德宫。户三千。

易俗縣。本遼東渤海之民，太平九年，大延琳結構遼東夷叛，圍守經年，乃降，盡遷於京北，置縣居之。是年，又徙渤海叛人家屬置焉。户一千。

遷遼縣。本遼東諸縣渤海人，大延琳叛，擇其謀勇者置之左右。後以城降，戮之，徙其家屬於京東北，故名。户一千。

渤海縣。本東京人，因叛，徙置。

興仁縣。開泰二年置。

宣化縣。本遼東神化縣民，太祖破鴨渌府，盡徙其民居京之南。統和八年，以諸宫提轄司人户置。隸彰愍宫。户四千。

〔一〕上京城遺址即今内蒙古巴林左旗林東鎮南二里波羅城。在烏爾吉沐淪河（遼稱狼河）與沙里河（遼稱南沙河）二水之間。基址仍露於地表。一九八三年七月余曾親臨其地，瓦礫瓷片，俯首可拾。近人有謂臨潢之潢水，即此沙里河。沙里水亦黄色，河臨城流，而西剌木倫河則距城址較遠。蒙古遊牧記卷三已言之。續夷堅志卷三測影：「上京臨潢府，在（中）都（今北京）北三千里。夏至晝六十四刻，夜三十六刻。」法人牟里東蒙古遼代舊城探考記（馮承鈞譯本）云：「波羅城即爲古之上京，蓋一、因其地有南、北二城；二、北城高於南城，北有敵樓，南無敵樓，與史志相符；三、在二水會流之處，又距祖州四十里也。」又云：「波羅城昔有宫殿，有緑瓦可以證明，大内所在亦易尋求。城門所在與史志所記相合，其數亦符。」薛映所以入西門者，根據地形，「由大板至上京，若入南門，須登山下山也。」另一古城漢名白墻子，處波羅城之東北，不及波羅城宏大，或是遷遼縣。關於河流方向，牟里疑「淶流河自西北南流」爲「西南北流」之誤。或謂河流史料舛訛。參注〔六〕。一九六一年内蒙古文物工作隊曾勘測城址及街道布局，並與當時記載相符。

〔二〕索隱卷三：「案此志大誤。唐書地理志：『安東府南至鴨緑江北泊汋城七百里，故西安平縣也。』漢西安平縣在遼東京道，爲紫蒙、白巖等縣地。遼之上京臨潢府，安能至鴨緑江北乎？」王先謙漢書補注引此志文亦失檢。

〔三〕蒙國二字原脱，據本史卷一一六國語解補。

〔四〕索隱卷三：「太祖紀七年八月己卯幸龍眉宫，此年癸酉，距神册戊寅前五歲。」

〔五〕按本史卷一太祖紀神册三年二月：「城皇都，以禮部尚書康默記充版築使。」卷七三耶律曷魯傳：「三年七月，皇都既成，燕羣臣以落之。」

〔六〕許亢宗奉使行程録曾記契丹、女真古界爲淶流河。索隱卷三云：「兩國界之淶流河爲今北流入混同江之拉林河，非此上京之淶流河。此志之按出河亦非金志上京之按出虎水，乃金志之金粟河，已引見前。（金名按出，故同名。）一統志亦疑淶流河、按出河去潢河遠，蓋未考水道提綱二河皆大布蘇圖泊之源，泊瀦於沙，當遼時名曲江也。」往年李文信曾勘查其地，著有金臨潢路界壕邊堡址一文，稱狼河縱貫臨潢址，東巴顔高老河穿城注之，與本志淶流、曲江、按出三水皆不合。因謂「此爲元人修史者誤將金上京會寧府史料混入所致。淶流今名刺林河，按出即按出虎水，而曲江則爲會寧府屬縣，非水名。後之讀史考古者，雖百方考索，甚者變易河道以就史文，而終無是處。」馮永謙遼上京附近水道辨誤（見遼金史論集第二輯）從李説，謂曲江爲金上京縣名。今白音戈洛河自西直東，與烏爾吉木倫匯合，不再繞行，但仍有古河床遺迹可尋。蒙語烏爾吉木倫即漢語曲江。馬真吾於民國十五、十六年（一九二六、一九二七），在林東墾務局任丈地繪圖工作，在該地居住近二十年。撰有契丹上京臨潢府（見熱河通訊一期）一文，叙臨潢附近河川形勢云：

「由興安嶺前車山（漢語巴彦烏蘭哈大，漢名赤山。）發源南下的一道河，川名二赤木倫（彎曲之意），因二面山勢巍峨，水流曲折，十里一環，五里一轉，遇到山勢開張處，覺得別有天地；遇到山勢關閉處，立感無路可通，『山窮水盡疑無路，柳暗花明又一村』，正堪爲此寫照。遼代名曰曲江。川原平坦，水流悠揚，土質肥美，溝渠縱横，草原時代爲優良牧場，農耕後爲膏腴良田。這道河川由北而南，至上京東南西，罕吐柏河，漢名美麗山河，巴彦高洛，漢名富貴河兩河來會，形成三河會流，流出蜘蛛山隘口，是爲遼之按出水。

罕吐柏河發源於上京西北方之土門壩，漢名駱駝山，水源曰薩清烏蘇，清瑩澄澈，人皆以小清河呼之。遶流上京北東兩面，與西南來之巴彦河會，流入曲江。

巴彦河來自上京西南方，向東北流，可能即遼之淶流河，淶流河遶出上京之南，和罕吐柏河及曲江相會，是爲上京城外三大河流。

上京跨西山而建，西山來自百餘公里外之興安嶺，初由大嶺分出後，異峯突起，雄巍渾厚，遼稱祖山。遼俗尚黑，亦稱黑山。蒙人稱曰汗烏拉（山王之義）。山之西爲黑河，蒙人稱察干木倫河，漢名白馬河，黑河右岸建有山城，爲慶州城。」

〔七〕御河，按大典卷七七〇二作枯河。

〔八〕水道提綱卷二：「大遼水即潢水，古稱饒樂水、濫真水、托紇臣水、吐護真水，皆即此河，今蒙古稱曰西喇木倫，猶漢言黃河也。」又有陷河，見本史卷一五聖宗紀開泰元年七月，即陷泉，金史卷二四地理志臨潢府：「有陷泉，國言曰落孛魯。」

〔九〕按本史卷六八遊幸表作撻魯河。

〔一〇〕狼河，今烏爾吉沐淪河。

〔一一〕蒼耳河三字衍，該河在中京道。

〔一二〕陰涼河三字衍，該河在中京道。

〔一三〕按紀、傳及本史卷六八遊幸表並作鴛鴦濼。

〔一四〕按即跨於東浩濟特、西烏珠穆沁兩旗界之大布蘇諾爾。

〔一五〕火，原誤「大」。據通考卷三四六及契丹國志卷四、五、六、一三各卷改。

〔一六〕按本史卷三二營衛志中作吐兒山。山「在黑山東北三百里，近饅頭山。黑山在慶州北三十里。」

〔一七〕按大典卷七七〇作鑒山。

〔一八〕武經總要前集卷二二北蕃地理志：「平地松林，東至懷州四十里。懷州，西至平地松林四十里，北至潢河十里，河北至上京百五十里。」

〔一九〕按即下文饒州大福山。蒙古遊牧記卷三作大釜山。

〔二〇〕下文頭下寧州，本大賀氏勒得山。

〔二一〕按「二十五」與下文所列軍、府、州、城實數不合。

〔二二〕按本史卷一三聖宗紀統和八年七月：「詔東京路諸宫分提轄司，分置定霸、保和、宣化三縣」，與此合。又卷一五聖宗紀開泰二年四月：「以韓斌所括贍國、撻魯河、奉、豪等州户二萬五千四百有奇，置長霸、興仁、保和等十縣。」保和縣置於統和八年，當是增加户口，與興仁縣不同，長霸屬祖州，建於太祖初。此稱保和等十縣，假若指府下十縣，則是長泰、定霸之誤。

〔二三〕百衲本作二千，同文以下各本作三千。

上京，太祖創業之地。負山抱海，天險足以爲固。地沃宜耕植，水草便畜牧。金齔一箭，二百年之基壯矣。天顯元年，平渤海歸，乃展郛郭，建宫室，名以天贊。起三大殿：曰開皇、〔一〕安德、五鸞。〔二〕中有歷代帝王御容，每月朔望、節辰、忌日，在京文武百官並赴致祭。〔三〕又於内城東南隅建天雄寺，〔四〕奉安烈考宣簡皇帝遺像。是歲太祖崩，應天皇后於義節寺斷腕，置太祖陵。即寺建斷腕樓，樹碑焉。太宗援立晉，遣宰相馮道、劉煦等持節，具鹵簿、法服至此，册上太宗及應天皇后尊號。太宗詔蕃部並依漢制，御開皇殿，闢承天門受禮，因改皇都爲上京。

城高二丈，不設敵樓，〔五〕幅員二十七里。〔六〕門，東曰迎春，曰雁兒；南曰順陽，曰南福；〔七〕西曰金鳳，曰西雁兒。〔八〕其北謂之皇城，高三丈，有樓櫓。門，東曰安東，南曰大順，西曰乾德，北曰拱辰。中有大内，内南門曰承天，有樓閣，東門曰東華，西曰西華。此通内出入之所。正南街東，留守司衙，次鹽鐵司，次南門，龍寺街。南曰臨潢府，其側臨潢縣。縣西南崇孝寺，承天皇后建。寺西長泰縣，又西天長觀。西南國子監，監北孔子廟，廟東節義寺。〔九〕又西北安國寺，太宗所建。寺東齊天皇后故宅，宅東有元妃宅，即法天皇后所建也。其南貝聖尼寺，〔一〇〕綾錦院、内省司、麴院，贍國、省司二倉，皆在大内西南，八作司與天雄寺對。南城謂之漢城，南當横街，各有樓對峙，下列井肆。東門之北潞縣，又東南興仁縣。南門之東回鶻營，回鶻商販留居上京，置營居之。西南同文驛，諸國信使居之。驛西南臨潢驛，以待夏國使。驛西福先寺。寺西宣化縣，西南定霸縣，縣西保和縣。西門之北易俗縣，縣東遷遼縣。

周廣順中，胡嶠記〔一一〕曰：上京西樓，有邑屋市肆，交易無錢而用布。有綾錦諸工作、宦者、翰林、伎術、教坊、角觝、儒、僧尼、道士。中國人并、汾、幽、薊爲多。

宋大中祥符九年，薛映記曰：上京者，中京正北八十里至松山館，〔一二〕七十里至崇信館，九十里至廣寧館，五十里至姚家寨館，五十里至咸寧館，三十里度潢水石橋，〔一三〕旁有饒州，唐於契丹嘗置饒樂州，〔一四〕今渤海人居之。五十里保和館，度黑水河，〔一五〕七十里宣化館，五十里長泰館。館西二十里有佛舍、民居，即祖州。又四十里至臨潢府。〔一六〕自過崇信館乃契丹舊境，其南奚地也。入西門，門曰金德，〔一七〕内有臨潢館。子城東門曰順陽。北行至景福門，又至承天門，内有昭德、宣政二殿，與氈廬皆東向。臨潢西北二百餘里號涼淀，〔一八〕在饅頭山南，避暑之處。多豐草，掘地丈餘即有堅冰。〔一九〕

〔一〕本史卷一太祖紀：二年十月建明王樓。七年三月，剌葛黨神速姑焚明王樓。八年十月，建開皇殿於明王樓基。

〔二〕鸞，原作「鑾」。按本紀中凡五見，並作鸞，據改。燕雲奉使錄記其上京詩有「騎馬隨京上五鴛」之句，袁、許本三朝北盟會編所引奉使錄同。

〔三〕按大典卷七七〇二作致敬。

〔四〕契丹國志卷一：「渤海既平，因於所居大部落置寺，名曰天雄寺。（今寺内有契丹太祖遺像。）」案此即本史卷一太祖紀六年西樓所建之天雄寺。大部落即西樓，非專指祖州。卷三八地理志開州下云：「太祖平渤海，徙其民於大部落。」契丹國志卷二二四京本末：「上京臨潢府，乃大部落之地。」

〔五〕按今存城墻外壁，有突出之馬面，爲防禦攻城之軍事設施，城門外有瓮城，呈半圓形，護衛城門。

〔六〕蒙古遊牧記卷三：「波羅城，址周二十里，內有三塔久毁。」在文物一九七九年第五期有遼上京遺址一文。云據實測周長一二一七三米，折合二四點三四里。據李逸友測：「總長八九一六點九米，約合十七唐里，故幅員二十七里，應是一十七里之誤。」據內蒙古文物工作隊遼上京城址勘查報告：漢城東、南、西三面殘存城垣探測，其每邊長度：東墻約長一二九〇米；西墻約長一二二〇米；南墻約長一六一〇米。三面共長四一二〇米。皇城東、西、北共長四七一八點六三米。皇、漢兩城除皇城南（即漢城北）墻不計在內，共計周長八八三八點六三米。按唐制每里五四〇米，折算爲一七里弱。此「幅員二十七里」之説，實際是指郛郭周長而言。漢城自有城門，東曰順陽，西曰金德，南曰南福。

〔七〕按順陽，大典卷七七〇二作順歸。「曰南福」三字，原舛在「曰西雁兒」下，大典引同，據上下文改。

〔八〕以上指外郛城門。

〔九〕節義寺即上文應天皇后建斷腕樓之義節寺。

〔一〇〕貝，南、北及乾隆殿本並作「具」，大典卷七七〇二亦作「具」。道光殿本改作「有」。今巴林左旗境内有石窟寺四處，洞山石窟寺在城址北約三十公里，規模最大，遺存洞窟凡百餘，雕塑均已損毁，惟存乾統十年所建幢。三山屯石窟在城北偏東約七十公里，僅存洞窟數十，惟城南前後昭廟石窟寺，保存較好。後昭廟石窟寺，現存最佳者共三窟，中窟有石佛涅槃像，造形渾厚，比例適中。前昭廟石窟寺正中有大佛龕又千佛龕佛像及乾統九年所建石幢。

〔二〕新五代史卷七三四夷附録：「蕭翰聞德光死，北歸，有同州郃陽縣令胡嶠爲翰掌書記，隨入契丹。……居虜中七年，當周廣順三年，亡歸中國。」嶠録其見聞爲陷虜記，附見新五代史卷七三，契丹國志卷二五亦著此記，題曰陷北記。宋史卷二〇三藝文志傳記類有胡嶠陷遼記三卷，又卷二〇四地理類有胡嶠陷虜記一卷，通鑑胡注引作胡嶠入遼録，均指一書。拾遺卷一三引清異録云：「胡嶠飛龍磵飲茶詩曰：『沾牙舊姓餘甘氏，破睡當封不夜侯。』嶠宿學雄材，未達，爲耶律德光所虜，後間道復歸。」册府元龜卷一七〇：「周太祖廣順二年七月，以契丹虞部員外郎胡嶠爲汝州魯山縣令，以其歸化故也。」明蔣一葵堯山堂外紀卷三八：「胡嶠詩『餅裹數枝婪尾春』。時人罔喻其意，桑維翰曰：『唐末文人有謂芍藥爲婪尾春者，婪尾酒乃最後之杯，芍藥殿春，亦得是名。』」

〔三〕長編：「大中祥符九年（開泰五年）九月己酉，命樞密直學士工部侍郎薛映爲契丹國主生辰使。……自中京正北八十里至臨都館，又四十里至官窑館，又七十里至松山館。」爲一百九十里。此脱臨都館、官窑館，少一百十里。但長編下文亦脱姚家寨館，長編較薛映原記亦少五十里。

〔一三〕熱河志卷七一：「石橋在今巴林旗界内，距翁牛特北境不遠，今尚存。」又承德府志卷九：「土人呼爲巴林橋，在（赤峯）縣北潢江兩岸，即此。」牟里稱遼之石橋，與其當時之巴林橋，在同一處所。今於巴林左、右旗接界處，建有公路通行之新橋。

〔一四〕「州」字原脱，據契丹國志卷二一四補。索隱卷三：「州字，遊牧記正作府字。然唐之饒樂府置於奚王府，若契丹地置松漠府，非饒樂府也。」參見下文饒州。

〔一五〕黑水河，今喀喇木倫。牟里云：大板之南有一河流，今名察罕木倫，漢語白水也。是即古之黑水河。又稱彼曾訪於有學問之蒙古人，且記得百年前白水原名喀喇木倫，即漢語黑水。

〔一六〕索隱卷三：「案一統志引薛映記，（由中京）凡三百七十里而渡潢水，又二百三十里而至臨潢。遊牧記糾之曰：遼史失載臨都館至松山館里數，一統志未檢薛映本書，故云三百七十里，又止三百六十里，其實四百七十里也。漢章據此志里數核之，三百七十里，不誤作三百六十。若據薛記里數，實四百八十里，不止四百七十，張氏記未核也。然張氏知三百七十里渡潢之誤，尚未知二百三十里至臨潢之誤，薛記度潢水五十里保和館，七十里宣化館，五十里長泰館，又四十里至臨潢。則凡二百一十里，其云長泰館西二十里有祖州者，旁記祖州所在，猶於潢水石橋旁記饒州所在耳。一統志合此二十里計之，故云二百三十里。」

〔一七〕張郁遼上京城址勘查瑣議（見内蒙古文物考古文集第二輯）：順陽、金德二門爲漢城之東、西門。

〔一八〕涼淀，按本史卷三太宗紀天顯四年六月，八月以下及卷六八遊幸表並作涼陘。

〔一九〕西樓指上京，胡嶠陷北記以後，金虜節要、劉豫事迹同。金虜節要云：「昔金人初破上京，盡屠其城，後以有罪者徙其中，彼人視之以爲罪地，如中國瓊崖之類。地居燕山東北一千七百里，乃五代史所載契丹阿保機之西樓者是也。」或謂西樓應在上京西或祖州，非上京城址，殆誤以西樓爲固定之點，不知實指大部落之面。金史卷二四地理志：「臨潢府，地名西樓，遼爲上京，國初因稱之。」亦以西樓指上京。

祖州，天成軍，〔一〕上，節度。本遼右八部世沒里地。〔二〕太祖秋獵多於此，始置西樓。〔三〕後因建城，號祖州。以高祖昭烈皇帝、曾祖莊敬皇帝、祖考簡獻皇帝、皇考宣簡皇帝所生之地，故名。城高二丈，無敵棚，幅員九里。門，東曰望京，南曰大夏，西曰液山，北曰興國。西北隅有內城。殿曰兩明，奉安祖考御容；曰二儀，以白金鑄太祖像；曰黑龍，曰清秘，各有太祖微時兵仗器物及服御皮毳之類，存之以示後嗣，使勿忘本。內南門曰興聖，凡三門，上有樓閣，東西有角樓。東爲州廨及諸官廨舍，綾錦院，班院祗候蕃、漢、渤海三百人，供給內府取索。東南橫街，四隅有樓對峙，下連市肆。東長霸縣，西咸寧縣。有祖山，山有太祖天皇帝廟，御靴尚存。〔四〕又有龍門、黎谷、液山、液泉、〔五〕白馬、〔六〕獨石、天梯之山。水則南沙河、西液泉。太祖陵鑿山爲殿，曰明殿。〔七〕殿南嶺有天膳堂，〔八〕以備時祭。門曰黑龍。東偏有聖蹤殿，立碑述太祖遊獵之事。殿東有樓，立碑以紀太祖創業之功。皆在州西五里。天顯中太宗建，隸弘義宫。統縣二、城一：

長霸縣。本龍州長平縣民，遷于此。户二千。

咸寧縣。本長寧縣。破遼陽，遷其民置。户一千。

越王城。太祖伯父于越王述魯西伐党項、吐渾，〔九〕俘其民放牧於此，因建城。在州東南二十里。户一千。

〔一〕遺址在林東西南六十華里石房子。據一九五四年内蒙古文化局調查：「祖州城在今林東石房子，因城址内有花崗石築成之石房而得名，石房在内城外西側距西北五十米處，有一矩形院落遺址，院内後方，遺有由六塊巨大花崗岩板搆築之石室，俗稱石房子。石房面南背北，室内間口六點一五米，進深四點二五米，緊靠北壁正中，平置一塊獨板石床，前壁正中留有一門，門上爲窗，石壁四角有鐵鋦連接之痕口，相傳門窗亦鐵制。今已無存。」與薛映所記長泰館西二十里即祖州，又四十里至臨潢府相合。牟里東蒙古遼代舊城探考記云：「溯廓爾戈台流域而上，抵黄城子，逾山至巴顏河流域。河之北爲滿濟克山，山後即古之祖州。」並列舉五證：「一、此廢城即在薛映記中祖州所在之地，距長泰館二十里，距上京四十里。二、有內外城，內城即在西北隅，亦與薛映所記相符。三、遼太祖所建之城，廢基尚存。四、外城四門，今尚可見。內城三門，亦與遼史所載相符，惟內城之西門亦即外城之西門，蓋一門也。五、附近有祖山，亦足資證明也。」又稱：「其惟一不符之點，則祖州幅員九里，而此廢城只三里有奇。此種不符之點，不惟祖州爲然，上京之幅員亦大過今地。或遼史所記之幅員，係包括附郭而言，或者所載有誤也。」天成軍，大典同。本史太祖紀、太宗紀、聖宗紀並作天城軍。輯本元一統志卷二：「蓋州，契丹移其民於上京西祖州，後陞爲長平軍。」

〔二〕右八部，疑當作右大部。本史卷三二營衛志中阻午可汗二十部中有右大部，下文儀坤州亦有右大部之名。若以右字當古字，亦可解爲古八部。

〔三〕虜廷雜記曰：「太祖自號天皇王，於所居大部落置樓，謂之西樓，今謂之上京；又於其南木葉山置樓，謂之南樓；又於其東千里置樓，謂之東樓；又於其北三百里置樓，謂之北樓。太祖四季常遊獵於四樓之間。」四樓，亦見本史卷一一六國語解。西樓通指上京地區，非指一固定之點。四樓之說，實出傅會。詳見陳述阿保機營建四樓說證誤（載輔仁學誌第十五卷一、二期合刊，後收入陳述契丹社會經濟史稿）。

〔四〕薛映行記云：「祖州有祖山，山中阿保機廟，所服鞾尚在，長四、五尺許。」牟里東蒙古遼代舊城探考記云：「祖山在城之西，其形如盆。惟一入山之口，距祖州不遠。此山口爲兩岩所夾持，岩石甚高，東一峯上矗雲霄。山口昔有建築物，此應爲昔之龍門，其中山谷應爲黎谷也。」

〔五〕牟里東蒙古遼代舊城探考記云：「祖州之西門既名液山門，其對西門之山當然爲液山，西門外之泉水當然爲液泉，沙河應爲注入巴顔河之大河。」

〔六〕胡嶠入遼記（即陷北記）：兀欲幽述律后於撲馬山。本史及契丹國志皆云遷於祖州。牟里云：「祖州之白馬山，或即撲馬山也。」

〔七〕據遺址發掘斷爲殿宇九間。

〔八〕天字原闕。另見者均作天膳堂。據本史卷三太宗紀：天顯三年五月建天膳堂。契丹國志卷一一天慶九年夏，金人攻破上京路，曾焚燒祖州太祖之天膳堂（三朝北盟會編政宣上帙二一引亡遼録同），據補。

〔九〕案越王城爲于越王頭下城之簡稱。索隱卷三云：「皇子表作釋魯，字述瀾，重熙追封隨國王。蓋未封隨之前，但以于越稱之曰越王。」述魯即釋魯。今祖州城址東南十餘里有一大聚落址，西約二十餘里亦有一遺址，或是祖州原領之長霸、咸寧二縣址也。東南三十里許一土城址，規模不甚大，遺址古物亦較少，核之史文，應即于越王城。

懷州，奉陵軍，〔一〕**上，**節度。本唐歸誠州。〔二〕太宗行帳放牧於此。天贊中，從太祖破扶餘城，〔三〕下龍泉府，俘其人，築寨居之。會同中，掠燕、薊所俘亦置此。〔四〕太宗崩，葬西山，曰懷陵。〔五〕大同元年，世宗置州以奉焉。是年，有騎十餘，獵于祖州西五十里大山中，見太宗乘白馬，獨追白狐，射之，一發而斃；忽不見，但獲狐與矢。是日，太宗崩于欒城。後於其地建廟，〔六〕又於州之鳳凰門繪太宗馳騎貫狐之像。穆宗被害，葬懷陵側，建鳳凰殿以奉焉。有清涼殿，爲行幸避暑之所。皆在州西二十里。〔七〕隸永興宮。統縣二：

扶餘縣。〔八〕本龍泉府。太祖遷渤海扶餘縣降户於此，世宗置縣。户一千五百。

顯理縣。本顯理府人，太祖伐渤海，俘其王大諲譔，遷民於此，世宗置縣。户一千。

〔一〕遺址在巴林右旗崗根蘇木。讀史方輿紀要卷一八：「西山，在祖州西五十里，契丹耶律德光葬此，曰懷陵，因置懷州。」又云：「懷州，在臨潢西南百里。」牟里東蒙古遼代舊城探考記云：「從上京向西南行，經濟穆爾沁山，圖林包拉村，喀英山而抵廓爾戈臺河（即和戈圖綽農河）。河之上游有一廢城，其地正距上京百里。」李文信云：「在臨潢府西北八十餘里林東縣王府村崗崗梭木，正當祖、慶二州官道間，土人呼爲小城子，位於寒山（古黑山）床金梭木河上源一大谷口之左岸。」梭木，蒙語廟也。崗崗梭木，漢語稱曰崗崗廟。牟里謂在上京西南。李文信謂在上京西北者，參李文附圖可得之，蓋出上京向西南後再慢向西北，其城確在上京西北。馬真吾云：黑山之西爲黑河，黑河右岸山城爲慶州，城北約十餘公里有慶陵。黑山南面是懷州，有懷陵。

〔二〕案全遼文卷九鄭恪墓誌銘：「曾祖景裕，歷官至懷州刺史。」是由頭下城寨而刺史，又至節鎮者。

索隱卷三云：「案（新）唐書北狄契丹傳：『武德中，其大酋孫敖曹遣人來朝，敖曹有孫曰萬榮，爲歸誠州刺史。』此州不在契丹十七州内，蓋以孫萬榮反叛後不復置。……楊守敬遼地圖：此州在祖州西，則在今巴林旗西。」

〔三〕按本史卷二太祖紀，破扶餘城在天顯元年正月。

〔四〕此地原爲太宗頭下城。天顯十年，太宗靖安皇后崩逝，即葬此。太宗崩葬西山，始稱懷陵。西山，本史卷四太宗紀稱鳳山。

〔五〕陷北記叙世宗會諸部大人葬德光（太宗）處：「至大山門，兩高山相去一里，有長松豐草，珍禽野卉，有屋室碑石，曰陵所也。」牟里云：「胡嶠所記之大山門，即祖山之龍門也。」牟里據探考所見，肯定新五代史及契丹國志太宗葬於木葉山之記載有誤。又云：「喀僧阿馬北方之廢城，地處上京及慶陵之間，而陵之附近，合於記載之距離地方，實有宫殿之遺跡。而其地在祖州西五十里，上京西南百里。懷州及懷陵應在此處，必無疑也。」李文信云：「城西北爲谷口，其中山勢斗絶，林木葱鬱，懷陵當在其中，惟至今尚未發現確址，谷深處西山上有大殿址，礎石成列，緑釉及灰色瓦片層頗厚，或爲清涼殿址，否則當與懷陵有關也。」

〔六〕按亡遼録、契丹國志卷一一並記懷州有崇元殿。

〔七〕法人牟里調查懷州時，曾沿烏蘇伊肯河上溯，在懷州西北烏蘇伊肯河北岸山坡發現幾座土冢，因推斷爲懷陵。據勘土冢規模較小，似不如位於城北六華里之床金溝冢墓規模弘大，因擬床金溝墓地爲懷陵陵園。

〔八〕李慎儒遼史地理志考（以下簡稱李考）卷一：「按此扶餘縣，乃遷其民而以原地名名所居耳。史謂本龍泉府，則真是渤海國之上京，在今奉天府開原縣，遼時屬東京，不屬上京也。語欠分曉。」索隱卷三：「案李釋：扶餘，今盛京奉天府開原縣治，顯理當在奉天府境，皆非。此二縣皆俘渤海顯理府及扶餘縣民户所置，何爲猶在渤海故國境内。……今據金史地理志，慶州境内有遼懷州，可考二縣所在地爲祖州西，慶州東矣。」

慶州，玄寧軍，〔一〕上，節度。本太保山黑河之地，〔二〕巖谷險峻。穆宗建城，號黑河州，每歲來幸，射虎障鷹，〔三〕軍國之事多委大臣，後遇弑於此。〔四〕以地苦寒，統和八年，州廢。〔五〕聖宗秋畋，愛其奇秀，建號慶州。〔六〕遼國五代祖勃突，貌異常，有武畧，力敵百人，衆推爲王。生于勃突山，〔七〕因以名；没，葬山下。在州二百里。〔八〕慶雲山，本黑嶺也。〔九〕聖宗駐蹕，愛羡曰：「吾萬歲後，當葬此。」興宗遵遺命，建永慶陵。〔一〇〕有望仙殿、御容殿。〔一一〕置蕃、漢守陵三千户，並隸大内都總管司。〔一二〕在州西二十里。有黑山、赤山、太保山、〔一三〕老翁嶺、饅頭山、〔一四〕興國湖、轄失濼、黑河。景福元年復置，更隸興聖宮。統縣三：

玄德縣。[一五]本黑山、黑河之地，景福元年，括落帳人户，從便居之。户六千。

孝安縣。[一六]

富義縣。本義州，太宗遷渤海義州民於此。[一七]重熙元年降爲義豐縣，後更名。隸弘義宫。

[一]遺址在今昭盟巴林右旗林東縣白塔子。

按本史卷二四道宗紀大康十年十二月，改慶州大安軍曰興平。玄寧應是大安以前或興平以後年號。

金史卷二四地理志：「慶州，東至臨潢一百六十。」

[二]清一統志卷四〇七：「慶州故城，在巴林旗西北一百三十里，城在喀喇木倫河旁，周五里餘。喀喇木倫即黑河。黑山在城東北三十里許。」馬真吾云：「黑山之西爲黑河，黑河右岸山城爲慶州，城北十餘公里有慶陵。」

索隱卷三：「按一統志，太保山在巴林旗東九十里，……黑河在旗北百十里，……源出旗北百二十里葱山，西南流，又東南流入潢河。」李文信云：「故城中有遼重熙十八年敕建八角十三層釋迦佛舍利磚塔，塔身白色，故有斯稱。城位於查罕木倫（白河）右岸小平原上，此水古名黑水，因發源於寒山（古名黑山）及遼陵所在之瓦兒漫汗山（古名黑嶺），故有此稱，城初建時亦名黑河州也。」使遼圖抄云：「保和館北行數里，有路北出，走上京，稍西又數里，濟黑水，水廣百餘步，絶水，有百餘家，墁瓦屋相半，築垣周之，曰黑河州。過州西北行十餘里，復東北行，又三十餘里至中頓。頓西數里，大山之顛有廢壘，曰燕王城，踰頓西北三十里餘，至牛山帳。」又云：北行稍東八十里，至鍋窑帳。「西北行二十餘里，乃行磧間，至中頓，過頓，西北二十里，復踰沙陁十餘疊，乃轉趨東北，道西一里許，慶州，塔廟廛廬，畧似燕中。過慶州東北十里，經黑水鎮，濟黑河，至大河帳。」是慶州未建之前，其地屬黑河州；迨建慶州，黑河州遂屬慶州。建置屬一州，城址是兩地。或慶州在兩次建置時，先治黑河州址，復置時改治慶州址。總之，沈括於道宗時入遼，曾親歷黑河州、慶州兩地，爲確鑿事實。此是遼史而下以至近年所同誤者。

〔三〕索隱卷三：「按遊幸表：『應曆七年十二月，獵赤山，九年十二月獵黑山，十一年六月，射鹿於赤山。』本紀：『十二年秋如黑山、赤山射鹿。十五年、十六年冬並駐蹕黑山平淀。十七年冬駐蹕黑河平淀。十八年冬駐蹕黑山東川。』遊幸表又云：『十三年秋射鹿於黑山，十四年九月射舐鹻鹿於赤山，十五年秋獵於黑山。』一統志：『黑山在巴林旗北百五十里，蒙古名喀喇台。又赤山在旗東北二百五里，蒙古名烏蘭哈達。』」

〔四〕索隱卷三：「案本紀，應曆十九年三月己巳，如懷州，獵，獲熊，歡飲方醉，馳還行宮。是夜遇弒。可見黑河行宮距懷州不遠。」

〔五〕案「州廢」二字似應在統和八年上，即黑河州廢，文意較順，但下文又稱景福元年復置，或建州於八年前，至此廢。然聖宗以幼齡繼位因獲建州，應在八年之後，廢置亦在聖宗時。

〔六〕按本史卷一八興宗紀，景福元年七月：「建慶州於慶陵之南。」

〔七〕錢氏考異卷八三蕭韓家奴傳以太祖紀不見勃突名爲疑。索隱卷三云：「世表稱耨里思爲太祖四代祖，則勃突即肅祖之父頦領也。太祖紀作頦領，此志作勃突，猶德祖撒剌的，文學傳稱天皇帝之考的魯矣。志云衆推爲王者，非爲契丹國王，乃迭剌部之夷離菫。百官志：太宗會同元年，改夷離菫爲大王，蓋夷離菫舊有王號也。一統志：勃突山在巴林旗南三十里，蒙古名巴爾當。」

〔八〕州下脱方位字。李考云：當是東南二字。

〔九〕慶雲山爲黑嶺中之一區域名，初名緬山，太平三年聖宗賜名永安山，聖宗殁後葬於此，更名慶雲山，其地距今白塔子西北二十里，今蒙語稱瓦兒因滿哈，漢語猶言有瓦之沙地。清一統志卷四〇七：「慶雲山，在巴林旗東北一百二十里，蒙古名吉爾巴。」索隱卷三、李考並引此文。李考云：「慶雲、勃突兩山，不在一處，或山甚長，相連，故史云然也。」牟里謂：「（遼史謂）慶雲山本黑嶺也，是混慶雲山、黑山爲一山。聖宗之墓實在慶雲山，黑山並無殿墓遺跡。」殆誤以黑山即黑嶺也。舊鳥居龍藏以探查所見，著契丹黑山黑嶺考：「黑山位於察罕木倫河（即遼代黑河）之東，河西有白塔子，即遼代之慶州城在焉。黑嶺位於察罕木倫河之西，其東南麓有遼代之三陵墓。」又云：「黑嶺又稱夜來山。」鳥居以薩滿教陰陽二界之義釋夜來山爲黃泉國陰間之意。（見燕京學報一九四〇年十二月二十八期）李文信云：「黑山今蒙名寒山或罕山，蓋黑山之音訛也。在林東縣白塔子村河東，爲興安嶺一支脈，週約七、八十里，山勢雄大，雲帶煙籠，蒼然如墨畫，其名或由此也。……其西北麓隔白河東源，爲慶陵所在之慶雲山，古名黑嶺，山前澗水爲白河西源，故今日白河實古之黑河也。河水沿山西南流，右岸平原上白塔子村之故城，即遼、金慶州址也。」李氏亦主黑嶺非黑山。拾遺卷一三：「使遼録曰：『虜中黑山，如中國之岱宗。云虜人死魄皆歸此山，每歲五京進人馬紙各萬餘事，祭山而焚之，其禮甚嚴，非祭不敢進山。』燕北雜記曰：『冬至日，殺白羊、白馬、白鴈，出生血和酒，望黑山奠神。言契丹死，魂爲黑山神管係。』」此即引起鳥居之推論者。夢溪筆談卷二四：「昔人文章用北狄事，多言黑山。黑山在大幕之北，今謂之姚家族，有城在其西南，謂之慶州。予奉使，嘗帳宿其下。山長數十里，土石皆紫黑，似今之磁石。有水出其下，所謂黑水也。胡人言黑水原下委高，水曾逆流。予臨視之，無此理，亦常流耳。山在水之東。大抵北方水多黑色，故有盧龍郡，北人謂水爲龍，盧龍即黑水也。黑水之西有連山，謂之夜來山，極高峻。契丹墳墓皆在山之東南麓。近西有遠祖射龍廟，在山之上，有龍舌藏於廟中，其形如劍。山西別是一族，尤爲勁悍，唯啖生肉血，不火食，胡人謂之山西族，北與黑水胡，南與韃靼接境。」

夢溪筆談卷二一：「熙寧中，予使契丹，至其極北黑水境永安山下卓帳，是時新雨霽，見虹下帳前澗中，予與同職扣澗觀之，虹兩頭皆垂澗中。使人過澗，隔虹對立，相去數丈，中間如隔綃縠。

自西望東則見，蓋夕虹也；立澗之東西望，則爲日所鑠，都無所覩。久之，稍稍正東，踰山而去。次日行一程，又復見之。」

黑山在水東，水西爲夜來山即黑嶺，黑嶺不是黑山。牟里東蒙古遼代舊城探考記云：「蒙古人今尚視此山如神山，禁止樵採。夢溪筆談所誌各事，如西南有慶州，山長數十里，山在水之東，水多黑色，慶陵所在之山爲種族分界之山等記載，非親歷者不得知之。」牟里以黑山爲黑嶺，未合。

〔一〇〕永慶陵簡稱慶陵，有(一)聖宗及仁德皇后、欽哀皇后陵墓，(二)興宗及仁懿皇后陵墓，(三)道宗及懿德皇后陵墓。王寂拙軒集卷三：「慶州北山之麓，遼山陵在焉。俗謂之三殿，二十年前常(嘗)爲盜發，所得不貲，是所謂厚葬以致寇者。」王士點禁扁卷乙：「金殿，慶州聖宗神御，金殿、大安、望仙、同天四殿并在慶州。」三陵東西横列，各距三、四里，由山澗隔開，東興宗陵，中聖宗陵，西道宗陵，其中以聖宗陵規模宏大。牟里之後，鳥居龍藏、田村實造等先後調查測量其墓室壁畫各事，田村實造所刊慶陵二册，可資參考。

〔一一〕亡遼録、契丹國志卷一一並作望聖、望仙、神儀三殿。

〔一二〕金史卷二四地理志：「慶州，北山有遼聖宗、興宗、道宗慶陵。城中有遼行宫。比他州爲富庶，遼時刺此郡者，非耶律、蕭氏不與。遼國寶貨，多聚藏於此。」慶州城址出土西京仁和坊李讓羅土澄泥瓦硯。

〔一三〕牟里東蒙古遼代舊城探考記云：「赤山在黑山附近。契丹國志將黑山、赤山、太保山位置於上京之東北，顯係錯誤。三山固在一處，然不在上京之東北。」又引後漢書卷一二〇及三國志卷三〇魏書所記烏桓人魂歸赤山之説，謂「烏桓之赤山，或即契丹之赤山，今日尚稱爲巴顔五藍哈達（蒙古遊牧記名巴顔烏蘭嶺），華言『赤山』。蒙古人亦稱爲五藍塔窪，亦『赤山』之義也」。

〔一四〕按本史卷三二營衛志中：「吐兒山，在黑山東北三百里，近饅頭山。黑山在慶州北十三里，上有池，池中有金蓮。子河在吐兒山東北三百里。」

〔一五〕按本史卷三六兵衛志下作玄寧縣。

〔一六〕按本史卷三一營衛志上：「女古斡魯朵，聖宗置。是爲興聖宫。陵寢在慶州南安。」

〔一七〕按富義縣本義州。謂此縣原稱義州，而義州之名又因遷義州民而得，州降爲縣，縣又更名。檢本史卷二三道宗紀咸雍八年四月、卷二五道宗紀大安三年四月、卷二八天祚紀天慶八年六月仍稱義州。

泰州，德昌軍，〔一〕節度。〔二〕本契丹二十部族放牧之地。因黑鼠族累犯通化州，〔三〕民不能禦，遂移東南六百里來，建城居之，以近本族。黑鼠穴居，膚黑，吻鋭，類鼠，故以名。州隸延慶宫，兵事屬東北統軍司。統縣二：〔四〕

樂康縣。倚郭。

興國縣。〔五〕本山前之民，因罪配遞至此，興宗置縣。户七百。

〔一〕黑龍江泰來縣塔子城出土大安七年殘碑，文有泰州河堤字樣，疑泰州即在此。塔子城周長九里。索隱卷三：「案金志：『北京路泰州，海陵，正隆間置德昌軍，大定二十五年罷之。承安三年復置於長春縣，以舊泰州爲金安縣隸焉。縣尋廢。』是金泰州與遼之舊泰州不同。一統志：遼泰州故城在郭爾羅斯前旗東南三百里，今嫩江之南境。楊圖以泰州爲今吉林之長春縣。曹廷杰東三省圖説云：長春廳撫民通判，本郭爾羅斯前旗輔國公地界，歸吉林統轄。」按東三省古蹟遺聞稱：郭爾羅斯前旗王府北二百餘里，據嫩江西岸有土城一座，俗呼塔虎城，周約九里，實遼、金時之泰州城址也。據金志、遊牧記及王國維金界壕考，知金泰州係沿遼泰州而置，有新舊二城：舊泰州爲遼時所建，即金代之金安（金山）縣；新泰州爲金時徙置，原爲遼之長春州。新泰州近混同江，在舊泰州之東。

〔二〕咸雍三年有泰州觀察使蕭好古，見陳襄語録。

〔三〕一九七五年調查：「浩特陶海古城，位於呼倫貝爾盟陳巴爾虎旗（巴彦庫仁）東北七點五公里海拉爾河北岸，在海拉爾市西偏北三十公里。……城爲正方形，方圓二公里，土築墻垣，馬面遺迹明顯，南北各一瓮門。城墻外有護城壕一道，城内地面散布有零星的遼代灰色篦紋陶片。」見文物考古工作三十年黑龍江文物考古三十年主要收穫。疑此即通化州遺址。

〔四〕原尚統金山縣，天慶六年升靜州。見本卷邊防城靜州條。在今内蒙古科右旗（烏蘭浩特）東北二十五華里烏蘭哈達前公主陵嘎查古城。

〔五〕今黑龍江省泰來縣塔子城舊址。李考卷一：「當在郭爾羅斯境内。」索隱卷三云：「李釋楊圖：二縣并在今郭爾羅斯境内。當爲今吉林農安、德惠諸縣。」

長春州，韶陽軍，〔一〕下，節度。本鴨子河春獵之地。〔二〕興宗重熙八年置。〔三〕隸延慶宫，兵事隸東北統軍司。統縣一：

長春縣。本混同江地。〔四〕燕薊犯罪者流配於此。户二千。

〔一〕長春州亦曰春州，遺址俗稱他虎城（又作塔呼、塔虎），在今吉林省前郭爾羅斯蒙古族自治縣，縣城西北五十公里北上臺子村，西北距大安縣城十公里。東三省古蹟遺聞三次記其遺址。東三省輿地圖説云：「他虎城即撻魯噶城，亦即遼之長春州韶陽軍治，金復置之泰州德昌軍，長春縣治所在也。」吉林省博物館曾兩次調查其地。「他虎城東臨嫩江，距江約有三、四公里，東南距松花江約有二十餘公里，城之西、北、南三面平原。嫩江、松花江流經附近，又有大小湖泊甚多，較著者在城西南十五至二十公里有查干泡，城西北四十五公里有月亮泡。當地魚産極豐，野鴨天鵝羣集，故遼代爲春獵之地。城平面呈方形，正南北向，四壁爲夯築土墻，城内久已耕墾，不能辨建築布局。」（參考古一九六四年一期吉林他虎城調查簡記）或謂遺址不在他虎城，而在洮安縣東北約二十五華里處城四家子古城址。

〔二〕索隱卷三：「案營衛志，春捺鉢：曰鴨子河濼。在長春州東北三十五里。長春州置於興宗重熙八年。其未置州以前，如聖宗太平二年三月，如長春縣，次年春正月，如鴨子河，二月，獵撻魯河，則長春縣與二河皆近，故聖宗改鴨子河曰混同江，撻魯河曰長春河。至既置州後，如道宗大安四年，天祚帝天慶元年、二年，皆以如混同江，如春州，如鴨子河，連月書於本紀。……滿洲源流考曰：遼上京惟長春一州濱混同江，今杜爾伯特、札賴特皆州之北境，則州當與今白都訥相近。」長春州爲他虎城，鴨子河即城郊之水濼。全遼文卷九賈師訓墓誌銘記其扈駕春水，受詔規度春、泰兩州河隄。全遼文卷一〇道宗皇帝哀册云：壽昌七年正月甲戌，崩於韶陽川行在所。本史卷二六道宗紀：「正月甲戌，上崩於行宫。」東三省輿地圖説謂洮兒河匯入嫩江處之納喇薩喇池即鴨子河濼。景方昶東北輿地釋畧卷二：「洮兒河下流至將入嫩江處，先瀦爲湖……即鴨子河濼。」

〔三〕按本史卷一六聖宗紀太平二年三月：「如長春州。」可見聖宗時已置州。卷一八興宗紀：重熙八年十一月：「城長春。」是州城爲興宗時所建。

〔四〕索隱卷三：「金志，長春縣有撻魯古河、鴨子河，有别里不泉。别里不泉即遼之魚兒濼；撻魯古河即撻魯河，今名洮兒河；鴨子河即混同江。契丹國志又云：太宗破晉，改粟末河爲混同江。

粟末今名松花。」

烏州，静安軍，〔一〕刺史。本烏丸之地，〔二〕東胡之種也。遼北大王撥剌占爲牧，〔三〕建城，後官收。隸興聖宮。有遼河、〔四〕夜河、烏丸川、〔五〕烏丸山。〔六〕統縣一。

愛民縣。撥剌王從軍南征，俘漢民置于此。户一千。

〔一〕故址約在今吉林雙遼縣西北。李考卷一：「今内蒙古阿魯科爾沁旗西北一百四十里有遼山，即烏桓山。遼之烏州，當建於此。」津田左右吉滿洲歷史地理第二卷：「烏州應在今法庫門至康平縣之地，或在法庫以北至鄭家屯地方。」後唐使者陳繼威曾隨阿保機靈柩由渤海扶餘城回西樓，「八月三日出發，十三日至烏州，二十七日至龍州。」見其所撰行記。按州境山河及用作牧場，或占地較寬，可能在法庫至鄭家屯地帶。

〔二〕索隱卷三：「宋曾公亮丁度等武經總要曰：『恩州，本烏桓舊地。』今考恩州，遼屬中京道，爲烏桓南遷後所居，非烏桓舊地。後漢書烏桓傳：『漢初匈奴冒頓滅東胡，餘類保烏桓山，因以爲號。武帝徙於五郡塞外，其未徙於上谷、漁陽、右北平、遼西、遼東者，改號室韋。』唐書北狄傳：『大室韋北有東室韋，蓋烏丸東南鄙餘人也。』然遼史太祖紀部族表仍號烏丸。」金時有烏延氏，即此部遺人。

〔三〕按牧下應有地字或場字，文意始完。撥剌爲阿撥撒剌之省簡，即剌葛。

〔四〕今西遼河。

〔五〕今歸流河。

〔六〕索隱卷三：「案烏丸山即烏桓所保之山。一統志：烏遼山在阿魯科爾沁旗西北百四十里，即烏丸山。遊牧記及李釋、楊圖並據此，謂烏州在旗西北。丁謙後漢書考證謂遼河即錫喇木倫河，夜河即哈喜爾河，烏丸川即烏爾渾河。漢章謂丁氏既以哈喜爾河爲上京臨潢府之按出河，不得又爲此州之夜河，夜河當爲阿嚕科爾沁旗西北二百三十里之尹札漢河，即音札哈河，東北流入烏朱穆秦旗界，西北流會烏爾虎河，烏爾虎河一名蘆河。即太祖紀蘆水。」

永州，〔一〕**永昌軍**，觀察。承天皇太后所建。太祖於此置南樓。乾亨三年，置州于皇子韓八〔二〕墓側。東潢河，〔三〕南土河，二水合流，故號永州。〔四〕冬月牙帳多駐此，謂之冬捺鉢。有木葉山，〔五〕上建契丹始祖廟，奇首可汗在南廟，可敦在北廟，繪塑二聖并八子神像。相傳有神人乘白馬，自馬盂山浮土河而東，有天女駕青牛車由平地松林泛潢河而下。至木葉山，二水合流，相遇爲配偶，生八子。其後族屬漸盛，分爲八部。〔六〕每行軍及春秋時祭，必用白馬青牛，示不忘本云。興王寺有白衣觀音像，〔七〕太宗援石晉主中國，〔八〕自潞州迴，入幽州，幸大悲閣。指此像曰：「我夢神人令送石郎爲中國帝，即此也。」因移木葉山，建廟。〔九〕春秋告賽，尊爲家神。興軍必告之，乃合符傳箭於諸部。又有高淀山、柳林淀亦曰白馬淀。〔一〇〕隸彰愍宫。統縣三：

長寧縣。本顯德府縣名，太祖平渤海，遷其民於此。户四千五百。

義豐縣。本鐵利府義州。遼兵破之，遷其民於南樓之西北，仍名義州。重熙元年，廢州，改今縣。在州西北一百里。又嘗改富義縣，屬泰州。〔一一〕始末不可具考，今兩存之。户一千五百。

慈仁縣。太宗以皇子只撒古亡，〔一二〕置慈州墳西。重熙元年，州廢，改今縣。户四百。

〔一〕據調查，永州城址即翁牛特旗白音他拉蘇木東南古城。北距西喇木倫河約十五公里，南距老哈河約二十公里。城垣保存基本完整。城址周長約二公里。見文物一九八二年第七期遼代永州調查記。

〔二〕韓八，本史卷六四皇子表作藥師奴，長編作鄭哥。

〔三〕按西剌沐淪河流向看，似是北潢河。

〔四〕索隱卷三：「案國語解：蓋以字從二從水也。此字本俗體。唐顔元孫干禄字書云：『汞元上通下正，元於隸書正作元，惟巴官鐵盆銘竟從二水。』」

〔五〕據一九五七年調查：白音他拉以西有海金山，距永州城址與兩河會流處最近，且在此發現遼代遺物，故此海金山應即木葉山。海金山包括大小五座山。（見遼代永州調查記）宋綬契丹風俗曰：「（綬等）始至木葉山，山在中京東微北，自中京過小河，唱叫山，道北奚王避暑莊，有亭臺，由古北口至中京北，皆奚境，凡六十里至羖攊河館，七十里至榆林館，館前有小河，屈曲北流，自此入山，少人居，七十里至訥都烏館，蕃語謂山爲訥都、水爲烏。七十里至香子山館，前倚土山，臨小河。其東北三十里，即長泊也。涉沙磧，過白馬淀，九十里至水泊館，渡土河，亦云撞撞水，聚沙成墩，少人煙，多林木，其河邊平處，國主曾於此過冬。凡八十里至張司空館，七十里至木葉館，離中京，皆無館舍，但宿穹帳，至木葉山三十里許，始有居人瓦屋及僧舍，又歷荆榛荒草，復渡土河。木葉山本阿保機葬處（沿胡嶠之誤），又云：祭天之所。東向設氈屋，署曰省方殿，廡皆以氈藉地，後有二大帳，次北又設氈屋，署曰慶壽殿，去山尚遠，國主帳在氈屋西北，望之不見。」國主過冬處即廣平淀，彭汝礪鄱陽集卷八曰：「廣平甸，謂虜地險阻，至此廣大而平易云。初至單于行在，其門以蘆箔爲藩垣，上不去其花，以爲飾，謂之羊箔門，作山棚，以木爲牌，左曰紫府洞，右曰桃源洞，總謂之蓬萊宮，殿曰省方殿。其左金冠紫袍而立者數百人，問之多酋豪，其右青紫而立者數十人，山棚之前作花檻，有桃、杏、楊柳之類，前謂丹墀，自丹墀十步，謂之龍墀，殿皆設青花氈，其階高二、三尺，闊三尋，縱殺其半，由階而登，謂之御座。」本史卷三二營衛志云：「冬捺鉢：曰廣平淀，在永州東南三十里，本名白馬淀。東西二十餘里，南北十餘里。地甚坦夷，四望皆沙磧，木多榆柳。其地饒沙，冬月稍暖，牙帳多於此坐冬。」欒城集卷一六木葉山詩：「奚田可耕鑿，遼土直沙漠。蓬棘不復生，條幹何由作？兹山亦沙阜，短短見叢薄。冰霜葉墮盡，鳥獸紛無託。乾坤信廣大，一氣均美惡。胡爲獨窮陋？意似鄙夷落。民生亦復爾，垢汙不知怍。君看齊魯間，桑柘皆沃若。麥秋載萬箱，蠶老簇千箔。餘粱及狗彘，衣被遍城郭。天工本何心？地力不能博。遂令堯舜仁，獨不施禮樂？」明李賢、彭時等纂修大明一統志卷二五：「木葉山在（遼東）廣寧中屯衛東三十里。」宋綬上契丹事，其文與志皆合，但以木葉山爲阿保機葬處，則沿誤。索隱卷三：「方輿記要（卷三十七）：『木葉山在廣寧左屯衛東三十里，契丹阿保機建南樓於木葉山，在今三萬衛境内廢永州，非此山。』……西清黑龍江外紀云：『木葉山著名遼代，今齊齊哈爾西北數百里穆克圖爾山，相傳即木葉舊跡。』則更與潢、土二河合流處不合矣。一統志：『克西克騰旗北二百七十三里有木葉山，非土河、潢河合處之木葉山，今山無可考。』楊圖於老哈河北庫庫徹兒軍臺東書木葉山三字，於一統志、遊牧記皆無當也。」據一九七九年調查：在永州城址東南方，老哈河南北，盡是砂磧榆柳。此處應即廣平淀。（見遼代永州調查記）傅樂煥廣平淀考、廣平淀續考謂廣平淀又名藕絲淀、中會川、長寧淀、靴淀等。按武經總要前集卷二二北蕃地理志云：「永州西北至靴淀二百里。」則廣平淀與靴淀一在州東南，一在州西北，恐非同一地名之異稱。宋使王珪曾在靴淀度除夕，畢西臺集卷一八有送范德孺使遼詩，中有「邊風吹雪罨氈城，氈城在處爲屯營。黄沙行盡到靴淀，新年下馬單于庭」之句。

燕北録云：「冬捺鉢多在邊甸住坐。」又云：「清寧四年十月，戎主一行起離韡甸，往西北約二百七十餘里地名永興甸行柴册之禮。」渡潢水、黑水，向儀坤州途中有湯池淀。契丹平地多稱淀，有屬異名者如白馬淀、藕思淀，亦有大範圍内之小地名。本史卷一八興宗紀：「重熙七年九月丁未，駐蹕平淀，冬十月甲子朔，渡遼河。丙寅，駐蹕白馬淀。」此平淀若指廣平淀，則白馬淀與廣平淀尚中隔遼河。

〔六〕神人天女説詳本書卷三二營衛志部族上古八部注〔六〕。

〔七〕索隱卷三：「契丹國志、松漠紀聞並云：長白山蓋白衣觀音所居。俞正燮癸巳類稿：『白衣本毗陀天女，而俗人名曰白衣觀音。咸淳臨安志云：晉天福四年，得奇木，刻觀音大士像。錢忠懿王夢白衣人求治其居。則其説始五季。』」

〔八〕宗，原誤「祖」。援石晉爲太宗時事，據改。

〔九〕索隱卷三：「案秦再思洛中紀異：德光嘗晝寢，夢一神人，花冠，美姿容，輜軿甚盛，衣白衣，佩金帶，執金骨朵，有異獸十二隨之，其一黑色兔入德光懷而失之。（德光，癸卯年生。）神人語曰：『石郎使人唤汝，汝須去。』後至幽州，見大悲閣菩薩佛相，驚告其母曰：『此即向來神人。』因立祠木葉山，名菩薩堂。」

〔一〇〕白馬淀。白字原脱。據本史卷一八興宗紀重熙七年十月及卷三二營衛志中補。拾遺卷一三引契丹國志離永州數十里即行海岸云云凡二十六字，見契丹國志卷二二上京，原文採自許亢宗奉使行程録來州一段，拾遺誤來字爲「永」，因誤注於永州。

〔一二〕按上文富義縣屬慶州。索隱卷三：「嘗改富義縣，屬慶州。」又云：「慶州富義縣，本義州，重熙元年降義豐縣，後更名，此兩存之説也。但二縣一名富義，隸宏義宮；一名義豐，與州隸彰愍宮，似非一地。」蓋先以俘户立義州，後改富義縣隸慶州，又改義豐隸本州。

〔一三〕索隱卷三：「皇子表無之，蓋以其殤故。」

儀坤州，啓聖軍，〔一〕節度，本契丹右大部地，〔二〕應天皇后建州。回鶻糯思居之，至四世孫容我梅里，〔三〕生應天皇后述律氏，適太祖。太祖開拓四方，平渤海，后有力焉。俘掠有伎藝者多歸帳下，謂之屬珊。以所生之地置州。州建啓聖院，中爲儀寧殿，太祖天皇帝、應天地皇后銀像在焉。〔四〕隸長寧宮。統縣一：

廣義縣。本回鶻部牧地。應天皇后以四征所俘居之，因建州縣。統和八年，以諸宮提轄司户置來遠縣，〔五〕十三年併入。户二千五百。

〔一〕故址畧當今内蒙古翁牛特旗西北境。

〔二〕按契丹有左右二大部，詳本史卷三二營衛志部族。索隱卷三云：「右大當作古八。」亦可解。

〔三〕本史卷七一后妃傳作婆姑梅里，卷六七外戚表作阿扎豁只月椀。

〔四〕陷北記：「至儀坤州，渡麝香河，自幽州至此無里堠，其所向不知爲南北。」

〔五〕本史卷一三聖宗紀統和八年七月，儀坤州置廣義；十三年正月置廣靈縣。按此志似廣靈即廣義，八年所置爲來遠。併入以後即無來遠縣名。索隱卷三：「東京道保州，亦有來遠縣，又有來遠城。」則係同名異地。

龍化州，興國軍，〔一〕下，節度。本漢北安平縣地。〔二〕契丹始祖奇首可汗居此，稱龍庭。〔三〕太祖於此建東樓。唐天復二年，太祖爲迭烈部夷離菫，破代北，遷其民，建城居之。明年，伐女直，俘數百户實焉。天祐元年，增修東城，制度頗壯麗。十三年，太祖於城東金鈴岡受尊號曰大聖大明天皇帝，建元神册。天顯元年，崩于東樓。〔四〕太宗升節度，隸彰愍宫，兵事屬北路女直兵馬司。刺史州一，未詳。統縣一：

龍化縣。太祖東伐女直，南掠燕、薊，所俘建城置邑。户一千。

〔一〕今内蒙古奈曼旗東北部，西喇木倫河南平原上有一遼代古城，位於新州（今敖漢旗東部撓各朗村附近）。城址東北、降聖州城址之東偏北，或爲龍化州城址所在。（據李逸友勘查）

本史卷一太祖紀：「天復二年九月，城龍化州於潢河之南。」李考：「永州近傍木葉山，則龍化州應在永州之西。」

〔二〕索隱卷三：「按王莽改遼東西安平縣爲北安平，此與臨潢府下引漢西安平縣同誤。辨見前。」

〔三〕索隱卷三：「案後漢書鮮卑傳，檀石槐立庭於彈汗山歠仇水上，去高柳北三百餘里，漢代郡高柳在今陽高縣西北，是鮮卑庭。本在漢代郡塞外，後分三部：東部從右北平，東至遼東；西部從上谷，西至敦煌烏孫；而中部則從右北平至上谷。三國志魏太祖紀：漢建安十二年，北征烏丸，引軍出盧龍塞，經白檀（漁陽郡縣）歷平剛（右北平治）而涉鮮卑庭。此庭正其中部庭所在，亦即此志龍庭。營衛志又云：潢河之西，土河之北，奇首可汗故壤也。可知奇首龍庭在今翁牛特左、右翼間矣。」

〔四〕錢氏考異卷八三：「太祖紀：太祖所崩行宮在扶餘城西南兩河之間，後建昇天殿於此，而以扶餘爲黄龍府。此志於龍州黄龍府亦云太祖平渤海還，至此崩。此乃云崩於東樓，誤矣。」索隱卷三云：「錢氏考異以本紀崩於扶餘府證此志誤。今據趙志忠虜廷雜記言：於上京西樓東千里置樓謂之東樓，若龍化州去祖州之西樓無千里之遠。或扶餘府後亦號東樓而史文即因以致誤耳。」四樓之説，出於漢人傅會，參見上文祖州天成軍注〔三〕。

降聖州，開國軍，下，刺史。本大部落〔一〕東樓〔二〕之地。太祖春月行帳多駐此。應天皇后夢神人金冠素服，執兵仗，貌甚豐美，異獸十二隨之。中有黑兔躍入后懷，因而有娠，遂生太宗。時黑雲覆帳，火光照室，有聲如雷，諸部異之。穆宗建州，四面各三十里，禁樵採放牧。先屬延昌宮，後隸彰愍宮。統縣一：

永安縣。本龍原府慶州縣名。太祖平渤海，破懷州之永安，遷其人置寨於此，建縣。

〔一〕遺址在今内蒙古敖漢旗北部五十家子村。

按本史卷三八地理志：「開州，太祖平渤海，徙其民於大部落。」又本志下文：「豐州本遼澤大部落牧地。」契丹國志卷二二：「上京臨潢府，乃大部落之地。」大部落即俗稱可汗之部落，或猶殷人所稱大邑商之例。

〔二〕索隱卷三：「此州亦有東樓之號，可知東樓不止龍化州。又遼之刺史州多有軍額，與唐、宋制異。」

饒州，匡義軍，〔一〕中，節度。本唐饒樂府地。〔二〕貞觀中置松漠府。太祖完葺故壘。〔三〕有潢河、長水濼、没打河、青山、大福山、松山。隸延慶宫。統縣三：

長樂縣。本遼城縣名。太祖伐渤海，遷其民，建縣居之。户四千，内一千户納鐵。

臨河縣。本豐永縣人，〔四〕太宗分兵伐渤海，遷於潢水之曲。户一千。

安民縣。〔五〕太宗以渤海諸邑所俘雜置。户一千。

〔一〕今内蒙古林西縣櫻桃溝古城。按薛映行記：潢河石橋旁有饒州。參見上文上京臨潢府薛映記。潢河石橋即巴林石橋，但此橋附近無城址。沈括使遼圖抄：「自（松山）館（即松山州址）稍西北行十許里乃東折，濟駱馬河。……踰河，東北二十里至中頓。頓西有歧路，西北走饒州、慶雲嶺。」由歧路西北行至饒州。薛映記所聞，沈括記親歷。近年馮永謙等調查：認爲今林西縣西櫻桃溝古城址即饒州，在石橋西七十里。方位、里程、出土遺物均合。馮永謙有遼代饒州調查記，刊於東北考古與歷史一九八二年第一輯。饒州分東西兩城。

牟里東蒙古遼代舊城探考記云：「巴林橋西北六十里固有一舊城廢址，此城是否爲昔之饒州，尚待考也。此城在雷霹山之二十里潢河沿岸。饒州有臨河縣，在潢河之西，此城或爲昔之臨河歟？」中國歷史地圖集第六册即以臨河當西櫻桃溝城址，並以饒州（長樂）定在石橋北偏西，但此地實無城址。

索隱卷三云：「案一統志，廢饒州在翁牛特右翼東南。又云右翼北界潢水之北，當是遼之饒州，語涉兩岐，故李釋云潢水北，而楊圖在潢水南。今考一統志，右翼皆左翼之誤。左翼牧地介潢河、老哈河之間。……北蕃地理志云：『自潢水石橋至高州百五十里，西北至饒州六十里。』」李考卷一：「翁牛特右翼北界潢水之北及赤峯縣，西界爲遼饒州地。」

〔二〕索隱卷三：「案此沿宋薛映記之誤。記云：『饒州，蓋唐朝嘗於契丹置饒樂州也。』不知唐之饒樂府以奚地置，非契丹地。唐書北狄傳：『奚亦東胡種，元魏時自號庫莫奚，居鮮卑故地，其國西抵太洛泊。』太洛泊今名達里泊，泊之東南，逾興安嶺，有英金河，即饒樂水。後漢書鮮卑傳以季春月大會於饒樂水上，水名始見於史，鮮卑入中原，而奚有其地。晉書載記：『慕容寶襲庫莫奚，渡澆落水。』魏書太祖紀：『北征庫莫奚，渡弱落水。』通典邊防：『庫莫奚理饒樂水北，水一名如洛環水，皆一音之轉耳。』一統志：『英金河在承德府赤峯縣北，源出圍場内都呼岱山，會諸小水東南流，出英格栅，亦名英格河，入翁牛特境東南流，又東流，與老河會，東流會潢河。即古饒樂水也。』遊牧記云：『一統志原本以饒樂水爲今潢河之别名。』舊唐書於契丹傳曰：『居黄水南。』黄水即潢水。（新唐書始作潢。）於奚傳曰：『自營州西北饒樂水以至其國。』兩名分見，必非一水，而大寧以北之水，源遠流長無如英金河者，故知爲饒樂水。漢章謂一統志原本云潢河古名饒樂水，亦有所本。契丹國志言地有二水，曰北乜里没里，復名陶猥思没里者，華言土河；曰裹羅箇没里，復名女古没里者，華言潢河。此不知裹羅箇爲饒樂音轉，如澆落、弱落、如洛環。又蕃名金爲女古，女古之名即華言金，斯爲英金河即饒樂之確證。而誤以潢河當之。方輿紀要及一統志原本並沿其説，近人楊氏守敬從之，非也。近人丁氏謙又以饒樂水爲今老河，則不察老河爲遼土河，古名土護真水。唐書地理志薊州注云：『奚王帳又東北行，旁土護真河五百里至契丹衙帳。』已區以别矣。蓋土河、潢河之不得爲饒樂水，猶饒州之不得爲饒樂府。」

〔三〕索隱卷三：「按北蕃地理志：饒州乃唐松漠府故壘。松漠府已詳見前營衛志，此志牽合饒樂府，大誤。」

〔四〕按下文遼陽府仙鄉縣條作永豐縣。

〔五〕李考卷一：「按一統志：三縣皆在承德府赤峯縣境内。」遼饒州故城調查記（見考古一九八〇年第六期）：「三縣皆當與州同一治所。」

頭下軍州〔一〕

頭下軍州，皆諸王、外戚、大臣及諸部從征俘掠，或置生口，各團集建州縣以居之。横帳諸王、國舅、公主許創立州城，自餘不得建城郭，朝廷賜州縣額。其節度使朝廷命之，刺史以下皆以本主部曲充焉。官位九品之下及井邑商賈之家，征税各歸頭下；唯酒税課納上京鹽鐵司。

徽州，宣德軍，〔二〕節度。景宗女秦晉大長公主所建。〔三〕媵臣萬户，〔四〕在宜州之北二百里，因建州城。北至上京七百里。節度使以下，皆公主府署。户一萬。

〔一〕原無此目。按「頭下軍州」皆因諸王、外戚、大臣私城所建，與以上州軍不盡同。契丹國志卷二二別出「投下州」一項。今仿下文「邊防城」例，增此一目。頭下亦作投下，本志總序即作投下州。宋會要蕃夷一契丹云：「晉末虜主投下兵謂之大帳，有皮室約三萬人騎，皆精甲也，爲其爪牙。國母述律氏投下，謂之屬珊，有衆二萬。」長編並著此文，投下均作頭下，可見頭下不專指軍州。蒙古語圖斯，女真語徒，其義並同。頭下應爲含義譯音。

頭下軍州爲草原建城之先驅，促進農牧業結合，帶動經濟發展，軍州以俘奴聚落向采邑轉化，亦因各種原因收歸朝廷，由奴隸制向封建制過渡。契丹國志卷二二有諸番臣投下州二十三處，見於亡遼録者二十一州，除六州已見本志者，校其異同，另補本志未著者十七州。鎮北州亦附見。至於越王城、郝（耗）里太保城，既經改升隸於朝廷，又已散見本志，不另標舉。

〔二〕今遼寧阜新縣西北九十里處。馮永謙比定爲阜新舊廟鄉他不郎古城址。輯本元一統志卷二：「羊腸河，在遼陽路，源出（懿）州西之廢徽州境，經州北四十里，下流合入遼河。」亡遼録、契丹國志卷二二並有微州，微即徽字之誤。宜州在中京道，即今遼寧義縣。按文廷式純常子枝語卷三八引地理叢考云：「徽州，長春州西南黄龍府南。」李考卷一云：「遼之宜州今義州州治也。徽州在州治北二百里，則當在錦州府北邊養息牧場之南邊。」

〔三〕本史卷七八蕭繼先傳作齊國公主。卷六五公主表：「魏國進封齊國，景福中，封燕國大長公主。」近年有墓誌出土，此秦晉國大長公主爲重熙七年進封。唐制，皇姊妹封長公主，皇女封公主。遼沿唐制，興宗時進封。

〔四〕索隱卷三：「案公主表，睿聖皇后尤加愛，賜奴婢萬口。」

成州，長慶軍，〔一〕節度。聖宗女晉國長公主以上賜媵臣户置。〔二〕在宜州北一百六十里，因建州城。北至上京七百四十里。户四千。

〔一〕遺址即今遼寧阜新縣西北五十里紅帽子村古城。在其附近有金同昌縣里堠碑出土，碑刻「東至順安縣界百二十里，南至宏政縣界三十五里，西至宜民縣界百四十里，北至本縣三里。」檢王寂遼東行部志：「同昌，舊名成州，長慶軍節度使。世傳公主城州者是也。」則此遺址即成州無疑。讀史方輿紀要卷三七謂同昌城在廣寧衛（今北鎮）西北百九十里，大體相符。按此州原名睦州，因没入改名，改屬中京道，非别有一成州。

中京道成州興府軍，晉國長公主以媵户置。公主名黏术，即嚴母堇異譯。軍曰長慶，隸上京，景福元年涅卜（即蕭紹業）被誣，賜死没入，復改名，統縣一，同昌。頭下軍州例無統縣，此統縣應在改隸中京後，如烏州收歸政府後設愛民縣之例。

〔二〕索隱卷三：「案公主表：聖宗女有秦晉長公主、晉蜀長公主，此晉國長公主，蓋秦晉長公主也。」

本史卷一六聖宗紀：太平元年三月，「駙馬都尉蕭紹業建私城，賜名睦州，軍曰長慶」。契丹國志卷八：「承天太后以（聖宗女）楚國公主嫁其弟蕭姑從撒（即徒古撒，一本無從字），爲築城以居之，曰陸州（即睦州），號長慶軍，徙户一萬實之，曰從嫁户。」此志無睦州，而節度軍額同。此州蕭姑從撒或即蕭孝忠字撒板小字圖古斯。按嫁蕭孝忠者，爲聖宗女槊古，建城懿州。見下文。

懿州，廣順軍，〔一〕節度。聖宗女燕國長公主以上賜媵臣户置。〔二〕在顯州東北二百里，因建州城。西北至上京八百里。户四千。

〔一〕故址在今遼寧阜新縣東北百里塔營子古城。李考卷一：「顯州，今盛京錦州府廣寧縣治，懿州在顯州東北三百里，則當是開原境内地。」近年在阜新縣塔子營村發現一古城址，城址南門外有元碑懿州城南學田記出土。遼、金、元懿州地區基本相同。惟州治所在有不同意見，一謂前後在同一地點，此塔子營城址即遼懿州城址。一引讀史方輿紀要卷三七懿州城：「（廣寧）衛（東）北二百二十里，遼置慶懿軍，更爲廣順軍，尋爲懿州寧昌軍，領寧昌、順安二縣。……又寧昌城在懿州北二十里，本渤海之平陽縣，遼改曰寧昌，爲懿州治，金徙州治，以寧昌併入順安。」（清一統志卷四三同。參考古通訊一九五八年第一期。）島田好謂遼懿州治與金治非一地，遼州城在金、元州城稍東或北方，見所撰遼東行部志研究。據發掘庫倫旗遼墓時勘查，在新開河畔有一座遼代古城，當地稱「西南城子」，周長八里，距懿州故城僅二十華里，此城應即順安縣城。又東京道懿州寧昌軍節度，越國公主置，初曰慶懿軍，更曰廣順。清寧七年宣懿皇后進入，改今名。統縣二：寧昌、順安。應是進入後屬東京。金史卷二四地理志同。但統縣順安、靈山。清一統志卷四三：「廢懿州，在錦州府廣寧縣東北。」明一統志卷二五：「在廣寧衛北二百二十里。」輯本元一統志卷二：「豪州本遼時懿州，金皇統三年省入順安縣，後復置。國朝初因之，至元六年省入順安縣。」

〔二〕遼東行部志：「懿州，寧昌軍節度使，古遼西郡柳城之域，遼聖宗女燕國長公主初古所建。公主納國舅蕭孝惠（即蕭孝忠），以從嫁户置立城市，遂爲州焉。舊名廣順軍。」索隱卷三云：「案公主表無封燕國者，聖宗紀太平三年賜越國公主私城之名曰懿州，軍曰慶懿，蓋爲蕭孝忠所尚越國公主。公主表：越國公主名槊古，其後進封晉國，即晉蜀長公主。」燕國若非誤字，則是嘗封燕國而表失之。即秦越大長公主。

渭州，高陽軍，〔一〕節度。駙馬都尉蕭昌裔建。〔二〕尚秦國王隆慶〔三〕女韓國長公主，以所賜媵臣建州城。顯州東北二百五十里。遼制，皇子嫡生者，其女與帝女同。户一千。

〔一〕今遼寧彰武縣。馮永謙比定法庫縣葉茂台鄉二台子城址。索隱卷三：「案一統志：在廣寧縣東北，今爲彰武縣。」

〔二〕即蕭匹敵，本史卷八八有傳。字蘇隱，一名昌裔。

〔三〕按本史卷六四皇子表、契丹國志卷一四並作秦晉國王。

壕州。〔一〕國舅宰相南征，俘掠漢民，居遼東西安平縣故地，〔二〕在顯州東北二百二十里，〔三〕西北至上京七百二十里。户六千。

〔一〕「壕」應作「豪」，州治在今遼寧彰武縣東南。按本史卷九一耶律唐古傳：統和末，唐古嘗爲豪州刺史。又保寧二年劉承嗣墓誌銘：「長女適豪州副使李瓊璋。」（見全遼文卷一三）統和二十七年陳萬墓誌銘（遼寧省博物館存石）亦作豪州。太平九年蕭僅墓誌銘（見北方文物一九八八年二期），撰人署「豪州軍事判官趙逵」，金史卷二亦作豪。亡遼録、契丹國志、大金國志並作濠州亦誤。

〔二〕參上文臨潢府注〔三〕，漢西安平縣在遼東京道，此處有誤。

〔三〕索隱卷三：「案一統志與渭州同。」

原州。〔一〕本遼東北安平縣地。〔二〕顯州東北三百里。國舅金德〔三〕俘掠漢民建城。

西北至上京八百里。〔四〕户五百。

〔一〕據馮永謙考查，州治在今法庫縣包家屯鄉南城子村古城址。亡遼録有圓州，契丹國志作員州，似即此州。

〔二〕索隱卷三：「案與龍化州引漢北安平縣同誤。」

〔三〕按即蕭恒德，本史卷八八有傳。卷一〇、一一、一二，聖宗紀又作勤德、肯德、懇德。

〔四〕索隱卷三：「校（較）壕州多八十里，一統志與壕州同在今康平縣北。」此南土城子西南至北鎮直綫一百三十公里。西北距林東鎮直距三百六十公里。折成遼里。

福州。〔一〕國舅蕭寧建。南征俘掠漢民，居北安平縣故地。〔二〕在原州北二十里，〔三〕

西北至上京七百八十里。户三百。

〔一〕州治在今遼寧法庫縣西三合成村古城址。陷北記：「（蕭）翰得罪被鎖，嶠與部曲東之福州，翰所治也。」按嶠行程，州在十三山之西。索隱卷三：「唐書渤海傳：懷遠府有福州，與此異。」李考卷一以懿、渭、壕、原、福五州皆在「錦州府廣寧縣東北至奉天府開原縣城守所轄界一帶地方，蓋頭下軍州地皆狹也」。

〔二〕索隱卷三：「案與原州同誤引。」

〔三〕此古城址距南土城子十八里。

横州。〔一〕國舅蕭克忠建。部下牧人居漢故遼陽縣地，〔二〕因置州城。在遼州西北九十里，〔三〕西北至上京七百二十里。有横山。〔四〕户二百。

〔一〕州治在今遼寧新民縣遼濱塔西北九十里葦子溝鄉土城子村古城址。

〔二〕索隱卷三：「案此州在漢遼東郡塞外，何以引遼陽。」

〔三〕索隱卷三：「案東京道遼州，在今瀋陽縣西北百八十里，此州更西北九十里，則當在今皇廠門東南，李釋闕，楊圖在皇廠門東，近是。」

〔四〕索隱卷三：「案一統志：輝山在奉天府承德縣東北四十里，層巒叠嶂，爲諸山之冠，俗亦名灰山，蓋輝、灰皆横之音轉。」法庫縣内馬鞍山，按里距方位應即横山。

鳳州。〔一〕稾離國〔二〕故地，渤海之安寧郡〔三〕境，南王府五帳分地。在韓州北二百里，西北至上京九百里。户四千。〔四〕

〔一〕州治約在今東遼河北新安鎮附近。韓州遺址在今遼寧昌圖八面城。鳳州在其北二百里。馮永謙等推定爲吉林長嶺縣前進鄉城東屯南城子古城址。清一統志卷四〇五：「科爾沁左翼後旗，遼置鳳州。」蒙古遊牧記卷一及李釋、楊圖並同。

〔二〕索隱卷三：「按槀當作槖，後漢書東夷傳：初，北夷索離國王出行，其侍兒妊身，生男名曰東明，東明奔走，南至夫餘而王之。是索離國在夫餘北。後漢書注：索音度洛反，或作槖，通典邊防正作槖離。自三國志東夷傳注引魏畧誤作槀離，梁書夷貊傳又誤作櫜離，隋書四夷傳遂誤爲高麗，不知高麗在夫餘南，非槖離也。槖離音轉爲豆莫盧。魏書外國傳：豆莫盧，舊北夫餘也。斯爲其國在夫餘國北之明證。否則何以有北夫餘之名？魏書勿吉傳又作大莫盧，唐書東夷傳又作達末婁，皆槖離音轉。此志引槖離作槀離，譯作果囉，誤也。夫餘於遼置龍州黃龍府，此鳳州在龍州西南，安得謂爲槖離故地乎？」

〔三〕索隱卷三：「案唐書渤海傳，五京十五府無此郡名，滿洲源流考：此郡當爲鄚頡府之支郡。」鳳州與遂州，同屬渤海高州，今梨樹、懷德一帶。

〔四〕本史卷三六兵衛志下：鳳州丁一千。按一户二丁通例，户、丁數疑誤。

遂州。本高州〔一〕地，南王府五帳放牧於此。在檀州〔二〕西二百里，西北至上京一千里。户五百。

〔一〕州治當在今遼寧彰武縣西北哈爾套一帶。馮永謙謂在彰武四合城鄉土城子村古城址。索隱卷三：「案此高州上亦當有渤海二字，唐書渤海鄚頡府領鄚、高二州，即此志高州，非中京道之高州，而此遂州亦非東京道之遂州。」

〔二〕李考卷一：檀字當是韓字之訛。索隱卷三：「檀州字誤，若在南京道檀州之西，當云東北至上京矣。」按檀州係棋州舊名，遂州位於其西二百里。鳳州西北至上京九百里，此州多一百里，應在鳳州之南，此州在棋州西二百里，亦即鳳州、韓州之西南。趙匡禹於用兵高麗後，以功曾任遂州觀察使。（見全遼文卷一三趙匡禹墓誌銘。）

豐州。〔一〕本遼澤〔二〕大部落遥輦氏僧隱〔三〕牧地。北至上京三百五十里。户五百。

〔一〕州治約在西剌沐淪河與察汗沐淪河附近，翁牛特旗烏丹鎮東北部。李考卷一：「當在翁牛特左翼之南及承德府赤峯縣之北。」索隱卷三：「唐書地理志：營州北四百里至潢水。宋薛映記：自中京北四百八十里度潢水石橋，可知此豐州在潢水南，今翁牛特境。」按陳襄語録：「六月七日至廣寧館，道過小城之西，居民僅二百家。好古云：此豐州也。又經沙陁，六十里，宿會星館。九日，至咸熙氈館。十日，過黄（潢）河。」本史卷一三聖宗紀統和十三年六月，「以宣徽使阿没里私城爲豐州」。即此。東京道、西京道各有豐州，與此同名異地。

〔二〕索隱卷三：「一統志：和爾博勒津泊在承德府赤峯縣屬翁牛特左翼西南。」

〔三〕索隱卷三：「營衛志：遼內四部族遥輦氏九帳與横帳、國舅帳同列，故亦得有頭下州。耶律阿没里傳：『遥輦嘲古可汗之四世孫，每從征所掠人口，聚而建城，請爲豐州。』」阿没里字蒲鄰，僧隱即蒲鄰異譯。

順州。〔一〕本遼隊縣地。〔二〕横帳南王府俘掠燕、薊、順州之民，建城居之。在顯州東北一百二十里，〔三〕西北至上京九百里。户一千。

〔一〕州治約在今遼寧阜新縣五家子古城址。李考卷一：「遼之顯州，今廣寧縣（今北鎮）也，順州亦廣寧縣地。」

〔二〕李考卷一：「案漢書地理志。遼隊縣在今海城縣西，上京之順州安能是其地，遼志誤也。」索隱卷三云：「案漢遼隊縣在今海城縣西六十里，志下云在顯州東北百二十里，非漢遼隊地也。且東京道遼陽府仙鄉縣下又云，本漢遼隊縣，豈遼隊有二縣乎？漢書補注兩引此志文，失之。」

〔三〕在今遼寧北鎮縣東北，直距約五十五公里。

閭州。〔一〕羅古王牧地，近醫巫閭山。在遼州西一百三十里，〔二〕西北至上京九百五十里。户一千。

〔一〕州治有稱在今遼寧北鎮閭陽驛。馮永謙考定在阜新十家子鄉燒鍋屯城址。契丹國志卷二二有投下閆州，應是誤字。亡遼録作閭，不誤。索隱卷三：「一統志廢閭州在廣寧東北。」按横州西北至上京七百八十里，此州九百五十里，則此州在横州東南一百七十里。

〔二〕在今遼寧新民縣遼濱塔正西約五十五公里，方位里距符合。

松山州。〔一〕本遼澤大部落，横帳普古王牧地。有松山。〔二〕北至上京一百七十里，〔三〕户五百。

〔一〕遺址在今内蒙古巴林右旗布敦花村，位於西喇木倫河北四點五公里。過河爲海金山，即遼木葉山。李考卷一：「遼有兩松山州，此松山州則屬上京，當在翁牛特右翼西南一百二十里之松山下，翁牛特北與巴林部接境，故其至上京僅有一百七十里。」

〔二〕索隱卷三：「案今翁牛特左翼旗南二十里大松山，蒙古名伊克納喇蘇台，非右翼旗西南百二十里之松山，亦非喀喇沁右翼旗西八十里之萬松山。」

〔三〕遺址在内蒙古巴林左旗林東鎮南七十五公里。

豫州。〔一〕横帳陳王牧地，南至上京三百里。户五百。

〔一〕州治在今内蒙古哲里木盟紮魯特旗西北。馮永謙擬定在格日朝魯古城址。或言在今開魯縣境。

寧州。〔一〕本大賀氏勒得山，横帳管寧王放牧地。在豫州東八十里，西南至上京三百五十里。〔二〕户三百。

〔一〕州治當在今紮魯特旗東境。中國歷史地圖集第六册定豫州寧州位置，按上京里距有倒置。索隱卷三：「上京有勒得山，唐所封大賀氏勒得王有墓存焉。此山不見一統志，當爲今索岳爾濟山，在科爾沁右翼前旗北，車臣汗左翼前旗南。其山延袤數百里，此州之勒得以一王名名之，不過其一隅爾。」

〔二〕長編：至和元年（重熙二十三年）十二月，寧州觀察使馮見善賀宋正旦。

〔補〕亳州，防禦。〔一〕

〔一〕王說墓誌銘（見全遼文卷五）有亳州防禦使，亳州似非豪州，應另是一州。附此。

〔補〕房州，防禦。〔一〕

〔一〕高麗史卷五：「顯宗十九年（太平八年）三月，契丹遣房州防禦使楊延美等來聘。」

〔補〕普州。〔一〕

〔一〕册府元龜卷一七〇：「周廣順二年（應曆二年）十二月，契丹普州主簿李署等，宜中書各授州縣參贊之官。」又册府元龜卷一六七：「廣順三年二月，契丹降人僞授儒州晉山簿李著、鄭縣簿王裔、泰州司法劉裴等，著賜比明經出身，裔、裴比學究出身。」普州或是儒州晉山之誤。

〔補〕懽州。〔一〕

〔一〕亡遼録、契丹國志卷二二並作驩州。阜新蒙古族自治縣大巴出土大遼國懽州西會龍山碑銘。可見不僅确有此州，並知此州所在地址。即今遼寧阜新蒙古族自治縣一帶。

〔補〕**衛州**。〔一〕

〔一〕亡遼録作衡州，誤。拾遺補卷四引陷北記曰：「又東行數日，過衛州，有居人三千（契丹國志所引爲三十）餘家。蓋契丹所擄中國衛州人築城而居之。」索隱卷三：「案胡嶠記：過十三山，東行數日，過衛州，至福州。衛州爲此志所無，十三山在今錦縣東七十五里，是其州在錦縣東。」本史卷二八天祚紀：「天慶七年九月，屯衛州蒺藜山。」「十二月，戰於蒺藜山，敗績。女真復拔顯州旁近州郡。」此州應與顯州毗鄰，近十三山。索隱卷二云：「或徽州之誤。」按此州既見於遼初至遼末，不似字訛。

〔補〕**隋州**。〔一〕

〔一〕許本北盟會編引作隨州，契丹國志卷二二作隨州。

〔補〕**澄州**。〔一〕

〔一〕使遼圖抄：「自澄州大山之西爲室韋。」亡遼録、契丹國志同。今烏丹城。使遼圖抄又云：「自（廣寧）館東北行，五里，澄州路。由西門之外。州有土垣，崇六、七尺，廣度一里，其中半空。有民家一、二百，屋多泥墁，間有瓦覆者。舊曰豐州，州將率其部落和扣河西内附，詔置豐州以處之，自爾改今名。」金文最卷一〇三元好問撰康公神道碑：「公諱某，字德璋，曾祖某，遼澄州刺史。」

〔補〕**仁博州**。〔一〕

〔一〕趙匡禹墓誌銘：「前夫人清河郡君張氏，故仁博州刺史司徒之女。」（見全遼文卷一三）此州不見遼史。

〔補〕**全州**。〔一〕

〔一〕契丹國志卷二二有投下全州。本史卷一三聖宗紀統和九年五月「以秦王韓匡嗣私城爲全州」。金史卷二四地理志北京路全州。承安元年改豐州鋪爲安豐縣，二年置全州。卷四四兵志：承安三年征軍需錢，「西京、北京、遼東路每貫征錢二貫，臨潢、全州則免征」。

〔補〕**金州**。〔一〕

〔一〕統和二十三年王悦墓誌銘（見全遼文卷五），重熙七年張思忠墓誌銘（見全遼文卷七）均有金州防禦使之官。可見當時曾建置金州。

〔補〕**義州**。〔一〕

〔一〕亡遼録、契丹國志卷二二同。參上文永州義豐縣。

〔補〕**遂昌州**。〔一〕

〔一〕亡遼録、契丹國志卷二二同。按本史卷三七、三八地理志有遂州，事實卷二〇有昌州，亦可能爲二州。

〔補〕**榮州**。〔一〕

〔一〕亡遼録、契丹國志卷二二同。

〔補〕**康州**。〔一〕

〔一〕契丹國志卷二二作唐州，本史卷一一六國語解有唐州，本史卷三八東京道有康州，「世宗遷渤海率賓府人户置」。純常子枝語卷三八引地理叢考：「顯州，近省康州、集州併入。」

〔補〕**果州**。〔一〕

〔一〕耶律仁先墓誌銘：「弟信先，南面林牙，果州居閑養素。」（見全遼文卷八）

〔補〕**靈安州**。〔一〕

〔一〕一九八八年，哲盟文物普查時，在庫倫旗黑城子古城址發現遼代「靈安州刺史印」一方。可知今黑城子古城址，應即遼代靈安州州址。州址在羣山環抱之盆地。今尚存城墻遺址，北墻西墻尚完整。

〔補〕**肅州**。〔一〕

〔一〕契丹國志卷二二作粟州，案本史卷三八東京道有肅州。

〔補〕**里州**。〔一〕

〔一〕契丹國志卷二二作黑州。

〔補〕**河州**。〔一〕

〔一〕亡遼録、契丹國志卷二二同。案里州、河州，疑是黑河州之誤。東京有河州置軍器坊。

〔補〕**茂州**。〔一〕

〔一〕亡遼録、契丹國志卷二二同。

〔補〕**麓州**。〔一〕

〔一〕亡遼録、契丹國志卷二二同。

〔補〕**宗州**。〔一〕

〔一〕亡遼録、契丹國志卷二二同。本志東京道有宗州，「在遼東石熊山，耶律隆運以所俘漢民置」。

〔補〕**荆州**。〔一〕

〔一〕見契丹國志卷二二。亡遼録漏。

〔補〕**和州**。〔一〕

〔一〕見契丹國志。亡遼録漏。劉日泳墓誌銘題：「大契丹國興中府南和州劉公墓誌銘。」（見全遼文卷一三）南和州或即和州。

〔補〕**鎮北州**。〔一〕

〔一〕本史卷二〇興宗紀重熙二十四年三月，「皇太弟重元生子，曲赦行在及長春、鎮北二州徒以下罪」。鎮北或是重元頭下州。

〔補〕**瞿州**。〔一〕

〔一〕罕山殘碑銜名（遼代石刻文編作黑山崇善碑題名）内有黑河州、瞿州。

邊防城

遼國西北界防邊城，因屯戍而立，務據形勝，不資丁賦。具列如左：

静州，觀察。本泰州之金山。〔一〕天慶六年升。〔二〕

〔一〕今科爾沁右翼前旗東北三十里古城。索隱卷三：「金山，今名榛子嶺，蒙古名嘉朱温都爾，非西北之阿爾泰山，故云泰州之金山。爲郭爾羅斯後旗駐牧地，旗之東北百五十里有昂噶海城，周三里有奇，門四，當是遼天慶六年所築静州城，西北接長春州，西南接泰州。」

〔二〕索隱卷三：「按天祚紀天慶七年，女直軍攻春州，復下泰州，則此州於六年建立，閲一年即入金矣。蓋天祚欲以此州聯絡東北路統軍司與西北路招討司耳。以其地在東北，故首列之。」

鎮州，〔一〕**建安軍**，節度。本古可敦城。〔二〕統和二十二年皇太妃奏置。〔三〕選諸部族二萬餘騎充屯軍，專捍禦室韋、羽厥等國，凡有征討，不得抽移。渤海、女直、漢人配流之家七百餘户，分居鎮、防、維三州。東南至上京三千餘里。〔四〕

維州，刺史。〔五〕

〔二〕據考古發掘證明，遺址即今土拉河支流喀魯哈河下游南面青托羅蓋古城。參培爾列蒙古境内的遼代城市和居民點。吉謝列夫南西伯利亞和外貝加爾湖地區古代城市生活新資料稱，「城呈方形」（考古一九六〇第二期）。

防州，刺史。〔六〕

李考卷一：「邱長春西遊記：『又四程，西北渡河乃平野，其旁山川皆秀麗，水草且豐美，東西有故城，基址若新，街衢巷陌可辨，製作類中州，歲月無碑刻可考。或云契丹所建，既而地中得古瓦，上有契丹字，蓋遼亡士馬不降者西行所建城邑也。』沈垚釋曰：『張德輝紀行云：「過土拉河而西，行一驛，有契丹所築故城，城方三里，背山面水，自是水北流矣。（西北行三驛，過鼻而紇都，）又經一驛，過大澤泊，泊之正西有小故城，亦契丹所築也。」按過兔兒河而西，又行一驛，然後至契丹故城，則城當在喀魯哈河之西，土謝圖汗本旗之東北，所過河當是鄂爾昆河，云山川秀麗，故城中得古瓦，有契丹字，則已在和林近側，而不言和林者，此時實未建都，故無和林之目也。又曰『契丹故城』，疑是遼鎮州諸城。按遼史蕭撻凜傳：『撻凜以阻卜叛服不常，上表乞建三城，以絶邊患，從之。』聖宗紀統和二十二年，以可敦城爲鎮州，軍曰建安。開泰二年正月，達旦國兵圍鎮州，州軍堅守。三月，耶律化哥以西北路畧平，留兵戍鎮州赴行在。地理志：鎮州東南至上京三千餘里。又有河董城，東南至上京一千七百里。静邊城，東南至上京一千五百里，皮被河，出回紇北，東南經羽厥，入臚朐河，沿河董城北東流，合沱漉河。案地理志叙鎮州以下諸城，自西而東，鎮州東南至上京三千餘里，以道里校之，實與記所指故城相合。蕭撻凛傳不言三城之名，可敦當即其一，後改爲鎮州耳。契丹西故城，其即鎮州所在乎？耶律撻不也傳：鎮州西南有沙磧，或其地尚在記所指西故城之西，疑未能定矣。天祚紀：『大石北行三日，過黑水，見白達達詳穩床古兒。床古兒獻馬四百，駞二十，西至可敦城。』是大石西行，駐軍於可敦城，故記以契丹城爲遼亡士馬不降者西行所建城邑，亦可見是城之當即鎮州也。記言東西有故城，東故城即紀行過河而西一驛之契丹故城，西故城即紀行腦兒正西之小故城。蓋東西之言，所兼頗廣。山川秀麗云云，實兼指今鄂爾昆河東西兩岸矣。按鄂爾坤（昆）河一作鄂爾渾河，一作鄂勒昆河，舊名阿魯渾河。源有二，一出杭愛山尾南麓（杭愛山即古之燕然山，在今外蒙古喀爾喀後路土謝圖汗部牧地東境），一出鄂爾吉圖都蘭喀喇山（亦作威者伊圖都蘭喀喇山，此山即大黑山也。在杭愛山之南八十餘里），所謂南源也。南源亦有二，一爲阿木勒稽烏林塔河或作烏里雅思他河（烏林、烏里皆和林之繙譯轉音，以其地屬和林也）。其一源出此山東麓，合爲南源，與杭愛南麓源會爲鄂爾昆河，曲折北流，會於色楞格河，北入俄羅斯國，入於北海。元都和林，元太宗七年所建，見元史太宗本紀。而地理志云：太祖十五年建都和林，語涉兩歧，當以本紀爲據。和林在今外蒙古喀爾喀中路賽（三）音諾顏部右翼中右旗之東北，額魯特旗（額魯特二旗，一稱額魯特旗，一稱額魯特右旗，附於三音諾顏）之西北，跨鄂爾昆河。遼之鎮州當鄂爾昆河之東南，其河董城、静邊城、皮被河城即由鎮州更迤邐而向東南，蕭撻凜所建三城，鎮州居其一，河董諸城，未必無其所建者在内也。」

〔二〕回紇汗國時期所建，見突厥文回紇可汗磨延啜碑。

〔三〕「皇」應作王。参見本史卷一四聖宗紀統和二十二年。

〔四〕松井等契丹可敦城考，謂鎮州應是圖拉河與鄂爾昆河間之契丹故城，維州、防州並在附近。

〔五〕此州在鎮、防二州附近，鎮州東南。據調查：城方形、有十字街。分成四區。譚其驤中國歷史地圖集亦定點於此，但位置在鎮州西南。

〔六〕索隱卷三：「案三州合上鎮州，即蕭撻凜傳所云上表乞建三城以絶邊患者。蕭圖玉傳：可敦城之西有窩魯朵城，以爲古龍庭單于城，此單于城與遼之斡魯朵同名，自古爲漠北建庭之地，即後來元之和林城。張參議紀行云：『過河而西，行一驛，有契丹所築故城。又經一驛，過大澤泊，泊之正西有小故城，亦契丹所築也。』『大澤泊，周廣約六七十里，水極澂澈，北語謂吾悟竭腦兒。自泊之南而西，分道入和林城。』沈垚釋西遊記曰：『吾悟竭腦兒，即今朱爾馬台河所瀦之察罕泊。元太宗紀揭揭察哈之澤。作迦堅茶寒殿；憲宗紀又作怯蹇叉罕，譯音有輕重耳。察罕泊西南百餘里，即元和林所在。』漢章謂紀行謂泊西有契丹所築小故城，即此維州或防州，自泊之南而西，即窩魯朵城。耶律鑄雙溪醉隱集寬甸有感詩序云：和林城有遼碑號。遼時無和林城名，可知窩魯朵城，亦遼防邊城之一矣。」

在青托羅蓋之東、西有二古城：一曰塔勒・烏蘭・巴勒嘎斯，一曰哈達桑・巴勒嘎斯（或稱哈剌布和・巴勒嘎斯）。此二址應爲維、防二州，但不能定何者爲維或防，又烏歸湖西亦有一古城，或是招州，亦不能定。

河董城。 本回鶻可敦城，語訛爲河董城，〔一〕久廢，〔二〕遼人完之以防邊患。高州界女直常爲盜，劫掠行旅，遷其族於此。東南至上京一千七百里。

〔一〕城在烏爾遜（urshun）河西岸。蒙古丕仍來謂不在西岸。見蒙古考古論文集（莫斯科一九六二年版）。李考卷一：「松漠紀聞有合董城，當即河董城。」索隱卷三：「回鶻可敦與古可敦異。故志分別言之。古可敦城爲鎮州，東南至上京三千餘里。此回鶻可敦城在鎮州東，故東南至上京一千七百里。唐書回鶻傳：崇德可汗妻太和公主，公主亦自建牙，此如漢烏孫昆莫妻細君，唐吐蕃贊普妻文成公主，與可汗別居者。考唐回鶻牙帳西據烏德鞬山，南依崐崑水，在今杭愛山東鄂爾坤河北，即古窩魯朵城，元和林城。而公主牙帳未詳所在，今據薛延陀傳：鬱督軍山之東有都尉鞬山、獨邏水，爲今巴彥集魯克山、土喇河，其先突厥菴羅居此，回紇菩薩亦居之，故其後太和公主亦居焉，此志所謂回鶻可敦城也。在今土謝圖汗中旗，正在土謝圖汗旗之東。」大金國志卷七：「曷董城自雲中由猫兒莊、銀甕口北去地約三千餘里，盡沙漠無人之境。」據調查，應在克魯倫河中游北岸。

〔三〕索隱卷三：「案唐太和公主，長慶元年，出爲回鶻崇德可汗可敦，寶曆元年崇德即死，昭禮、彰信二可汗俱不善終，開成四年國亂，五年爲黠戛斯所破。會昌元年，公主歸唐，爲烏介可汗所質，三年石雄迎歸，計公主居可敦城者十九年而廢。至遼太祖元年已六十六年，故云久廢。」

靜邊城。〔一〕本契丹二十部族水草地。北鄰羽厥，每入爲盜，建城，置兵千餘騎防之。東南至上京一千五百里。〔二〕

〔一〕在皮被河正西，貝爾湖正南。米文平、馮永謙認爲巴爾斯浩特是靜邊城，在喬巴山市之西。（見遼金史論集第五輯遼代邊防城考）索隱卷三：「龔之鑰後出塞録：『科魯倫河源不知所出，至達賴貝子境内，始見是河折而往北，更深廣，可以行舟。貝子境内有城名巴喇河屯，譯言虎城也。城内廢寺甚大，後殿側有碑記，字多剥落，仿佛遼時之物。』遊牧記引之云：『貝子達賴，即車臣汗中末旗札薩克固山貝子達哩，世駐牧克魯倫河之南博羅布達。』漢章謂科魯倫、克魯倫河並即志下所云臚朐河，河南之巴喇河屯，正即此城故址。」

〔二〕索隱卷三：「按今車臣汗中末旗西北，距土謝圖中旗汗山等處又二百餘里，故河董城東南至上京一千七百里，此城又減二百里。」

皮被河城。地控北邊，[一]置兵五百於此防托。[二]皮被河出回紇北，[三]東南經羽厥，[四]入臚朐河，[五]沿河董城北，東流合沱漉河，入於海。[六]南至[七]上京一千五百里。

[一]據考古發掘證明，遺址即今蒙古人民共和國祖赫雷姆古城，見培爾列蒙古境内的遼代城市和居民點一文。此城在哈拉哈河下游。米文平、馮永謙據考古調查，結合文獻記載定在黑山頭古城址。（見遼金史論集第五輯遼代邊防城考）索隱卷三：「後出塞録又云：『喀爾素之北有大城，郛郭宛然，詢之土人，名克勒木河屯。』遊牧記引之，謂即車臣汗部二十三旗所盟克魯倫巴爾和屯。漢章謂此城在克魯倫河北，與静邊城隔河相望。李釋謂在盛京境，又誤。」

[二]「托」，疑應作戍。

[三]索隱卷三：「皮被河，今名白勒肯河。刑法志作拔离弭河。可證朔方備乘遼北徼圖説謂皮被河爲黑龍江别名，非也。水道提綱：克魯倫河會忒勒兒即嶺水，又西南有白勒肯河，西北自土喇源山之東麓，東南流，來會土喇源出忒勒兒即嶺之西麓，西北流入鄂爾坤河，在回紇建牙烏德鞬山之北，故此志云出回紇北也。」

[四]羽厥，或謂即今鄂温克。

[五]臚朐河，漢書卷九四上匈奴傳上作盧朐，元史作龍居河，長春真人西遊記作陸局河。今名克魯

倫河，東北流八百餘里入黑龍江。又東北入呼倫貝爾城界，潴爲呼倫湖。」朔方備乘卷二四：「額爾古納河，其上流曰克魯倫河，一曰臚朐河。又東北入呼倫貝爾城界，潴爲呼倫湖。」

〔六〕索隱卷三：「此河董城必靜邊城之誤。河董城在土喇河南，其水西流；靜邊城在克魯倫河南，其水東流。水道提綱：『克魯倫河經喀勒河朔山北麓，又東北有他拉几爾即河，西北自必兒喀嶺西南麓，東南流沙土中四百餘里來注之。』此他拉几爾即河，亦作塔爾集爾集河，又作塔爾河。遊牧記：『塔爾河，在車臣汗左翼右旗牧地，其中末旗巴喇河屯即遼之靜邊城。』故此志言沿靜邊城北東流，合沱漉河。沱漉河即今塔爾河。非志上所言之他魯河也（他魯河，今洮兒河）。提綱又云：『克魯倫河又東北經阿兒坦尼莫兒山之東北，潴爲枯倫河，即古俱倫泊，亦曰闊欒海子。』今考唐書室韋薛延陀傳之俱輪泊，明史韃靼傳作闊欒海子，元秘史作闊連海子，非海而謂之海，猶漢書以羅布泊爲蒲昌海，博斯騰泊爲焉耆海耳。克魯倫河自會塔爾河後，並無流入之水，故此志言合沱漉河入於海也。」

〔七〕索隱卷三：「南上亦當有東字。」

招州，綏遠軍，〔一〕**刺史。開泰三年，以女直户**〔二〕**置，隸西北路招討司。**

〔一〕索隱卷三：「案此州即元雕阿蘭地，雕與招聲相轉也。元史太宗紀：『元年，諸王百官大會於怯緑連河曲雕阿蘭之地，即位於庫鐵烏阿剌里。』元秘史亦云：『於客魯連河闊迭兀阿喇勒地大聚會著。』聖武親征録亦作雕阿蘭，與元史同。其地東當克魯倫河曲，西當土喇河曲，中間有噶老台泊、衮泊二水，北距忒勒兒即嶺，南距庫特肯額里雅山，即今蒙古東庫倫地。蓋遼於此地置招州，於今庫倫之南置河董城，於今西庫倫之北置鎮、維、防三州，聲勢聯絡，以防西北邊。」或言曲雕，蒙語謂荒，阿蘭，蒙語謂島，即荒島。

〔三〕索隱卷三：「此女直户亦如河董城之遷徙者。聖宗紀：『開泰三年三月庚子，遣耶律世良城招州。』時世良以寧邊功封岐王，爲北院樞密使。」

塔懶主城。〔一〕大康九年置，在臚朐河。〔二〕

〔一〕城在克魯倫河上游北岸。或擬爲甘珠花古城。按塔懶即撻覽，「主」應作王。達賴諾爾發現古城址，或即此城。本史卷九〇蕭陶隗傳：「（大康）九年，西圉不寧，阿思奏曰：『邊隅事大，可擇重臣鎮撫。』……遂拜西南面招討使……久之，起爲塌母城節度使。」

〔二〕索隱卷三：「（此城）即必拉城。水道提綱：『克魯倫河東經必拉城南，又東經杜勒鄂模南，鄂模在城東十餘里，漠北僅有此城。』遊牧記亦云：『車臣汗左翼左旗牧地跨克魯倫河，河入旗境必拉城南，漠北僅有此城。』……此城之東南靜州，西南之靜邊城，皮被河城，相距皆遠，故曰漠北僅有此城。」

〔二〕索隱卷三：「案志於此城，獨著『在臚朐河』四字，一以明此城左右別無他城，一以明太康時制，與統和、重熙間異也。耶律唐古傳：『統和時，命唐古勸督耕稼，以給西軍，田於臚朐河側。明年，移屯鎮州。先是築可敦城，以鎮西域諸部，縱民畜牧，反招寇掠，重熙四年上疏曰：自建可敦城以來，西蕃數爲寇患，每煩遠戍，歲月既久，國力耗竭，不若復守故疆，省罷戍役。不報。』又文學蕭韓家奴傳，重熙時對詔曰：『方今最重之役，無過西戍，若能徙西戍稍近，則往來不勞，民無深患。阻卜諸部，自來有之。曩時北至臚朐河，南至邊境，人多散居，無所統壹，惟往來抄掠。及太祖西征，至於流沙，阻卜望風悉降。因遷種落，內置三部，不營城邑，不置戍兵，阻卜累世不敢爲寇。統和間，皇太妃出師西域，拓土既遠，降附亦衆。及城可敦，開境數千里，西北之民，徭役日增，生業日殫。空有廣地之名，而無得地之實。』蓋鎮州城後，民以遠戍爲苦，此置城臚朐河，庶幾如漢築城障列亭至盧朐矣。盧朐作臚朐，今名克魯倫。」

〔補〕**巨母古城。**〔一〕

〔一〕本史卷九四耶律世良傳：「（開泰）三年，命選馬駝於烏古部。會敵烈部人夷剌殺其酋長稍瓦而叛，鄰部皆應，攻陷巨母古城。」譚其驤中國歷史地圖集第六册以此城置於札賚諾爾。米文平、馮永謙等據考古調查擬在敵烈八部居地中，即今呼倫湖與貝爾湖之間。（見遼金史論集第五輯遼代邊防城考）。

〔補〕**通化州**。〔一〕

〔一〕上文泰州，「本契丹二十部族牧放之地。因黑鼠族累犯通化州，民不能禦，遂移東南六百里來，建城居之，以近本族。」據考古調查：在海拉爾河北岸，海拉爾市西二十餘公里，陳巴爾虎旗境內，有浩特套海古城址，有城墻、南北二門，門有瓮城，四角有角臺。米文平、馮永謙曾勘察其址，疑或是通化州城遺址。（見遼金史論集第五輯遼代邊防城考。）

遼史補注卷三十八

志第八

地理志二

東京道

東京遼陽府，〔一〕本朝鮮之地。〔二〕周武王釋箕子囚，去之朝鮮，因以封之。作八條之教，尚禮義，富農桑，外户不閉，人不爲盜。傳四十餘世。燕屬真番、朝鮮，始置吏、築障。秦屬遼東外徼。〔三〕漢初，燕人滿王故空地。〔四〕武帝元封三年，定朝鮮爲真番、臨屯、樂浪、玄菟四郡。後漢出入青、幽二州，遼東〔五〕、玄菟二郡，沿革不常。漢末爲公孫度所據，傳子康；孫淵，自稱燕王，建元紹漢，魏滅之。晉陷高麗，〔六〕後歸慕容垂；子寶，以勾麗王安爲平州牧居之。〔七〕元魏太武遣使至其所居平壤城，〔八〕遼東京本此。〔九〕唐高宗平高麗，於此置安東都護府；後爲渤海大氏所有。大氏始保挹婁之東牟山。〔一〇〕武后萬歲通天中，爲契丹盡忠所逼，有乞乞仲象者，度遼水自固，武后封爲震國公。傳子祚榮，建都邑，自稱震王，併吞海北，地方五千里，兵數十萬。中宗賜所都曰忽汗州，〔一一〕封渤海郡王。十有二世至彝震，僭號改元，〔一二〕擬建宫闕，有五京、十五府、六十二州，爲遼東盛國。忽汗州即故平壤城也，號中京顯德府。〔一三〕太祖建國，攻渤海，拔忽汗城，〔一四〕俘其王大諲譔，以爲東丹王國，立太子圖欲爲人皇王以主之。神冊四年，葺遼陽故城，〔一五〕以渤海、漢户建東平郡，爲防禦州。天顯三年，遷東丹國民居之，昇爲南京，城名天福。〔一六〕高三丈，有樓櫓，幅員三十里。八門：東曰迎陽，東南曰韶陽，南曰龍原，西南曰顯德，西曰大順，西北曰大遼，北曰懷遠，東北曰安遠。宫城在東北隅，高三丈，具敵樓，南爲三門，壯以樓觀，四隅有角樓，相去各二里。宫牆北有讓國皇帝御容殿。大内建二殿，不置宫嬪，唯以内省使副、判官守之。大東丹國新建南京碑銘，在宫門之南。〔一七〕外城謂之漢城，分南北市，中爲看樓；晨集南市，夕集北市。街西有金德寺、大悲寺、駙馬寺，鐵幡竿在焉；趙頭陀寺、留守衙、户部司、軍巡院，歸化營軍千餘人，河、朔亡命，皆籍于此。東至北烏魯虎克四百里，南至海邊鐵山八百六十里，西至望平縣海口三百六十里，北至挹婁縣、范河二百七十里。東、西、南三面抱海。遼河出東北山口爲范河，西南流爲大口，入于海；〔一八〕東梁河自東山西流，與渾河合爲小口，會遼河入于海，〔一九〕又名太子河，亦曰大梁水；〔二〇〕渾河〔二一〕在東梁、范河之間；沙河出東南山西北流，徑蓋州入于海。〔二二〕有蒲河、〔二三〕清河、〔二四〕浿水，亦曰泥河，又曰蓒芋濼，水多蓒芋之草。〔二五〕駐蹕山，唐太宗征高麗，駐蹕其巔數日，勒石紀功焉，俗稱手山，〔二六〕山巔平石之上有掌指之狀，泉出其中，取之不竭。又有明王山、〔二七〕白石山——亦曰横山。〔二八〕天顯〔二九〕十三年，改南京爲東京，府曰遼陽。〔三〇〕

户四萬六百四。轄州、府、軍、城八十七。〔三一〕統縣九：

遼陽縣。本渤海國金德縣地。漢浿水縣，〔三二〕高麗改爲勾麗縣，渤海爲常樂縣。户一千五百。

仙鄉縣。本漢遼隊縣，〔三三〕渤海爲永豐縣。神仙傳云：「仙人白仲理能煉神丹，點黄金，以救百姓。」〔三四〕户一千五百。

鶴野縣。〔三五〕本漢居就縣地，渤海爲鷄山縣。昔丁令威〔三六〕家此，去家千年，化鶴來歸，集於華表柱，〔三七〕以咮畫表云：「有鳥有鳥丁令威，去家千年今來歸；城郭雖是人民非，〔三八〕何不學仙塚纍纍。」户一千二百。

析木縣。〔三九〕本漢望平縣地，渤海爲花山縣。户一千。

紫蒙縣。〔四〇〕本漢鏤芳縣地。後拂涅國置東平府，領蒙州紫蒙縣。後徙遼城，并入黄嶺縣。渤海復爲紫蒙縣。户一千。

興遼縣。〔四二〕本漢平郭縣地，渤海改爲長寧縣。唐元和中，渤海王大仁秀南定新羅，北畧諸部，開置郡邑，遂定今名。户一千。

肅慎縣。以渤海户置。

歸仁縣。

順化縣。

〔一〕今遼寧省遼陽市老城區。契丹國志卷二二：「東京本渤海王所都之地。……西北與契丹接。太祖之興，始擊之，立其子東丹王鎮其地，後曰東京。」劉效祖四鎮三關志卷一建置遼鎮建置：「神册四年契丹主阿保機并渤海，盡有遼東，置東平郡，修復故城，鑄鐵鳳鎮之，因號鐵鳳城。天顯三年升爲南京，復立中臺省，號大遼，又改爲東京遼陽府。」

〔二〕索隱卷四：「案漢書地理志，遼陽本遼東郡屬縣，安得云本朝鮮地？當云本燕國地。燕嘗畧屬真番朝鮮。」

〔三〕三國志卷三〇魏書東夷傳注引魏畧曰：「昔箕子之後朝鮮侯，見周衰，燕自尊爲王，欲東畧地，朝鮮侯亦自稱王，欲興兵逆擊燕以尊周室。其大夫禮諫之，乃止，使禮西説燕，燕止之不攻。……及秦并天下，使蒙恬築長城，到遼東。時朝鮮王否立，畏秦襲之，畧服屬秦。不肯朝會。否死，其子準立。」

〔四〕索隱卷四：「史記朝鮮傳：朝鮮王滿，故燕人，渡浿水居秦，故空地上下障。魏畧曰：燕人衞滿詣準降，説準求居西界，收中國亡命爲朝鮮藩屏，準信寵之，封之百里，令守西邊，滿遂還攻準，準與戰不敵。王海中，不與朝鮮相往來。」

〔五〕索隱卷四：「遼東本秦郡，非朝鮮初郡，此二字當作樂浪。」

〔六〕索隱卷四：「朝鮮屬漢樂浪郡，高句麗屬玄菟郡，此志失著高麗之始，而忽云晉陷高麗，晉何嘗陷其國，魏代惟毌邱儉，晉代惟慕容皝先後破其丸都耳。」

〔七〕索隱卷四：「安封遼東、帶方二國王，後遂畧有遼東郡，都平壤城。」

〔八〕索隱卷四：「通典、通考注並云：平壤即漢樂浪郡王險城，自爲慕容皝來伐後徙國内城，移都此城。今考樂浪王險城，本史記正義所引括地志，然漢樂浪郡無王險城。史記集解引徐廣曰：昌黎有險瀆縣。索隱引應劭云：遼東有險瀆縣，漢志：險瀆屬遼東而無昌黎。前漢惟遼西郡有交黎縣，後漢惟遼東屬國有昌遼縣耳。徐廣説不知何據。顏師古注漢志，獨取臣瓚説，謂王險城在樂浪浿水之東，非即險瀆，則應劭説亦非。水經浿水注曰：『衞滿都王險城，其地今高句麗之國治，余訪蕃使，言城在浿水之陽。』水道提綱曰：『浿水西流，折而南流，經平壤城之東，又折而西，經城南，平壤即舊王險城，箕子故都，漢嘗置樂浪郡治，晉後高麗都此，唐拔平壤，高麗始平。五代王建據高麗，始謂之西京也。』然則平壤城本在今大同江西北，瓚説在浿水東，又不合於今。故今人楊守敬創爲王險城非平壤之説。」

〔九〕「本朝鮮之地」，據史記卷一一五朝鮮列傳、漢書卷二八下地理志，應作「本燕國地」。本節誤以遼陽爲平壤。又據新唐書卷二一九渤海傳，忽汗州爲上京龍泉府，非平壤城，亦非遼陽。

〔一〇〕索隱卷四：「滿洲源流考、新唐書言：渤海大氏始保東牟山。明統志云：山在瀋陽衛東二十里，今承德縣城東二十里天柱山即東牟山，舊唐書作桂婁之東牟山，當以新書爲正。」

〔一一〕索隱卷四：「五代會要：唐中宗命侍御史張行岌往渤海宣慰，號其都爲忽汗州，爲此志所本。然唐書但云張行岌往招慰之。至睿宗先天二年，遣郎將崔訢往册爲渤海郡王，仍以其所統爲忽汗州，加授忽汗州都督，其下又云：天寶末，大欽茂徙上京直舊國三百里忽汗河之東。是當中宗時，忽汗州非其都城，爲所統之地耳。水道提綱：寧古塔河……唐書謂之忽汗河。一統志：瑚爾哈（即忽汗）河在寧古塔城東南。……渤海大氏呼爾哈（亦即忽汗）州以此水名。」

〔一二〕案新唐書卷二一九渤海傳：「（祚榮）建國，自號震國王……開元七年，祚榮死，其國私謚爲高王。子武藝改年曰仁安，死，謚武王。子欽茂立，改年大興，茂死，私謚文王。子宏臨早死，族弟元義立一歲，猜虐，國人殺之。推宏臨子華璵爲王，復還上京，改年中興，死，謚曰成王。欽茂少子嵩鄰立，改年正歷，死，謚康王。子元瑜立，改年永德，死，謚定王。弟言義立，改年朱雀，死，謚僖王。弟明忠立，改年太始，死，謚簡王。從父仁秀立，改年建興，大和四年仁秀死，謚宣王。子新德蚤死，孫彝震立，改年咸和。」是以建號改元，不始自彝震。

〔一三〕渤海五京：上京龍泉府（遺址在今黑龍江省寧安縣城西南渤海鎮），東京龍原府（今吉林琿春縣八連城），中京顯德府（遺址在今吉林和龍縣八家子鎮河南屯北過海藍江約八里處西古城子），西京鴨緑府（遺址在今吉林渾江市臨江鎮），南京南海府（今朝鮮咸鏡北道德源）。索隱卷四：「忽汗州與平壤安能牽合爲一，且渤海以忽汗州爲上京龍泉府，盛京通志及方拱乾寧古塔志，薩英額吉林外紀，曹廷杰東三省輿圖説，唐晏渤海國志並謂渤海上京即今寧古塔綏芬廳西南六十里之大城，亦非中京顯德府。志又誤以上京爲中京。」

〔一四〕索隱卷四：「滿洲源流考：渤海國王，世襲忽汗州都督之號，凡五京皆有忽汗州之稱。遼史所云忽汗城，皆渤海中京顯德府，爲今遼陽，非上京之忽汗城也。一統志則謂顯德故城在吉林城東南，不在今遼陽州。」述案遼陽不在渤海版圖内，亦非中京顯德府。王承禮渤海簡史第三章第三節：「吉林省和龍縣西古城子爲中京故址。」新徙之地爲今遼陽縣城。

〔一五〕索隱卷四：「一統志，遼陽本漢縣名，晉廢，其故址久堙，當在今遼陽西北界，今州乃遼、金之遼陽也。又渤海所建府州，無遼陽之名，而遼志謂之遼陽故城，金志直云渤海遼陽故城，疑唐安東府廢後，渤海置城於此，然考遼紀太祖三年幸遼東，神册三年幸遼陽故城，是渤海未平之先，遼陽之地早入契丹，或即遼時命名，非由渤海。」

〔一六〕按本史卷二太祖紀：「天顯元年二月，改渤海國爲東丹，忽汗城爲天福。」卷三太宗紀天顯三年：述案「太祖建國」下原脱「四年」二字。又「葺遼陽故城」以下十八字與「攻渤海、拔忽汗城」以下三十一字，叙次倒舛。神册四年之前，應有先是二字。

「遷東丹民以實東平。升東平郡爲南京。」非升東平爲南京時以東平爲天福。又：「天顯五年二月，詔修南京」。有讓國皇帝御容殿。有大東丹國新建南京碑銘。」

〔一七〕輯本元一統志卷二：「東丹王故宮，在遼陽路，按本路圖册在府之東北隅。有大東丹國新建南京碑銘。」

〔一八〕許亢宗行程録：「第二十四程自兔兒渦六十里至梁魚務，有河，名曰遼河，南北千餘里，東西二百里，遼河居其中。隋、唐征高麗，路皆由此。」輯本元一統志卷二：「遼河，在遼陽路西一百五十里。……按圖册上從咸平府界，流經瀋陽路城西北一百二十里，下流入廣寧路境。」明一統志卷二五：「遼河源出塞外，自三萬衛西北入境，南流經鐵嶺瀋陽都司之西境，廣寧之東境，又南至海州衛西南入海，行一千二百五十里。按唐書：太宗征高麗，至遼澤，泥淖二百餘里，人馬不可通，布土作橋，既濟，撤之以堅士卒之心即此。」全遼志卷一：「遼河，城西北一百里，源出鞑靼北建州城東諸山，經塗山至洪州，傍崖頭牛家莊，出梁房口入於海。」

〔一九〕會原作爲，遼河在范河即汎河會入前後並未改名。滿洲源流考已作遼河會范河。據改。

〔二〇〕全遼志卷一：「太子河，一名東梁河，又名大梁水，源出斡羅山，西流五百里至遼陽城東北五里許，折而西南流，入渾河，合爲小口，會遼河，入於海。」讀史方輿紀要卷三七：「司馬懿斬公孫淵父子於梁水之上，即此。或曰：太子河即故衍水，燕太子丹匿於衍水中，後人因名爲太子河。」索隱卷四：「案漢志遼陽注：大梁水西南自遼陽入遼水。金志：遼陽縣有東梁河，國名兀魯忽必喇，俗名太子河。一統志：太子河在遼陽州十五里，一名東梁河，源出吉林薩穆禪山，自葦子峪東入邊，西南流至州西北合渾河，又西至海城縣西北入遼河。」

〔三二〕輯本元一統志卷二遼陽路：「渾河，在遼陽路，本路圖册引遼志云：源自越喜國出熊水，西北合梟流會淄水，屈曲數千里入於海。按地志集略云：源出女真國，西流過貴德州，由州西流入梁水，西南七十里合遼河入於海。」又同卷瀋陽路：「渾河，源出廢貴德州東北，西南經瀋州南一十五里遼陽西四十里，會太子河，合遼水，南注於海。舊稱瀋水。水勢湍激，沙土混流，故名渾河。」林本裕遼載曰：「渾河在遼陽城南十里。明志云：一名小遼水，按漢書及水經注俱云：高句驪縣有遼山，小遼水所出。」索隱卷四云：「案漢志高句驪縣注：遼水，水經注小遼水，水道提綱小遼水，今曰渾河，亦有二源，東北英額河西流入邊。又西南二百餘里，南源曰蘇子河來會，又西南至遼陽州西北境，太子河東自州城北西流來會，又西南百里與巨流河會大遼水，俗曰巨流河。」

〔三三〕明一統志卷二五：「沙河，源出復州衛東得利嬴城山，經流本衛城南，合麻河西流入海。」蓋州即本志辰州。索隱卷四：「案一統志：奉天府境有三沙河：一入太子河，一入遼河，一在蓋平縣東南百六十里，源出鷄冠山，流至小松島，東入海。滿洲源流考：蓋平即蓋州，遼史所云當是此沙河。」

〔三四〕輯本元一統志卷二：「蒲河，源出鐵利國蒲谷，流經蒲水田過，故名。」明一統志卷二五：「蒲河，源出輝山，西流經瀋陽衛界入於渾河。」索隱卷四云：「案一統志：河在奉天府承德縣西北四十里，源出香爐山，西流入蓮花泊，泊在海城縣西南六十里，相傳自生蓮藕故名。」

〔二四〕明一統志卷二五：「清河，源出蓋州衛分水嶺，西南流經城南，名州南河，又西流合泥河入於海。」索隱卷四：「案水道提綱，大遼河入盛京開元縣西境，有哈達河自東來注之。滿洲源流考：大清河在開原縣東三十里，其上源爲哈達河，出吉林達揚阿嶺，會覺羅、阿魯諸河，經拐磨子山即爲清河，扣河自東來會，西入遼河。又盛京通志：大清河源有二，俱北流，經興克山，合爲一水，名瞻河，又西南會葉赫河，至開原縣界爲大清河，亦曰扣河。又南流至縣東南，小清河自東南來會，合流入遼河。漢章謂二書所言源流小異。通志又有清河，源出哈達山，西流至連雲島入海，則在蓋平。」

〔二五〕史記卷一一五朝鮮列傳：「復修遼東故塞，至浿水爲界，屬燕。」通考卷三二四引魏略：「漢以盧綰爲燕王，朝鮮與燕界於浿水。」浿旁拜反。索隱卷四：「按一統志，淤泥河在海城縣西南六十五里，源出聖水山，西流至迷真山西散漫，縣志以爲即遼志泥河，但遼志謂即浿水，誤。」輯本元一統志卷二：「蓒芋泊，契丹地(理)志云：『浿水即古泥河也。自東逆流數百里至遼陽，潴蓄不流，有蓒芋草生於泊中，故名。』此浿水非朝鮮境内之浿江也。索隱卷四：「浿水非史漢之浿水，泥河亦非説文之泥水。水多同名者，不足爲疑。蓒芋草當作軒于，爾雅釋草：莤蔓於注，多生水中，一名軒于。江東呼莤軒于，見司馬相如子虛賦。亦單名于，見馬融廣成頌。史記、漢書、後漢書注並以爲藸草。說文，藸，水邊草也。徐鍇釋云：似細蘆，蔓生水上，隨水高下，汎汎然，故曰藸，游也。」

〔二六〕全遼志卷一：「首山，在遼陽城南十五里，晉司馬懿圍公孫淵於襄平，有星從首山墜城東南即此。」一作手山。讀史方輿紀要卷三七：「山連海州衞界。頂有平石，泉出其中，挹之不竭。唐貞觀十八年征高麗，車駕渡遼水，軍於馬首山。即此山矣，或謂之駐蹕山。」李考卷二謂唐太宗勒石記功之山，即安市城外駐蹕山，非今遼陽之手山。索隱卷四：「唐史駐蹕山在安市城外，安市城在蓋平衞東北七十里，駐蹕山在衞東。唐史貞觀十九年攻安市城，敗高延壽等兵，因名其山曰駐蹕。或曰衞東分水嶺諸山，即太宗駐蹕處也。是唐太宗駐蹕山非手山。……滿洲源流考則謂駐蹕山凡數處：一爲首山，唐書稱馬首。遼史稱手山；一在安市城外。又駐蹕山一名六山，則醫巫閭也。又海城西南十里平頂山，一名車駕山，亦傳唐太宗駐蹕處。」

〔二七〕輯本元一統志卷二：「山在遼陽縣東三十里。契丹地志云：夫餘王東明葬於此，因以爲名。」索隱卷四：「今一統志以地考之，疑即明統志明山，明統志有明山在復州衞東十里，今復州東諸山無明山之名，縣志又疑復州東十里東屏山即明山，非遼陽縣東山也。遼志明王山，古今異名，不可考矣。」

〔二八〕全遼志卷一：「華表山，（在）城東六十里，因丁令威化鶴得名，俗呼爲横山。」輯本元一統志卷二：「華表山，俗呼爲横山，因丁令威化鶴得名。」索隱卷四：「俗呼一擔山，又名横山。滿洲源流考：遼陽府所屬仙鄉縣，因丁令威化鶴得名，則華表山即遼時之白石山無疑。」

〔二九〕本史卷三太宗紀：「天顯五年二月，詔修南京。」

〔三〇〕本史卷九三蕭惠傳：「開泰二年……朝議以遼代重地，非勳戚不能鎮撫。乃命惠知東京留守事。」

〔三一〕按「八十七」與下文所列州、府、軍、城之數不合。

〔三二〕索隱卷四：「滿洲源流考：漢樂浪郡浿水縣，渤海鴨緑府所屬之浿水縣是也。遼志誤。漢章謂漢志補注引遼志此文以注漢之浿水縣，亦誤。」

〔三三〕明一統志卷二五：「遼隊廢縣，在海州衛西六十里。」今海城縣小河口西北。

〔三四〕索隱卷四：「今本神仙傳：帛和，字仲理，遼東人。」

〔三五〕今遼陽市西南八十五里唐馬寨古城。遼東志卷一：鶴野縣遺址，在遼陽城西八十里。清一統志卷三九：「居就故城，在遼陽州西南。」

〔三六〕索隱卷四：「太平廣記引洞仙傳：丁令威者，遼東人。」

〔三七〕索隱卷四：「一統志，華表柱在遼陽州城内，相傳丁令威化鶴所集。明統志在都司城内鼓樓東，舊有石柱，湮没。」

〔三八〕索隱卷四：「太平御覽引葛洪神仙傳：蘇仙公名林，後仙去，有白鶴來至郡城東北樓，以爪畫樓板云：城郭是，人民非；丁令威，亦如此。與今本神仙傳異。」

〔三九〕今遼寧省海城縣東南四十里析木城，仍有土堡，周二里有奇。盛京通志卷一〇〇：「遼志以析木本漢望平縣地，而諸志從之。今考水經注，大遼水，自塞外東流至遼東之望平縣西，屈而西南流，逕襄平縣故城西，是漢之望平居襄平之北，其地當在今遼陽以北，近遼河之上流，析木相去轉遠，且遼志既以顯州之山東縣爲漢望平縣，又以此爲望平縣，亦自相矛盾矣。」索隱卷四：「漢志望平注已云大遼水出塞外，南至安市入海，行千二百五十里，若自今海城東南至蓋平縣安市故城，安得行千餘里？此可知漢望平在安市北約千里。」

〔四〇〕安陽集卷四紫蒙遇風詩：「草白岡長暮驛賒，朔風終日起平沙。寒鞭易促鄣泥躍，冷袖難勝便面遮。迴嶺卷回雲族破，遠天吹入雁行斜。土囊微乞緘餘怒，留送歸程任擺花。」索隱卷四：「案漢志：樂浪郡鏤方，水經浿水注引許慎説文爲浿水所出。又引地理志，浿水西至增地縣入海。增地在平壤南，則鏤方亦在今朝鮮境內。一統志：紫蒙廢縣在遼陽州東，漢鏤方縣地，不在今州境。」又云：「案拂涅爲勿吉七部之一，見北史；其建國置府縣，又見下。晉書慕容廆載記：『鮮卑，有熊氏之苗裔，世居北夷，邑於紫蒙之野，號曰東胡，其後與匈奴並盛。』是紫蒙取古地爲名。志下云後徙遼城，則拂涅之紫蒙初不在遼城，與渤海之紫蒙縣異。」

〔四一〕清一統志卷三九：「興遼廢縣在遼陽州西南。」又云：「平郭故城在蓋平縣南。」索隱卷四：「唐書鏤芳，漢書卷二八下地理志，後漢書郡國志五均作鏤方，屬樂浪郡。地理志：『安東都護府，西南至建安城三百里，故平郭縣也。』是相距三百里。一統志引遼志未辨正。漢書補注亦引此志未辨正。」

開州，〔一〕鎮國軍，節度。本濊貊地，〔二〕高麗爲慶州，〔三〕渤海爲東京龍原府。有宫殿。都督慶、鹽、穆、賀四州事。故縣六：曰龍原、永安、烏山、壁谷、熊山、白楊，皆廢。疊石爲城，周圍二十里。〔四〕唐薛仁貴征高麗，與其大將温沙門戰熊山，〔五〕擒善射者於石城，即此。太祖平渤海，徙其民于大部落，城遂廢。聖宗伐高麗還，〔六〕周覽城基，復加完葺。開泰三年，遷雙、韓二州千餘户實之，號開封府開遠軍，節度；更名鎮國軍。隸東京留守，兵事屬東京統軍司。統州三、縣一。

開遠縣。本柵城地，高麗爲龍原縣，〔七〕渤海因之，遼初廢。聖宗東討，復置以軍額。民户一千。

鹽州。〔八〕本渤海龍河郡，故縣四：海陽、接海、格川、龍河，皆廢。户三百。隸開州，相去一百四十里。

穆州，〔九〕保和軍，刺史。本渤海會農郡，故縣四：會農、水岐、順化、美縣，皆廢。户三百。隸開州，東北至開州一百二十里。統縣一：

會農縣。

賀州，〔一〇〕刺史。本渤海吉理郡，故縣四：洪賀、送誠、吉理、石山，皆廢。户三百。隸開州。

〔一〕今遼寧省鳳城縣。遼東志卷一：「開州城，（在）遼陽之東三百六十里，即今鳳凰山堡。」清一統志卷三九：「開州故城，即今鳳凰城。」武經總要前集卷二二北蕃地理志：「開州，渤海古城也。遼主東討新羅國，都其城要害，建爲州，仍曰開遠軍，西至來遠城一百二十里，西南至吉州七十里，東南至石城六十里。來遠城，東至新羅興化鎮四十里，南至海三十里，西至保州四十里。」來遠城，在今安東鴨綠江上，石城即靆河下游南岸石頭城村之石築山城遺址。

〔二〕濊貊，始見史記卷一一〇匈奴列傳、卷一二九貨殖列傳，作穢貉。索隱卷四：「漢書皆但曰濊。後漢書高句驪、沃沮二傳稱濊貊。沈欽韓疏證引一統志：朝鮮江原道治江陵府，本濊貊地，漢爲臨屯境。漢章謂一統志又云：開州城，一在國城西南二百里，謂之東京，亦曰開京。今曰開城府，則在今京畿道，此見於聖宗紀者也。又一開州城，在咸興府西北，遼末復入高麗，謂之蜀莫郡，則在今咸鏡道，此即志之開州也。」

〔三〕開州爲渤海慶州徙置。索隱卷四：「案滿洲源流考，非朝鮮慶尚道之慶州。」

〔四〕索隱卷四：「案滿洲源流考，鳳凰城北六十九里有沃赫和屯，周二里餘，或即渤海石城遺址。漢章謂此和屯與志周圍二十里不合，不如一統志言石城即開州城，而鳳城雜記謂即安市城，亦非。」

〔五〕索隱卷四：「案一統志熊山城，在開州西。」

〔六〕高麗原誤「新羅」，據本史卷一五聖宗紀統和二十九年正月，卷一一五二國外記高麗改。

〔七〕新唐書卷二一九渤海傳：「東京，曰龍原府，亦曰栅城府。」故地在今吉林省琿春縣琿春鎮東十五華里八連城。此州隨開州遷徙於今鳳城縣，非琿春舊址。

〔八〕索隱卷四：「清一統志：鹽州城在朝鮮開州城西北，本渤海置，亦曰龍河郡。」此州亦隨開州遷徙於今鳳城縣。

〔九〕此州亦遷徙鳳城者。滿洲歷史地理卷二：「穆州在今岫巖之東南。」清一統志卷四二一：「在開州西南百二十里。」

〔一〇〕清一統志卷四二一：「賀州城，亦渤海置，亦曰吉理郡，隸於開州城，後没於高麗。」渤海國志卷二：「今朝鮮咸鏡道吉州，别名吉城。」故地在今琿春縣附近，東丹徙於今鳳城縣境内。

定州，〔一〕**保寧軍。**高麗置州，〔二〕故縣一，曰定東。聖宗統和十三年升軍，遷遼西民實之。

隸東京留守司。統縣一：

定東縣。高麗所置，遼徙遼西民居之。户八百。

〔一〕今朝鮮新義州東北、平壤西北三百餘里。

〔二〕高麗史卷六：「靖宗十年（重熙十三年，一〇四四）十一月，兵馬使金令器奏，今築長、定二州及元興鎮城，不日告畢。」又卷五八地理志：「定州古稱巴只（一云宣威），靖宗七年爲定州防禦使，置關門。」卷八二兵志城堡：「靖宗十年，命金令器、王寵之城長州、定州及元興鎮。」東國輿地勝覽卷四八定平都護府建置沿革云：「古稱巴只（一云宣威），高麗成宗二年，置千丁萬户府，靖宗七年始築城堡，置關門，爲定州防禦使。高宗時没於元，恭愍王五年，遣兵收復，陞都護府，本朝因之。太宗十三年，以與平安道定州同名，改今名。」

高麗史卷一二：「睿宗二年（乾統七年，一一〇七）十二月，尹瓘擊女真，大破之。遣諸將定地界，築雄、英、福、吉四州城。三年二月，以尚書柳澤爲咸州大都督府使，置英、福、雄、吉四州及公嶮鎮防禦使。」卷一三：「睿宗四年六月，女真請和，還定州。七月，撤英、福二州真陽鎮城，撤咸、雄二州宣化鎮城。是歲，遣都宫郎中李國瓊如遼，奏還女真九城。」

保州，宣義軍，〔一〕節度。高麗置州，〔二〕故縣一，曰來遠。聖宗以高麗王詢擅立，問罪不服，統和末，高麗降，〔三〕開泰三年取其保、定二州，於此置榷場。隸東京統軍司。統州、軍二，縣一：

來遠縣。〔四〕初徙遼西諸縣民實之，又徙奚、漢兵七百防戍焉。户一千。

宣州，〔五〕定遠軍，刺史。開泰三年，徙漢户置，隸保州。

懷化軍，〔六〕下，刺史。開泰三年置，隸保州。

〔一〕在今朝鮮義州與新義州之間。索隱卷四：「一統志：『在平壤西北百餘里，金初割與高麗，即今安州也。』漢章：據耶律蒲古、夏行美傳：州爲東京要地。」滿洲歷史地理卷二：「保州野緑江下游，遼之東界。……其東界爲遼與高麗間久經争執。初遼聖宗統和十一年，鴨緑以東（主要指下流）之地與高麗，此後有高麗顯宗無禮之事。聖宗開泰元年奪江東六城，六城見高麗史卷四，謂興化（今義州南）、通州（今宣川）、龍州（今龍川）、鐵州（今鐵山）、郭州（今郭山）及龜州（今龜城）。高麗不肯還，至兩國交戰。開泰七年，遼軍大破高麗，高麗乞降。六城仍爲高麗所有。保州至遼末入高麗手，至睿宗十二年，遂爲高麗所領。讀史方輿紀要三八，清一統志四百廿一謂保州非今安州（義州東南清川江左岸）。」

〔二〕按本史卷一五聖宗紀：「開泰三年夏，造浮梁於鴨渌江，城保、宣義、定遠等州。」又高麗史卷五八地理志義州云：「初契丹置城於鴨緑江東岸，稱保州。文宗朝，契丹又設弓口門，稱抱州。（原注：一云把州）。睿宗十二年（遼天慶七年，金天輔元年），遼刺史常孝孫與都統耶律寧等避金兵，泛海而遁。移文於我寧德城，以來遠城及抱州歸我。我兵入其城，收拾兵仗錢穀，王悦，改爲義州。」是保州非高麗所置也。又卷九五朴寅亮傳：「遼嘗欲過鴨緑江爲界，設船橋，越東岸置保州城。」似是蕭敵烈造浮梁於鴨緑江再次侵入江東時所置者。金史卷一三五高麗傳：「保州近高麗，遼侵高麗置保州。」又卷六六胡十門傳：「胡十門者曷蘇館人也……後攻保州，遼將以舟師遁，胡十門邀擊敗之，降其士卒。賞賜甚厚。」

〔三〕高麗史卷一〇宣宗五年九月乞罷榷場表：「又壬寅年欲設買賣院於義宣軍南，論申則葺修設罷。」

〔四〕今九連城與義州之間，江中島上。

「統和末，高麗降」六字，原誤在「開泰三年，取其保、定二州」之下，時間倒舛，今乙正。

〔五〕今朝鮮平安北道義州城。

高麗史卷七一樂志高勾麗樂曲目：「來遠城在靜州，即水中之地。」

按高麗史卷四：「顯宗六年，是歲契丹取宣化、定遠二鎮，城之。」顯宗六年乙卯，當遼開泰四年或是三年定議四年實施者。又本志作宣州定遠軍刺史，定遠之名沿定遠鎮，即宣州。索隱卷四：「一統志：『宣州城在平壤東北二百餘里，唐置，屬安東都護府，渤海廢，遼復置，元亦曰宣州，即今之宣州郡。』漢章檢唐書地理志羈縻州及高麗傳無宣州名，蓋在四十二州之内，今朝鮮宣州境與安州、定州並在平安道。」

〔六〕按懷化軍即宣化鎮，高麗史卷五八，宣化鎮在保州近旁。清一統志卷四二一：「（與）保州相近者，有懷化軍。金初亦入於高麗。」

辰州，奉國軍，〔一〕節度。本高麗蓋牟城。唐太宗會李世勣攻破蓋牟城，即此。渤海改爲蓋州，〔二〕又改辰州，以辰韓得名。〔三〕井邑駢列，最爲衝會。遼徙其民於祖州。初曰長平軍。户二千。隸東京留守司。統縣一：

建安縣。〔四〕

〔一〕今遼寧蓋縣。

索隱卷四：「唐書地理志，高麗降户有蓋牟州。注云：『太宗親征得蓋牟城，置蓋州。及師還，拔蓋州之人以歸。高宗滅高麗，置州四十二，後所存州止十四。』是蓋州、蓋牟州本皆唐所置。」滿洲歷史地理謂蓋牟城説誤，但太宗東征之際，攻下建安，即辰州治所之同地。耶律元寧墓誌銘：「景宗皇帝遂命諸將……成敗宋之雄名，立全燕之顯效。因授奉國軍節度使、管内觀察處置等使、行辰州刺史……蓋朝廷以居辰之民於海之濱，非得任於良牧，詎分憂於聖君？」

〔二〕輯本元一統志卷二：「蓋州，地最要衝，稱爲繁富。契丹移其民於上京西祖州，後陞爲長平軍。」元混一輿地要覽：「蓋州本唐地，後屬契丹，有東山、白狼山。」全遼志卷一：「蓋州衛，在遼陽城南二百四十里。」按渤海無改蓋州或辰州之事。本史誤。由「渤海改」至「辰州」十字應删。

〔三〕索隱卷四：「案蓋州用唐舊名，辰韓故國爲今朝鮮慶尚道，辰州之名附會，故金元仍名蓋州，今爲蓋平縣。」

〔四〕索隱卷四：「案此亦唐舊名。唐地理志：安東都護府西南至建安三百里，故平郭縣也。漢平郭縣在今蓋平縣南。」

盧州，〔一〕**玄德軍**，刺史。本渤海杉盧郡，故縣五：山陽、杉盧、漢陽、白巖、霜巖，皆廢。戶三百。在京東一百三十里。兵事屬南女直湯河司。統縣一：

熊岳縣。〔二〕西至海一十五里，傍海有熊岳山。〔三〕

〔一〕今遼寧省蓋縣西南熊岳城。本渤海杉盧郡，故地在今樺甸縣境内。渤海簡史第三章第三節：「在今吉林延吉縣龍井。」索隱卷四：「案渤海亦名盧州，爲中京顯德府屬。唐書但舉其州名。此志舉郡名，蓋亦如唐每州有郡名歟？」

〔二〕今熊岳城。爲州治所。東丹徙於此地者。索隱卷四：「案盛京通志：蓋平縣南六十里有熊岳城，即金熊岳縣，盧州所併也。一統志：熊岳城在蓋平縣西南六十里，城周三里有奇，二門。」滿洲歷史地理謂熊岳城在蓋平西南六十里，本史之方向距離皆不正。

〔三〕遼寧史蹟資料：「今熊岳城車站東二里之望兒山，爲遼代之熊岳山。」索隱卷四：「案一統志，望海山在蓋平縣西南三十五里，山之西又有望海臺山，遼史熊岳山即此。」

來遠城。〔一〕本熟女直地，統和中伐高麗，以燕軍驍猛，置兩指揮。建城防戍。兵事屬東京統軍司。

〔一〕遼寧史蹟資料：「來遠城，在鴨緑江口夾江島（今中江島）。」輯本元一統志卷二：「來遠城，本熟女真地。遼□□□於此建城，先是□□□軍敗，值冬雪彌旬不止，人馬多斃，軍會鴨緑江，餘軍漂溺。遼主隆緒次來遠界，有防邊猛軍數十人遇而劫之，逮問所從來，開襟示其金製環甲，衆軍驚散。遼主至遼城，收不在營中者誅之。」金史卷二四地理志：「來遠州，舊來遠城，本遼熟女真地，大定二十二年升爲軍，後升爲州。」按本史卷一三聖宗紀：「統和九年二月，建威寇、振化、來遠三城，屯戍卒。」津田遼的遼東經畧：「來遠城置於鴨緑江中島上，他二城應在江北附近。」通考卷三二七女真考：「契丹怒其朝貢中國，去海岸四百里置三栅。」此三栅應即指三城。滿洲歷史地理云：「來遠城在今義州之南，鴨緑江中之一島。武經總要廿二：來遠城東至興化鎮（今義州之南五十五朝鮮里）四十里，南至海三十里，西（東？）至保州四十里。推測來遠城爲江中之一島。在今義州附近之江中。於北爲赤島，西黔定島，西南威化島，古來遠城當在今義州之南，想必在黔定、威化二島之中，據其距今義州較遠看，恐在黔定島中。」

鐵州，〔一〕**建武軍**，刺史。本漢安市縣。高麗爲安市城。〔二〕唐太宗攻之不下，薛仁貴白衣登城，即此。渤海置州，〔三〕故縣四：位城、河端、〔四〕蒼山、龍珍，皆廢。户一千。在京西南六十里。統縣一：

湯池縣。

〔一〕今鞍山市南郊古城。李考卷二：「鐵州治湯池縣，今奉天府蓋平縣東北六十里有湯池堡，即其址。」此説本通志。清一統志卷三九、索隱卷四同。遼陽西南六十里湯崗子附近鞍山市南約十里處，東鞍山、西鞍山之間發現古城址，方形，向南偏西，每面約長四百餘米，遺址内有鐵器、石器出土，近有人認爲即遼鐵州，湯崗子温泉即湯池。否定舊蓋平説。（見歷史研究一九五九年第八期。）王寂鴨江行部志：「湯池，本遼時鐵州，以其東有鐵嶺，故名之，隸耀州，今之神鄉鎮也。」述案金之湯池縣地，遼時屬耀州，耀州復屬海州，謂「本遼時鐵州」，誤。湯池在今營口大石橋東南三十里，耀州即大石橋北十里之岳州城。神鄉鎮爲今大石橋南十里之鐵嶺村，明代稱鐵嶺鎮。俱不在遼陽附近。

〔二〕讀史方輿紀要卷三七：「（在）蓋州衛東北七十里，漢安市縣，屬遼東郡，後漢及晉因之，高麗亦曰安市城。唐貞觀十九年，征高麗，攻安市城，不克，引還。咸亨三年，高麗餘衆復叛，遣將高偘擊之，敗之於安市城。渤海改置鐵州，領位城、河端、倉山、龍珍四縣。遼仍爲鐵州。」索隱卷四引明一統志：「安市城在蓋州衛東北七十里。」索隱卷四又云：「按唐書渤海傳，鐵州亦屬中京。鴨江行部志以其東有鐵嶺故名。滿洲源流考：明初置鐵嶺衛，在今鐵嶺城東南五百餘里，洪武二十六年移今治所。」

〔三〕渤海置州，原在今樺甸縣境内，東丹徙今地。

〔四〕河端，道光殿本考證引永樂大典作河瑞。

興州，中興軍，〔一〕節度。本漢海冥縣〔二〕地。渤海置州，故縣三：盛吉、蒜山、鐵山，皆廢。〔三〕户二百。在京西南三百里。

〔一〕今瀋陽北七十里懿路。

讀史方輿紀要卷三七：「挹婁城，鐵嶺衛南六十五里，本挹婁地。……渤海置興州……遼廢，尋復置興州中興軍。」清一統志卷三九謂應從金志在東京東北，不在西南。滿洲歷史地理：據許亢宗行程録，第二十七程興州在瀋州之北七十里，金代改其州爲挹婁縣，今奉天北七十華里稱懿路村，懿路即挹婁之轉音，即遼代之興州。遼史記興州在東京西南三百里，甚誤。索隱卷四：「案金志東京路瀋州有挹樓縣。注：遼舊興州興中軍常安縣本挹樓故地。考挹樓爲後漢書、三國志、晉書挹婁。遼爲瀋州、雙州、定理府，在東京東北，與此志西南不合。一統志云當從金志。滿洲源流考則謂遼之興州，始實移於挹婁，後乃復渤海之舊，渤海興州有鐵山縣。遼志云遼陽府東西南三面皆抱海，南至海邊鐵山八百里，今考鐵山在寧海西南百五十里，爲濱海要地。漢章謂如此説，可知渤海及遼之興州，必不在東京之東北，金史所言，當爲遼末年所移治。李兆洛釋遼興州爲今鐵嶺縣南六十里，亦從金志而釋，漢志海冥縣爲在今朝鮮境，皆非。」若是始移挹樓，後遷回鐵山，則金志何得記在東北？若是遼末北遷，則不能始移挹樓。總之遼、金二志不同，後人以遷徙解説，而遷徙并不見記載。許氏於金初身歷其地，所記應是遼末金初情況。

〔二〕漢樂浪郡有海冥，晉書卷一四地理志屬帶方郡。

〔三〕索隱卷四：「州屬渤海中京。」故地在今樺甸縣境内。

湯州。〔一〕本漢襄平縣〔二〕地。渤海置州。〔三〕故縣五：靈峯、常豐、白石、均谷、嘉利，皆廢。户五百。在京西北一百里。

〔一〕今遼寧遼中縣附近。

乾隆盛京通志卷一〇〇：「襄平故縣，土人相傳，今遼陽城西北隅，故明定遼左、右、後三衛治，即其地。」滿洲歷史地理云：「據其方向與距離考之，當在今之遼中縣附近。」

〔二〕索隱卷四：「史記匈奴傳：襄平本燕築長城處，盛京通志：在遼陽西北隅。」

〔三〕「渤海置州」四字原脱，道光殿本據通考卷三一六增。今從之。故地在今樺甸縣境内。

崇州，隆安軍，〔一〕刺史。本漢長岑縣〔二〕地。渤海置州，〔三〕故縣三：崇山、潙水、緑城，皆廢。户五百。在京東北一百五十里。統縣一：

崇信縣。

〔一〕今瀋陽市東南。

新唐書卷九〇許紹傳：「（紹）子欽寂嗣封，萬歲通天元年，契丹入寇，詔爲隴山軍討擊副使，戰崇州，敗，爲虜（契丹）所禽，方圍安東（都護府），脅令説屬城未下者，欽寂呼安東都護裴玄珪曰：『賊朝夕當滅，幸謹守！』賊怒，害之。」是崇州爲唐安東都護府之屬州。萬歲通天元年安東都護府治已由遼陽徙至新城，即撫順城北高爾山上，崇州亦當在撫順地帶。契丹據有遼東後，應沿舊名。本志言在京「東北一百五十里」，正當今撫順地帶。

〔二〕索隱卷四：「案長岑，漢屬樂浪郡，晉屬帶方郡。一統志：漢縣，在今朝鮮界内。而李兆洛釋在今奉天府承德縣東。」

〔三〕索隱卷四：「案此州不見唐書。滿洲源流考疑即中京所領榮州。漢章據渤海此州所領縣一曰潙水，蓋即漢志居就縣室潙水，爲今入太子河之沙河，一統志曰湯河，則在故承德縣東南。」

海州，南海軍，〔一〕節度。本沃沮國地。高麗爲沙卑城，〔二〕唐李世勣嘗攻焉。渤海號南京南海府。疊石爲城，幅員九里，都督沃、晴、椒三州。故縣六：沃沮、〔三〕鷲巖、龍山、濱海、昇平、靈泉，皆廢。太平中，大延琳叛，南海城堅守，經歲不下，別部酋長皆被擒，乃降。因盡徙其人於上京，置遷遼縣，移澤州民來實之。户一千五百。統州二、縣一：

臨溟縣。

耀州，〔四〕刺史。本渤海椒州，故縣五，椒山，貂嶺、澌泉、尖山、巖淵，皆廢。户七百。隸海州。東北至海州二百里。統縣一：

巖淵縣。東界新羅，故平壤城在縣西南。東北至海州一百二十里。

嬪州，〔五〕柔遠軍，刺史。本渤海晴州，故縣五：天晴、神陽、蓮池、狼山、仙巖，皆廢。户五百。隸海州。東南至海州一百二十里。

〔一〕今遼寧海城縣。原渤海南海府，在今朝鮮東北部，東丹更名，徙今地。全遼文卷一〇妙行大師行狀碑：「後徇遼東所請，至南海州。」南海州疑即海州。全遼志卷一：「海州衛在遼陽城，南一百二十里，高麗爲沙卑城，唐置澄州，遼爲海州南海軍。」讀史方輿紀要卷三七：「沙卑城，即（海州）衛城，亦曰卑沙城。高麗所築，疊石爲城，幅員九里，或謁爲卑奢城。自登、萊海道趨高麗之平壤，必先出此。隋大業十年，來護兒出海道，至卑奢城，敗高麗兵，將趨平壤，高麗懼而請降。唐貞觀十九年，伐高麗，張亮帥舟師自東萊渡海，襲卑沙城，其城四面懸絶，唯西門可上，唐兵攻拔之。總章初，（李世勣）復得其地，後没於渤海，置南京南海府，兼置沃州，領沃沮、鷲巖、龍山、濱海、昇平、靈泉六縣。遼改置臨溟縣，爲海州治。」滿洲歷史地理：「海州治所爲臨溟縣，金代改海州爲澄州，元廢，明置海州衛，清順治十年改海城縣至今。」

〔二〕索隱卷四：「沙、卑二字當乙。隋書來護兒傳：大業十年又帥師度海，至卑奢城，高麗舉國來戰，大破之。唐書東夷傳：（貞觀十九年）程名振攻沙卑城，夜入其西城，潰。沙卑亦當作卑沙。元一統志：唐李勣攻卑沙城。」

〔三〕索隱卷四：「按唐書沃沮故地爲南京，領沃州。」

〔四〕今遼寧營口縣（大石橋車站）迤北之岳州城，城址周二里餘。渤海椒州原在朝鮮東北部，東丹改耀州，徙今地。滿洲歷史地理：「今海城縣南臨近大石橋之北有岳州城村，是爲古之耀州。岳，耀之轉音也。遼史：耀州，東北二百里至海州，地里與實際不合。今之海城與岳州城相距不過五十餘華里。又耀州屬巖淵縣，在海州西南百二十里，其縣今岳州城北近邊，位置不明。」李考稱耀州故城即海城縣西南六十里之城址。此謂至海州二百里者。明一統志卷二五：「臨溟廢縣，在海州衛東一百八十里。」元廢，明設衛時，移近西南一百八十里。清天命八年，復即舊城東南隅建新城，乃今之海城縣城也。故此志所載里數不符。

〔五〕今遼寧海城縣東北。渤海晴州，原在朝鮮東北部，東丹改嬪州。清一統志卷三九：「在海城縣西北。」李考、索隱卷四引同。滿洲歷史地理云：「據其方位與距離推之，嬪州在遼河之西方。」又云：「金新昌鎮乃漢新昌縣之所在。又據元統志，遼嬪州即在新昌縣。」

渌州，鴨渌軍，〔一〕節度。本高麗故國，渤海號西京鴨渌府。城高三丈，廣輪二十里。都督神、桓、豐、正四州事。故縣三：神鹿、神化、〔二〕劍門，皆廢。大延琳叛，遷餘黨於上京，置易俗縣居之。在者户二千。隸東京留守司。統州四、縣二：

弘聞縣。

神鄉縣。

桓州，〔三〕高麗中都城。故縣三：桓都、神鄉、淇水，〔四〕皆廢。高麗王於此創立宮闕，國人謂之新國。五世孫釗，晉康帝建元初爲慕容皝所敗，宮室焚蕩。〔五〕户七百。

隸淥州。在西南二百里。

豐州。〔六〕渤海置盤安郡，〔七〕故縣四：安豐、渤恪、隰壤、硤石，皆廢。户三百。隸淥州。在東北二百一十里。

正州。〔八〕本沸流王故地，國爲公孫康所併，〔九〕渤海置沸流郡。有沸流水。〔一〇〕户五百，隸淥州。在西北三百八十里。統縣一：

東那縣。本漢東耐縣地，〔一一〕在州西七十里。

慕州。本渤海安遠府〔一二〕地，故縣二：慕化、崇平，久廢。户二百。隸淥州。在西北二百里。

〔一〕今吉林省臨江縣。

新唐書卷二二〇云：「有馬訾水出靺鞨之白山，色若鴨頭，號鴨淥水，歷國内城西與鹽難水合。又西南至安市入於海。」索隱卷四：「案漢志，玄菟郡西蓋馬有馬訾水，西南至遼東郡西安平入海，行二千一百里。通典：馬訾水一名鴨緑江，水色似鴨頭，故名。水闊三百步，在平壤西北四百五十里。一統志引吉林通志：一名益州江，或呼靉江。滿洲源流考：鴨緑江之緑，北史、新唐書、遼史俱作淥，又云色如鴨頭，乃史家傅會之論。」滿洲歷史地理：「高句麗之故國，渤海之時號西京鴨緑府，高麗之故國，指國内城。通典一八六：鴨緑水過國内城之南，又下合鹽難水。鹽難水，由漢以來著聞之河，鴨渌江右岸之支流今之佟佳江（一曰渾河）也。國内城即渌州在鴨渌江之北岸明矣。遼史：渌州在桓州之東北二百里，桓州如爲古丸都，在今通溝（洞溝）西北九十里之所，想渌州尚遠在東北，據二百里之距離推之，當在今臨江縣（俗稱帽兒山）附近，高句麗之國内城，渤海之鴨緑府亦設其地。臨江縣之地，今日爲鴨渌水路之要衝，古代此地亦屢屢顯於史上。」渤海鴨渌府附郭爲神州，即府治。由通溝上泝二百里至神州，由此北行四百里至顯州，與賈耽所記道里亦合。

〔二〕索隱卷四：「案聖宗之前，太祖破渤海西京鴨渌府，已徙其神州神化縣民居京之南。」

〔三〕今吉林集安縣。

〔四〕漢樂浪郡有浿水縣，此蓋仍其舊名。浿水，今朝鮮大通江。按輯本元一統志卷二有浿水。「淇」字誤。

〔五〕索隱卷四：「案慕容皝之前尚有毌丘儉。通典：漢建安中高麗王伊夷模作新都於丸都山下。魏正始中，幽州刺史毌丘儉討之，王位宫敗走。儉懸車乘馬以上丸都，屠其城，刻石記功，刊丸都銘不耐而還。」

〔六〕今吉林撫松縣附近。

〔七〕索隱卷四：「一統志引舊志：在渌州東北二百十里，亦曰盤州，遼廢縣存州。」

〔八〕今吉林省通化市。

滿洲歷史地理：「位於英額邊門之東輝發江上游山城子。」

〔九〕索隱卷四：「此國不見前史，三國志公孫度傳亦未詳。」

〔一〇〕索隱卷四：「案三國志毌丘儉傳：儉出玄菟討高句驪，句驪王宫將步騎二萬人進軍沸流水上，大戰梁口，宫連破走。一統志：沸流江在朝鮮平安道江東郡，南自漢江分流，西合於大同江。」

〔一一〕道光殿本考證謂：漢無東耐縣，或是後漢書郡國志東暆、不而之脱誤。索隱卷四疑是唐羈縻代那州。

〔一二〕索隱卷四：「案唐渤海安遠府領寧、郿、慕、常四州。」

顯州，奉先軍，〔一〕上，節度。本渤海顯德府〔二〕地。世宗置，以奉顯陵。顯陵者，東丹人皇王墓也。人皇王性好讀書，不喜射獵，購書數萬卷，置醫巫閭山〔三〕絶頂，築堂曰望海。山南去海一百三十里。大同元年，世宗親護人皇王靈駕歸自汴京。〔四〕以人皇王愛醫巫閭山水奇秀，因葬焉。山形掩抱六重，於其中作影殿，制度宏麗。〔五〕州在山東南，遷東京三百餘户以實之。應曆元年，穆宗葬世宗於顯陵西山，仍禁樵採。有十三山，〔六〕有沙河。隸長寧、積慶二宮。兵事屬東京都部署司。統州三、縣三：

奉先縣。〔七〕本漢無慮縣，即醫巫閭，幽州鎮山。〔八〕世宗析遼東長樂縣民以爲陵户，隸長寧宮。

山東縣。本漢望平縣。〔九〕穆宗割渤海永豐縣民爲陵户，隸積慶宮。

歸義縣。初置顯州，渤海民自來助役，世宗嘉憫，因籍其人户置縣，隸長寧宮。

嘉州，嘉平軍，下，刺史。隸顯州。〔一〇〕

遼西州，阜成軍，〔一一〕中，刺史。本漢遼西郡地，世宗置州，隸長寧宮，屬顯州。統縣一：

長慶縣。統和八年，以諸宮提轄司人户置。

康州，下，刺史。世宗遷渤海率賓府人户置，屬顯州。初隸長寧宮，後屬積慶宮。統縣一：

率賓縣。本渤海率賓府地。〔一二〕

〔一〕今遼寧北鎮縣。

〔二〕新唐書卷二一九渤海傳，顯德府爲中京。又卷四三下地理志：「至神州（西京屬州）。又陸行四百里，至顯州。天寶中王所都。」清一統志卷四三：「錦州府廣寧縣，遼世宗置顯州。」卷四六又云：「渤海顯德故城，在吉林城東南，唐先天二年，賜名呼爾罕州是也。」此以顯州爲渤海顯德府故地，誤。東丹徙於今北鎮縣。

李考卷二謂在廣寧縣，又云：「遼之奉先縣故城在今廣寧縣城西南三里，周二里有奇，當即遼代之顯州治。金改爲鍾秀縣，故今謂爲鍾秀故城。」阜新縣遼塔遺址出土石棺，有銘文云：「顯州北趙太保寨白山院。」知州城在南，州北尚有趙太保寨即石棺埋葬處，石棺發現於醫巫閭山之北，閭山南部屬北鎮縣，可知顯州城址在今北鎮縣内矣。全遼文卷七耶律元妻晉國夫人蕭氏墓誌銘：「太師歸葬於顯州北平頂山。」按該墓誌於今阜新縣腰衙門出土。金史卷二四地理志：「廣寧府本遼顯州奉先軍。……縣三，舊有奉玄縣，天會八年改爲鍾秀縣。」全遼文卷九賈師訓墓誌銘亦作奉玄縣。按遼東行部志：先抵望平，即遷後之山東縣，治梁魚務，次至廣寧，即原山東縣，並未在遼顯州州治奉先縣停留。奉先，時已改爲鍾秀縣。雲麓漫鈔卷八引御寨行程所稱「由廣寧府向東三十里至顯州」之説，亦未可信據。

又全遼文卷九賈師訓墓誌銘：「王父□□官至顯州觀察判官。」是由觀察升爲節度者。

〔三〕許亢宗行程録：「第二十二程自劉家莊，一百里至顯州。出渝關以東行，南瀕海而北限大山，盡皆粗惡不毛，至此山，忽峭拔摩空，蒼翠萬仞，全類江左，乃醫巫閭山也。成周之時，幽州以醫巫閭山作鎮，其地廣遠緜鬬如此，契丹兀欲葬於此山，離州七里，別建乾州，以奉陵寢。」明一統志卷二五：「醫巫閭山在廣寧衛西五里。舜封十有二山，以此山爲幽州之鎮，自是遂爲北鎮，其山掩抱六重，故又名六山，上有桃花洞，其中可容五、六人，又有聖水盆三，其水自懸崖下瀉，雖冬不冰。又有仙人巖，飛瀑巖，山下有北鎮廟，廟内有吕公巖。」讀史方輿紀要卷三七：「周禮職方：幽州，山曰醫巫閭，即此。亦謂之北鎮。隋開皇十四年，詔以醫巫閭爲北鎮，是也。」

〔四〕世宗歸自汴京，人皇王屍骨則在洛陽。

〔五〕亡遼録：顯州有安元、安聖殿。契丹國志卷一一作安元、聖母殿。

〔六〕輯本元一統志卷二：「十三山在廣寧府南一百十里。」李考：「在錦縣東七十五里，高一里，周二十里，峯有十三，故名十三山，山下有洞，山上有池。」高士奇扈從東巡日録卷下：「四月壬寅，路出十三山下，五代史胡嶠北行記云：東行，過一山，名十三山，云去幽燕西南二千里。遼史：燕王淳討武朝彦至乾州十三山，皆此地也。策騎山嶺，見十三峯互相起伏，峯勢巉巖，中無尺樹，絶類研山，山頂有池，池下有洞，居人往往避兵於此。」楊賓柳邊紀畧卷一：「十三山在錦縣境内，醫巫閭山南去大凌河三十里，直十三站，遼顯州地也。」

〔七〕奉先後改奉玄，全遼文卷九賈師訓墓誌銘：「授奉玄縣令。」金史卷二四地理志作奉玄縣，即沿改後之名。參見注〔二〕。

〔八〕索隱卷四：「本周禮職方氏。」

〔九〕今遼寧北鎮縣。

索隱卷四：「案金志：廣寧府本遼顯州，漢望平縣。廣寧縣舊名山東。一統志：漢望平縣蓋在遼河之東，遼、金二志謂山東縣本漢望平亦誤，金縣在河西，非漢故縣也。」

〔一〇〕索隱卷四：「此州未詳沿革，志但云隸顯州，當與顯州相近。」

〔一一〕今遼寧義縣東南大凌河東側王民屯。

索隱卷四：「金志：廣寧府鍾秀縣有遼西鎮。一統志：金廢。遼遼西州爲鎮，在今錦州府義州東。漢章謂今義州即遼宜州，亦漢遼東無慮縣地，志引遼西郡非。」

〔一二〕索隱卷四：「既云遷率賓府人户置，則非故地。」

宗州，〔一〕下，刺史。在遼東石熊山，耶律隆運以所俘漢民置。聖宗立爲州，隸文忠王府。王蕘，屬提轄司。統縣一：

熊山縣。本渤海縣地。

〔一〕案州治熊山縣以石熊山名，與渤海熊山縣同名異地，此在顯、乾二州間。

乾州，**廣德軍**，〔一〕上，節度。本漢無慮縣地。〔二〕聖宗統和三年置，〔三〕以奉景宗乾陵。有凝神殿。〔四〕隸崇德宫。兵事屬東京都部署司。統州一、縣四：〔五〕

奉陵縣。本漢無慮縣地。括諸落帳户，助營山陵。

延昌縣。析延昌宫户置。

靈山縣。本渤海靈峯縣地。

司農縣。本渤海麓郡縣，〔六〕併麓波、雲川二縣入焉。

海北州，廣化軍，〔七〕中，刺史。世宗以所俘漢户置。地在閭山之西，南海之北。初隸宣州，〔八〕後屬乾州。統縣一：

開義縣。

〔一〕在今遼寧北鎮縣城西南十二里觀音洞附近。金史卷二四地理志：「廣寧府閭陽（縣），遼乾州廣德軍。」輯本元一統志卷二：「乾州故城在廣寧府西南七里。」明一統志卷二六：「閭陽城，在廣寧衛西南五十五里。」又云：「乾州城，在廣寧衛西南七里。」李考卷二並引兩説。許亢宗行程録稱乾州距顯州七里。武經總要前集卷二二北蕃地理：乾州北至顯州七里，又由乾州向東八里至顯州。則乾州在顯州西南七、八里近傍，但前又云距廣寧西南五十五里，彼此歧互，蓋以金之閭陽有前後兩地。遼東行部志：「次閭陽新縣。（舊）閭陽，遼時乾州也。……本朝以其縣去廣寧府五里，改州爲縣。去歲（大定二十九年）又以縣非驛路，移東南（此東南爲西南之誤，島田好説同）六十里舊南州寨爲縣治。」遼乾州入金改閭陽縣，蓋指南移以前言。廣寧西南五十五里之閭陽，係南移以後之閭陽。遼東志附圖，閭陽驛在大凌河北，四塔河南，十三山之東。扈從東巡日録卷上所稱閭陽驛，均遷後之閭陽，乾州奉陵縣即廣寧西南七里之遺址。

〔二〕全遼志卷一：「廣寧在遼陽城西三百三十里，本漢遼東之無慮縣，西部都尉治所，晉屬平州，唐置巫閭守捉城，渤海爲顯德府地，遼置乾州廣德軍。」

〔三〕按本史卷一〇聖宗紀：「乾亨四年十一月置乾州。」

〔四〕亡遼録：「乾州有凝神、宜福殿。」契丹國志卷一一作凝神殿。一九七四年出土於遼寧朝陽縣大平房鄉黄花灘村北山之張讓墓誌作凝神殿、崇聖殿。

〔五〕按本史卷一三聖宗紀統和八年七月，詔乾州置安德縣，今四縣内無安德，因後改屬安德州，參見本志中京道安德州。

〔六〕索隱卷四：「按滿洲源流考、唐書、通考，渤海無麓州，麓郡或亦因附北鎮醫巫閭山麓而名。」

〔七〕今義縣南開義屯。

〔八〕「宜」，應作宜。此即中京道宜州。屬縣開義，金史卷二四地理志同，本史卷三九地理志中京道宜州條下作聞義。遼東志卷一：「開義廢縣在義州城南四十里。遼置。」

貴德州，寧遠軍，[一]下，節度。本漢襄平縣[二]地，漢公孫度所據。[三]太宗時察割以所俘漢民置。後以弒逆誅，没入焉。聖宗建貴德軍，後更名。有陀河、[四]大寶山。[五]隸崇德宫，兵事屬東京都部署司。統縣二：

貴德縣。本漢襄平縣，渤海爲崇山縣。[六]

奉德縣。本渤海緣城縣地，[七]嘗置奉德州。[八]

〔一〕今遼寧撫順市。位於渾河北岸高爾山前。西距瀋陽九十里。遼東志卷一：「小清河，（鐵嶺）城南六十里，源出歸德州南山，西流經懿路城南流入遼河。」歸德州即貴德州，在小清河（今懿路河）之北、鐵嶺縣之東南。清一統志卷三九：「貴德故城在鐵嶺縣東南。」滿洲歷史地理推測城址在鐵嶺東南方撫順附近，有開泰七年守貴德州觀察判官孫允中石棺由該地出土，不僅説明貴德方位，且知開泰七年是觀察。

〔二〕輯本元一統志卷二：「公孫廢城，在貴德州，漢末公孫度爲遼東太守，治襄平，傳子至孫，據有此地，遺址猶存。」索隱卷四云：「隋書、唐書高麗傳即曰遼東城，實即襄平故城。通志：相傳今遼陽城西北隅故定遼左、右、後三衛治即其地。」

〔三〕漢公孫度所據，依上下文例，漢下脱「末」字。

〔四〕李考卷二：「范河一作汎河，源出吉穆雅忽山，流入遼河，今鐵嶺縣南三十里有范河。」又：「一統志：懿路河舊名小清河，西流經懿路城南入遼河。或即此志之陀河。」滿洲歷史地理云：「沱河亦范河之誤。」高士奇過鐵嶺縣時，曾經「柴河、范河、小清河，其水皆會於遼河也。」（見扈從東巡日録卷下）

〔五〕李考卷二：「在今鐵嶺縣東南五十三里，山之北有小寶山。」

〔六〕按上文崇州「渤海置州，故縣三：崇山、潙水、緑城，皆廢」。此貴德縣即渤海崇山縣。貴德縣爲州治，渤海崇州治崇山。遼初爲察割私城，後没入。

〔七〕緣城，上文崇州條作緑城。

〔八〕按本史卷一三聖宗紀：統和八年七月省。

瀋州，〔一〕**昭德軍**，中，節度。本挹婁國地。〔二〕渤海建瀋州，故縣九，皆廢。〔三〕太宗置興遼軍，後更名。初隸永興宮，〔四〕後屬敦睦宮，兵事隸東京都部署司。統州一、縣二：

樂郊縣。〔五〕太祖俘薊州三河民，建三河縣，後更名。

靈源縣。太祖俘薊州吏民，建漁陽縣，後更名。

巖州，〔六〕白巖軍，下，刺史。本渤海白巖城，〔七〕太宗撥屬瀋州。初隸長寧宮，後屬敦睦宮。統縣一：

白巖縣。渤海置。

〔一〕即今遼寧瀋陽市老城區。

〔二〕全遼志卷一：「瀋陽中衛在遼陽城北一百二十里。唐時渤海置瀋州。遼置興遼軍，後改曰昭德軍。」清一統志卷三九：「挹婁故城在鐵嶺縣南六十里。」卷三八：「奉天承德縣，北至鐵嶺界七十里。」

〔三〕按本史卷二太祖紀：「神册六年十二月，詔徙檀、順民於東平、瀋州。」瀋州沿舊稱。道光殿本考證：「按元一統志，渤海建定理府，都督瀋、定二州，領定理、平邱，巖城、慕美、安夷、瀋水、安定、保山、能利九縣，並廢。」故地在今吉林東境，東丹徙今地。

〔四〕宫字原脱，據本史卷三一營衛志上補。

〔五〕瀋州州治即今瀋陽老城區。

〔六〕今遼陽城東燕州城。

〔七〕索隱卷四：「唐書高麗傳，帝進攻白崖城。城負山厓水，險甚，虜酋約降，以其地爲巖州。是渤海盧州之白巖縣城因高麗舊名。營衛志：敦睦宫以渤海巖州户置。是渤海亦有巖州。亦因唐舊名。一統志引通志云：州城在遼陽州東北五十七里石城山上，周四里，一門。」

集州，〔一〕**懷衆軍**，下，刺史。古陴離郡地，漢屬險瀆縣，〔二〕高麗爲霜巖縣，〔三〕渤海置州。統縣一：

奉集縣。渤海置。

〔一〕州治在今瀋陽市東南四十五里奉集堡。遼東志卷一：奉集縣故城，在遼陽東北八十里，明稱奉集堡。盛京通志：「承德縣東南四十五里有土城，周四里，名奉集堡。」今仍同名。金史卷二四地理志：「貴德州奉集（縣），遼集州懷遠軍。」懷衆軍應作懷遠軍。奉集縣本渤海舊縣，有渾河。東丹徙此。

〔二〕索隱卷四：「案一統志：奉集故城在承德縣東南，漢險瀆縣。後漢設遼東屬國都尉，蓋遼東之西境。又云：遼史非是。以後漢書考之，險瀆當在廣寧縣南濱海之地。」

〔三〕索隱卷四：「案非渤海盧州杉盧郡之霜巖縣。」

廣州，〔一〕防禦。漢屬襄平縣，高麗爲當山縣，渤海爲鐵利郡。太祖遷渤海人居之，建鐵利州。〔二〕統和八年省。開泰七年，以漢户置。〔三〕統縣一：

昌義縣。

〔一〕在今瀋陽市西南六十里高華堡西古城。金史卷二四地理志：「瀋州章義（縣），遼舊廣州，有遼河、東梁河、遼河大口。」許亢宗行程録第二十五程：「自梁魚務百單三里，至没咄孛堇寨，離梁魚務東行六十里即過遼河，以舟渡，闊狹如淮，過河東亦行淀，五十里舊廣州，惟古城。」雲麓漫鈔卷八引御寨行程云：「梁虞務六十里至遼河大口，七十三里至廣州廣平館，復望北行，七十里至瀋州。」松漠紀聞：「瀋州六十里至廣州，七十里至大口。」明一統志卷二五：「章義廢縣，在瀋陽衞西南六十里。」盛京通志卷一〇〇：「今縣西南七十里有章義站城，周二里，又西南七十八里，有舊章義站城，周四里，故址並存。」

〔二〕新唐書卷二一九：廣州爲渤海鐵利府所領。按渤海鐵利府故地，在俄屬伯力附近，東丹徙於今地。

〔三〕本史卷六〇食貨志云：州境多鐵。

遼州，〔一〕**始平軍**，下，節度。本拂涅國城，〔二〕渤海爲東平府。〔三〕唐太宗親征高麗，李世勣拔遼城；高宗詔程振、〔四〕蘇定方討高麗至新城，大破之；皆此地也。〔五〕太祖伐渤海，先破東平府，〔六〕遷民實之。故東平府都督伊、蒙、陀、黑、北五州，〔七〕共領縣十八，皆廢。太祖改爲州，軍曰東平，太宗更爲始平軍。有遼河、羊腸河、〔八〕錐子河、蛇山、狼山、黑山、〔九〕巾子山。隸長寧宮，兵事屬北女直兵馬司。統州一、縣二：

遼濱縣。〔一〇〕

安定縣。

祺州，〔二〕祐聖軍，下，刺史。本渤海蒙州地。太祖以檀州俘於此建檀州，後更名。隸弘義宮，兵事屬北女直兵馬司。統縣一：

慶雲縣。〔三〕太祖俘密雲民，於此建密雲縣，後更名。

〔一〕在今遼寧新民縣東北五十八里遼濱塔村。

〔二〕索隱卷四：「曹廷杰東三省輿圖説，渤海大武義徙上京龍泉府，本拂涅國故城，今稱東京城，亦稱佛訥和城。丁謙唐北狄傳考證亦謂今寧古塔城西南八十里有古城址，周四十里，俗呼東京城，即渤海王上京。」渤海上京在今黑龍江省寧安縣，距今遼寧新民甚遠，本史誤合。

〔三〕此與上文遼陽府之東平異地同名。渤海東平府，故地在吉林省興凱湖西岸。東丹徙於今遼濱塔。

〔四〕按舊唐書卷一九九上、新唐書卷二二〇東夷傳作程名振，此避穆宗明嫌名去「名」字。

〔五〕索隱卷四：「一統志：遼志以遼州有東平軍之名，遂謂即渤海東平府，又因州名爲遼，遂謂即唐時遼城新城。唐之遼城即遼東城，新城又在其東北，遼史混合爲一非也。漢章謂東平府自在此州，非牽合。」

〔六〕按本史紀、傳均稱太祖伐渤海，先破扶餘府。

〔七〕北，新唐書卷二一九渤海傳作比。

〔八〕輯本元一統志卷二：「源出（脱懿字）州西之廢徽州境，經州北四十里，下流合入遼河。」扈從東巡日録卷上：「駐蹕廣寧縣羊腸河東，遼史有羊腸河，隸始平軍，源出白雲山。」據讀史方輿紀要卷三七：遼懿州在元懿州北二十里。因之羊腸河，今塔營子北四十里。今柳河適發源於阜新縣塔營子之西，經塔營子北，下流經遼濱塔南入遼河，則羊腸河爲今柳河。參見注〔九〕。

〔九〕遼載：「蛇山、狼山、黑山、巾子山，按遼史在遼州始平軍，即今廣寧縣地，今考在界内。」索隱卷四：「滿洲源流考：羊腸河在廣寧縣城東四十五里。錐子河在城東北四十里，即珠子河也。遼河亦經城東北二百三十里。蛇山一在城東三十里，一在東北九十五里。狼山在城東北二十里，今名狼虎山。黑山在城東北八十里，又有西黑山，在城東北七十五里，大黑山，在城東七十里，小黑山，在城東六十里，則渤海東平府實在今廣寧東北。」

〔一〇〕李考卷二：「遼之遼州以遼濱縣爲治，在今盛京奉天府附郭承德縣之西北。通志曰，在縣西北一百八十里遼河西岸。今有遼濱塔，爲承德、廣寧二縣交界地。」讀史方輿紀要卷三七：「遼濱城，（在瀋陽中）衛西北百八十里，高麗之遼東城也。唐太宗克之，改曰遼州，時亦謂之新城，以別於遼東故城也。唐史：貞觀十九年伐高麗，江夏王道宗將兵數千至新城。二十年，復伐高麗，命李世勣將青州兵自新城道入。永徽三年，高麗侵契丹，松漠都督李窟哥將兵禦之，大敗高麗於新城。儀鳳二年，徙安東都護於新城，以統高麗、百濟之地，此唐所名之新城也。後爲拂涅國城，渤海置東平府督伊、蒙、沱、黑、北五州。契丹阿保機攻渤海，先克東平，五州皆下，復置遼州於此，並置遼濱縣爲州治。」索隱卷四：「按金志屬瀋州，一統志：在承德縣西北。」

〔二〕祺，原誤棋，據本史卷三一營衛志上、卷四八百官志四及金史卷二四地理志改。祺州，在今遼寧康平縣東南五十里遼河西岸小塔子古城。城址長方形。金史卷二四地理志：「本以所俘檀州、密雲民建檀州、密雲。後更名。有遼河。」一九八一年第二期社會科學輯刊遼祺州訪察記：「(城)周長四里。」

〔三〕讀史方輿紀要卷三七：祺州慶雲縣，即今開原慶雲堡。全遼志卷四：「慶雲縣，開原城西八十里，有塔存焉。」金王寂曾至慶雲，所著遼東行部志：「縣本遼之祺州，皇統間，始更今名。」金史卷二四地理志：「慶雲，遼祺州祐聖軍……後更名。有遼河。」遼東行部志又記王寂曾命從者以鮮魚送於河，並有詩云：「持送城東縱急流。」可見慶雲在遼河西岸不遠。今康平東南三十五里齊家屯有故城遺址。或謂即遼祺州，並稱慶雲堡誤。

遂州，〔一〕刺史。本渤海美州地，採訪使耶律頗德以部下漢民置。穆宗時，頗德嗣絶，没入焉。隸延昌宮。〔二〕統縣一：

山河縣。本渤海縣，併黑川、麓川二縣置。

（一）上京道有頭下遂州，當在今内蒙古科爾沁境内。此遂州故地在今俄領濱海之地，東丹徙於今昌圖、康平二縣境内。索隱卷四：「按唐書爲懷遠府所領州，當與遼信州、銀州相近。」

（二）按本史卷一三聖宗紀：統和八年七月省。

通州，安遠軍，（一）節度。本扶餘國王城，渤海號扶餘城。（二）太祖改龍州，聖宗更今名。（三）保寧七年，以黄龍府叛人燕頗餘黨千餘户置，升節度。（四）統縣四：

通遠縣。本渤海扶餘縣，併布多縣置。

安遠縣。本渤海顯義縣，併鵲川縣置。

歸仁縣。本渤海强帥縣，（五）併新安縣置。

漁谷縣。本渤海縣。

（一）今吉林四平市西一面城古城。

李考卷二：「按志於龍州亦謂是扶餘城，豈一處置兩州乎？一統志遂以爲黄龍府故城在奉天府開原縣境，必有舛誤之處。又按龍州之境，舊五代史北至混同江，則幅員甚廣，或太祖本置一龍州，聖宗乃割龍州南境兼及今開原縣北境建爲通州也。」或言此是遼前期之黄龍府，即今昌圖。滿洲歷史地理云：「通州在今長春府農安縣西南，治所通遠縣。」

〔二〕索隱卷四：「案此州本龍州故地，故云扶餘國王城。後漢書：夫餘國，在玄菟北千里，晉書同。一破於慕容廆，後仍復國，後爲高麗所併。唐書：乾封三年，李勣率薛仁貴拔扶餘城，即此城。渤海之城名，亦因高麗之舊。」

〔三〕索隱卷四：「案金志咸平府歸仁縣，遼舊隸通州，本渤海强師縣。滿洲源流考：歸仁故城，在今鐵嶺東北金山。明統志：在開元西北三百五十里遼河北岸。西北三十里曰東金山，又二十里曰西金山，二山綿亘三百餘里。一統志：在開原東北吉林界。全遼志：開原北歸仁站故縣也。」

〔四〕按聖宗在景宗保寧之後，景宗保寧七年已增置户口，升節度，聖宗時，始更名通州。

〔五〕金史卷二四地理志作强師縣。

韓州，東平軍，〔一〕下，刺史。本藁離國舊治柳河縣。高麗置鄚頡府，都督鄚、頡二州。〔二〕渤海因之。今廢。太宗置三河、榆河二州。聖宗併二州置，隸延昌宮，兵事屬北女直兵馬司。統縣一：

柳河縣。本渤海粤喜縣〔三〕地，併萬安縣置。

〔一〕初治科左後旗，浩坦東北城五家子古城；後移白塔寨，即今遼寧昌圖縣三江口鄉小塔子屯北塔基所在地；再遷今昌圖八面城鎮東南古城；至金又遷九百奚營。八面城鎮東南古城略呈正方形，周長約二千六百米，有東、西、南、北四門。遼東行部志云：「韓州，遼聖宗時併三河、榆河二州爲韓州。城在遼水之側，常苦風沙，移於白塔寨。後爲遼水所侵，移於今柳河縣。又以州非衝塗，即徙於舊九百奚營，即今治所是也。」九百奚營，在今吉林黎樹北偏臉城，距八面城不及百里，八面城遺址，應爲金柳河縣之遼韓州。

索隱卷四：「稾，當作槀……其國在夫餘北，故又號北扶餘。一統志：科爾沁左翼東南四百七十里阿拉馬圖城，周六里三百步有奇，門四，疑即舊韓州城。曹廷杰東三省輿圖說：道光元年吉林將軍富俊赴昌圖廳八面城，得一出土銅鏡，背面鑄韓州刺史四字。是八面城即遼、金韓州無疑。」并見吉林外紀卷九古跡。

〔二〕按新唐書卷二一九渤海傳：鄚頡府領鄚、高二州。渤海簡史第三章第三節：「鄚頡府治，當在黑龍江省阿城。」

〔三〕索隱卷四：「案唐書：越喜本靺鞨一部。册府元龜：越喜靺鞨東北至黑水靺鞨，地方二千里，此越喜縣蓋渤海俘越喜部人所置，而越喜故地渤海置懷遠一府七州，亦見唐書。又金志咸平路韓州柳河縣注：本渤海粵喜縣地，遼以河爲名，有枸河、柳河。蒙古遊牧記：今考其河即其縣界之內遼河、外遼河也。遼河至此分爲二，故有枸河、柳河之稱，南流近承德界合爲一，今無枸、柳河名，惟稱巨流河。滿洲源流考：遼河在科爾沁左翼東南四百五十里，自開原入邊爲巨流河，亦名句驪河，又作枸柳河。漢章謂枸河、柳河，合音即巨流，音轉爲句驪。」

雙州，保安軍，〔一〕下，節度。本挹婁故地。〔二〕渤海置安定郡，久廢。〔三〕漚里僧王從太宗南征，以俘鎮、定二州之民建城置州。〔四〕察割弒逆，〔五〕誅，没入焉。故隸延昌宮，後屬崇德宮，兵事隸北女直兵馬司。統縣一：

雙城縣。本渤海安夷縣地。

〔一〕遺址在今瀋陽市西北七十里石佛寺古城。遼東志卷一：「雙城縣，（故址在）鐵嶺城西六十里。」有石碑出土，碑文䨇州同知及守䨇城縣主簿等銜名。䨇即雙字别體。

〔二〕金史卷二四地理志：「瀋州雙城（縣），遼雙州保安軍也。」全遼志卷四：「（在）鐵嶺城西六十里。」

〔三〕索隱卷四：「案唐書：挹婁故地爲定理府，領定、瀋二州。金志：瀋州本遼定理府地；又挹婁縣注：遼嘗置定理府刺史於此郡非即定理府所治，治瀋州。滿洲源流考：安定郡當即定州。今考此。是遼初有定理府，亦因渤海舊名。」

〔三〕故地在今烏蘇里江下游，東丹徙於鐵嶺西雙城子。

〔四〕索隱卷四：「按此州與上興州、瀋州，並爲挹婁故地。一統志：挹婁故城在鐵嶺縣南六十里，明時訛爲懿路城，周三里有奇，今爲懿路站。」

〔五〕察割字歐辛，即漚里僧，本史卷一一二有傳。

銀州，富國軍，〔一〕下，刺史。本渤海富州，太祖以銀冶更名。隸弘義宮，兵事屬北女直兵馬司。統縣三：

延津縣。本渤海富壽縣，境有延津故城，更名。

新興縣。〔二〕本故越喜國地，渤海置銀冶，嘗置銀州。〔三〕

永平縣。本渤海優富縣地，太祖以俘户置。舊有永平寨。

〔一〕在今遼寧省鐵嶺市。

讀史方輿紀要卷三七：「鐵嶺衛，秦漢時遼東地。渤海置富州，契丹更名銀州。」據許亢宗行程録：銀州在瀋州北百二十里。畧與今鐵嶺縣治相當。今鐵嶺西三十二里有新興村，或是新興縣，永平廢縣似在鐵嶺縣東北。康熙鐵嶺縣志卷上：「新興鋪，（在鐵嶺）城西南十五里，周圍一里，南一門。」

〔二〕索隱卷四：「金志：咸平府新興縣，遼銀州（富國軍），南有范河，北有柴河，西有遼河。滿洲源流考：柴河在鐵嶺縣北二里，范河在縣南三十里，並入遼河。又有故新興城在縣治東。」此城或是永平。

〔三〕案新唐書卷二一九渤海傳無此州，似是後改之名，或富州改名而遼因之。富州故地當在今俄屬濱海之地，東丹徙於今鐵嶺。

同州，鎮安軍，〔一〕下，節度。本漢襄平縣地，渤海爲東平寨。太祖置州，軍曰鎮東，後更名。隸彰愍宫，兵事屬北女直兵馬司。統州一，未詳。縣二：

東平縣。本漢襄平縣地。産鐵，撥户三百採鍊，隨征賦輸。

永昌縣。本高麗永寧縣地。

〔一〕在今遼寧開原縣南中固鎮。殿本誤作尚州鎮遠軍。許亢宗行程録：「第二十九程，自咸州九十里至同州，州地平壤，東望大山，虜人云此新羅山，山内深遠，無路可行，其間出人參、白附子，深處與高麗接界。」松漠紀聞：「咸州南鋪四十里至同州南鋪，四十里至銀州南鋪。」是同州在今開原至鐵嶺中途。金史卷二四地理志：「咸平府銅山縣注：遼同州鎮安軍，本漢襄平縣，遼太祖時以東平寨置，因名東平，軍曰鎮東……南有柴河，北有清河，西有遼河。」長編雍熙三年四月：「同州，州在西樓南數百里。」清一統志卷三九：「全遼志：在開原縣南三十里。」

咸州，安東軍，〔一〕下，節度。本高麗銅山縣地，渤海置銅山郡。〔二〕地在漢候城縣〔三〕北，渤海龍泉府南。地多山險，寇盜以爲淵藪，乃招平、營等州客户數百，建城居之。初號郝里太保城，〔四〕開泰八年置州。兵事屬北女直兵馬司。統縣一：

咸平縣。唐安東都護，天寶中治營、平二州間，即此。〔五〕太祖滅渤海，復置安東軍。開泰中置縣。

〔一〕今遼寧開原縣老城鎮。

按松漠紀聞：咸州在銀州北八十里，御寨行程作九十里，許亢宗行程録謂銀州四十里至咸州。按里距計，應在今開原縣附近。滿洲源流考卷一二：咸州在開原縣與威遠堡（開原縣東北）之間，未合，李考卷二謂在今開原縣南鐵嶺縣東北。亦不合。遼東志卷一：「咸平縣，（在）開原城東北隅。」較可信。

奉天通志卷五五沿革：「按遼之咸州，金、元之咸平府，皆治於今開原城，其證甚多。今開原城內西南隅有崇壽寺，一名石塔寺。遼東行部志一云：『復歸咸平，路經西山崇壽寺。』又云：『於西塔寺登九曜閣，有蔡正父所撰弘理大師碑。』遼東志云：『石塔寺，在開原城西南隅，有塔。』石塔寺即西塔寺。石塔寺，明正統碑記謂舊碑有『崇壽禪寺』四字，又有『洪理大師大定三年入滅』之語。民國開原縣志載寺內古塔落下銅板，文云：『金正隆元年建，爲宣徽大師（一云作宣徽弘理大師）藏骨之所。』所謂崇壽寺，所謂弘理大師，皆可與行部志相印證。此咸平爲今開原之證一也。奉使行程録：『自興州九十里至咸州，又九十里至同州（應作通州）。』金圖經：『興州五十里至銀州，又四十里至銅州，又四十里至咸州，又四十里至宿州，又四十里至安州。』雲麓漫鈔：『興州五十里至銀銅館，又九十里至咸州，又三十里至宿州。』興州爲今懿路，銀州爲今鐵嶺，銅州爲今中固，宿州爲今昌圖，通州爲今四面城，依此所記里到求之，則咸州即今開原，此咸平爲今開原之證二也。遼東志謂咸平縣在開原城東北隅，可謂不誤。行部志謂崇壽寺在咸平之西山，今開原城北有山，蜿蜒而西曰黄龍岡，意即所稱之西山。寺在山南數里，亦以西山稱之者，寺在咸平城西故也。」據此，開原城爲遼咸州，金、元咸平府城舊址，確無可疑，僅城址位置少有變動。

〔二〕索隱卷四：「唐渤海有銅州爲獨奏州，此銅山郡亦即銅州。遼分其州爲二，金因之。咸州改咸平路咸平府。」

〔三〕索隱卷四：「漢遼東中部都尉治候城。後漢改屬玄菟郡，三國志：高句麗王宫寇玄菟，焚燒候城，入遼隊。李兆洛釋地：候城縣，今奉天府承德縣北。」

〔四〕郝，本史卷一六聖宗紀開泰八年十月作耗。

〔五〕索隱卷四：「唐安東府，總章元年置於平壤城。上元三年徙遼東郡故城，儀鳳二年又徙新城。開元二年徙平州，天寶二年又徙遼西故郡城。至德後廢。並未置於遼之咸州。咸平志又誤引金志，改咸平爲平郭，其故城在今鐵嶺縣東北。一統志引全遼志在開原縣城東北隅而辨其誤。」

信州，彰聖軍，〔一〕下，節度。本越喜故城。渤海置懷遠府，今廢。聖宗以地鄰高麗，開泰初置州，以所俘漢民實之。兵事屬黄龍府都部署司。統州三，未詳。縣二：

武昌縣。本渤海懷福縣地，析平州提轄司及豹山縣一千户隸之。

定武縣。本渤海豹山縣地，析平州提轄司併乳水縣人户置。初名定功縣。

〔一〕今吉林省懷德縣秦家屯古城。索隱卷四謂清一統志關於信州故城有二説：一從全遼志，在卷四〇五；一駁全遼志，在卷三九。清一統志卷四〇五：「全遼志云：『自開原東北至信州三百十里。』今有城，周一里，門八，土人猶呼爲信州城。」蒙古遊牧記卷一同此謂在科爾沁左翼中旗東南。譚其驤中國歷史地圖集卷六亦定點於此。又清一統志卷三九云：「信州自是古越喜地，在今開原縣南，全遼志云開原東北，非是。」實一統志一書並存兩説。東三省輿地圖説謂「今懷德縣治即故信州城也」。按此懷德縣治即在開原東北，現爲懷德鎮，舊名八家子。古信州城尚在懷德縣西南三十里秦家屯迤東，遺址猶存，南北長，東西寬，四門，各有甕城。城内地表多遼、金時代磚瓦及陶瓷片。金史卷二四地理志：「信州彰信軍本渤海懷遠軍。遼開泰七年建。」按本史卷四八百官志四作信州彰聖軍節度，同。卷九一耶律僕里篤傳：「太平中累遷彰聖軍節度使，卷二五道宗紀：大安八年有彰聖軍節度使耶律涅里。下文郢州，軍號與信州同，但爲刺史州，非節鎮。卷四八百官志四刺史州内有郢州。又卷六四皇子表及卷八二蕭陽阿傳有彰信軍節度，時當乾統間。重熙二十二年張儉墓誌銘有彰信軍（見全遼文卷六）。宋會要蕃夷二：「治平四年（咸雍三年），遼遣彰信軍節度使蕭恭順等（來）賀登極。」或遼晚期已作彰信。

賓州，懷化軍，〔一〕節度。本渤海城。統和十七年，遷兀惹户，置刺史于鴨子、混同二水之間，〔二〕後升。兵事隸黄龍府都部署司。〔三〕

〔一〕今吉林農安縣東北靠山鄉廣元店古城。東三省輿地圖説：農安縣東八十里，有古城二，西小城子即古益州，東小城子即古賓州，亦當在松花江南岸。許亢宗行程録：「第三十四程，自托撒九十里至漫七離孛堇寨，道傍有契丹舊益州、賓州，皆空城。第三十五程，自漫七離一百里至和里間孛堇寨，離漫七離行六十里，即古烏舍寨，寨枕混同江湄，其源來自廣漠之北，遠不可究。自此南流五百里，接高麗鴨緑江入海，江面闊可半里許。」讀史方輿紀要卷三八：「長白山在會寧南六十里，其山横亘千里，高二百里，巔有潭，周八十里，淵深莫測，南流爲鴨渌江，北流爲混同江，東流爲阿也古河。」楊賓柳邊紀畧卷一曰：「黑龍江（元史作合蘭河）發源塞北，南流而東，混同江發源長白山，北流而東，雖入海處合而爲一，而其源則相去甚遠。金史世紀稱混同江亦號黑龍江，大誤。又兩江之水，手掬之皆白色，惟遠望畧如柳汁耳。金志、松漠紀聞稱掬之則色微黑，皆不可信。」遼載曰：「混同江一名鴨子河，一名粟末江，一名宋瓦江，一名松花江，至開原北一千五百里，源出長白山。」輯本元一統志卷二：「(上京)後改會寧府，京之南曰建州，京之西曰賓州，又西曰黃龍府，即渤海之忽汗郡，後爲龍泉府。」

〔二〕松漠紀聞：契丹徙置嗢熱人於「黃龍府南(應作北)百餘里曰賓州」。兀惹、嗢熱即烏舍，則烏舍寨即賓州。此言先過益州空城，又抵烏舍寨，或兀惹有兩城。置刺史於鴨子、混同二水之間。按本史卷一六聖宗紀：「太平四年二月，詔改鴨子河曰混同江。」但此後仍沿用鴨子河名稱，卷九八耶律儼傳：「父仲禧……清寧四年城鴨子、混同二水間。」

〔三〕司，原誤「事」。據上、下文及本史卷三五兵衞志中、卷三三營衞志下、卷四六百官志二改。

龍州，黃龍府。〔一〕本渤海扶餘府。太祖平渤海還，至此崩，有黃龍見，更名。保寧七年，軍將燕頗叛，府廢。開泰九年，遷城于東北，以宗州、檀州漢户一千復置。〔二〕統州五，縣三：

黃龍縣。本渤海長平縣，併富利、佐慕、肅慎置。

遷民縣。本渤海永寧縣，〔三〕併豐水、扶羅置。

永平縣。渤海置。

益州，〔四〕觀察。屬黄龍府。統縣一：

静遠縣。

安遠州，〔五〕懷義軍，刺史。屬黄龍府。

威州，〔六〕武寧軍，刺史。屬黄龍府。

清州，建寧軍，刺史。屬黄龍府。

雍州，刺史。屬黄龍府。

〔一〕今吉林農安縣。

故地在今寧安縣東京城，東丹初，治昌圖縣迤北扶餘府故地，後徙今農安縣。許亢宗行程録：「第三十三程自黄龍府六十里至托撒孛堇寨，府爲契丹東寨。當契丹强盛時，擒獲異國人則遷徙散居於此。南有渤海，北有鐵離、吐渾，東南有高麗、靺鞨，東有女真、室韋，北有烏舍，西北有契丹、回紇、党項，西南有奚。故此地雜諸國俗，凡聚會處，諸國人語言不通，則各爲漢語以證，方能辨之。」

索隱卷四：「一統志已有二説：卷三十九云：明故三萬衛，在開原縣城内，在渤海曰扶餘府，在遼曰黄龍府，在金曰會寧府，在元曰開元路，一也。此從明一統志及盛京通志説也。卷四百五又云：龍安城在郭爾羅斯前旗東南二百里。按金志：天眷三年，改遼黄龍府爲濟州，大定二十九年更爲隆州，貞祐初升爲隆安府。以地考之，此龍安城即隆安之訛，乃遼黄龍府舊址。蒙古遊牧記引楊賓柳邊紀畧云：金婁室墓碑載，室葬於濟州之東南奥吉里，今其墓在船廠西二百里之薄屯山，則當日黄龍府治應在今石頭河、雙陽河之間，此又一説也。遊牧記自爲説，則據許亢宗行程録：自信州東北行百三十里至黄龍府，府故址當在今柳條邊外昌圖廳西北赫爾蘇河之北岸，赫爾蘇河即遼河之東源，仍由開原縣境之信州推之也。……東三省輿圖説謂今吉林省西北二百八十里農安城，在伊通河西二里，城周七里，門四，西門外半里有塔，亦名農安。農安、龍安皆沿金之隆安而易其字者。黄龍府即今農安城無疑，是即一統志後一説。」

〔二〕金史卷二四地理志：「隆州，貞祐初，陞爲隆安府。治利涉縣。注，有混同江、淶流河（今拉林河）。」

〔三〕渤海永寧，地在復州，遼遷其民於黄龍府，置遷民縣。此言其人，非謂其地，補「民」字。

〔四〕今農安縣北（東）八十里小城子屯古城。

索隱卷四：「案唐渤海率賓府領益州。契丹國志：宋政和五年，金太祖攻遼，取賓、祥、威三州，進薄益州，即此。」

許亢宗行程録：「第三十四程，自托撒九十里至漫七離孛堇寨，道傍有契丹舊益州、賓州空城。」

〔五〕索隱卷四：「唐渤海有安遠府，非此州。」

〔六〕今農安縣城西南四十里小城子古城。清一統志卷四六：「廢威州在賓州南。」雲麓漫鈔卷八引御寨行程：威州在黄龍府南五十里，又南一百七十里至信州。松漠紀聞：威州在黄龍府南一百四十里，又南四十里至信州。今有古城址在農安西南四十里，姑定此地。

湖州，〔一〕**興利軍**，刺史。渤海置。兵事隸東京統軍司。統縣一：

長慶縣。

〔一〕唐渤海上京龍泉府領湖州。此州仍以今鏡泊湖得名。

渤州，〔一〕**清化軍**，刺史。渤海置。兵事隸東京統軍司。統縣一：

貢珍縣。渤海置。

〔一〕索隱卷四：「案亦（渤海）上京所領州。水道提綱：畢爾騰湖自西南而東北，形狹而長七十里，自東北口流出數十里，有阿卜河自南合二水來會。此州蓋以阿卜河名。卜渤聲近。」

郢州，〔一〕**彰聖軍**，刺史。渤海置。兵事隸北女直兵馬司。統縣一：

延慶縣。

〔一〕黑龍江依蘭與牡丹江市之間。武經總要前集卷二二北蕃地理志：熟女真一十八州內有郢州。索隱卷四：「唐渤海以郢爲獨奏州。」

銅州，**廣利軍**，〔一〕刺史。渤海置。兵事隸北兵馬司。統縣一：

析木縣。〔二〕本漢望平縣地，渤海爲花山縣。初隸東京，後來屬。

〔一〕今遼寧省海城縣東南四十里析木城。本史卷八八耶律盆奴傳：「統和二十八年，駕征高麗，盆奴爲先鋒，至銅州，高麗將康肇分兵爲三以抗我軍：一營于州西，據三水之會，肇居其中；一營近州之山；一附城而營。盆奴擊破三水營，擒肇。」李考卷二：「三水之會，當即海城縣西六十里之三岔河，故知銅州在海城、廣寧二縣之間也。」三水相會之銅州，非海城東南之析木，或是初隸東京之析木，在海城東南，改屬銅州後，西遷三岔河之東，遷後之析木縣，在海城西南，原址在東南。又武經總要前集卷二二北蕃地理志：熟女真一十八州内有銅州。北兵馬司當作北女直兵馬司。索隱卷四云：「亦獨奏州。」

〔三〕金史卷二四地理志東京路澄州析木縣注：「遼銅州廣利軍附郭析木縣也。有沙河。」索隱卷四引一統志：「析木故城在海城縣東南四十里。」今仍稱曰析木城。遺址方形，周二里餘，有東、西二門，城南有山，金代稱鷄山，王寂按察刑獄曾過此，見鴨江行部志。

涑州，〔一〕刺史。渤海置。兵事隸南兵馬司。〔二〕

〔一〕今吉林市西北。索隱卷四：「案亦渤海獨奏州。通考：涑州近涑沫江，蓋粟末水也。水道提綱：松花江，古粟末水，亦曰束末水，即混同江，亦曰吉林烏喇，又云松嘎里烏喇。松嘎里、松花亦爲涑音轉。」

〔二〕按南兵馬司，當對銅州之北兵馬司而言。銅、郢在渤海爲一州，其北兵馬司爲北女直兵馬司之省署，此南兵馬司當即南女直湯河司。

率賓府，〔一〕刺史。故率賓國地。

〔一〕今俄羅斯沿海州雙城子，改名烏蘇里斯克。李考卷二：「新唐書渤海傳：率賓故地爲率賓府，領華、益、建三州。案華州當是率賓府治，率賓府地當在今寧古塔之西南，鴨緑江口之西北。」遼沿渤海率賓府，金稱恤品路。東三省輿地圖說：恤品路治所雙城子。遼率賓府應亦在此地。索隱卷四：「金志：上京路領恤品路，遼時，爲率賓府，本率賓故地。北至邊界斡可阿憐千户二千里。明志：建州衛東南有率賓河，率賓之名以此。漢章謂碩賓河在開原東南，與金志不合。水道提綱：隨分河會書番河，東南流，折而南流爲小海口，又會納民河爲大海口。一統志：綏芬河舊志作遂分，在寧古塔城東南四百四十里，源出穆稜窩集，東南流，會十餘水入海。東三省輿圖說，率賓、恤品即今綏芬河，其府路故基，即今雙城子。」

定理府，〔一〕刺史。故挹婁國地。

〔一〕治興州，今瀋陽市北七十里懿路。李考卷二：「挹婁故城，在今鐵嶺縣南六十里。定理府，本渤海置，遼因之。遼於挹婁故城置興州，其定理府地則在今興京。」金史卷二四地理志：「瀋州昭德軍刺史。本遼定理府地。遼太宗時置軍曰興遼，後爲昭德軍，置節度。明昌四年改爲刺史，與通、貴德、澄三州皆隸東京。」

鐵利府，〔一〕刺史。故鐵利國地。

〔一〕黑龍江省依蘭以西。

吉林通志卷一〇：「遼史謂是故鐵利國地。然其所列廣州諸地，皆在今奉天、鐵嶺、新民廳之間，蓋亦取渤海之名而非實有其地。考本紀，自太宗天顯二年迄於天祚之世，鐵驪頻年入貢，則東京所屬，非其故國益明。遼史之不足據也信矣。」

按本史卷一三聖宗紀統和八年七月作鐵里。

李考卷二：「按元一統志，蒲河在瀋陽路，源出鐵利國蒲谷，流經蒲田故名。松漠紀聞云：蒲河距瀋州四十里。今考蒲河在奉天府附郭承德縣城西北四十里，源出香爐山（山在海城縣東南），經永安橋（橋在承德縣西三十里，俗名大石橋）入蓮花泊（泊在海城縣西南六十里），則鐵利故國實在其地。」松井謂在黑龍江與烏蘇里江合流地方，位置不詳。索隱卷四云：「案亦渤海故府，見唐書。鐵利即太祖紀及屬國表之鐵驪。金史太祖紀：鐵驪部即鐵利國也。考蒲州以蒲河名，爲渤海鐵利府所領六州，河之源蒲谷即鐵利國地。」香爐山，在承德縣東南小尖山之南。

安定府。〔一〕

〔一〕按本史卷二太祖紀天顯元年三月作安邊府。索隱卷四：「按上雙州下云，渤海置安定郡。安定郡，渤海國志謂即定理府，蓋遼分爲二府。或即定理府所領定州。」

長嶺府。〔一〕

〔一〕索隱卷四：「唐渤海故府，滿洲（源流）考：長嶺亦作長領，今吉林西南五百里有長嶺子。自長白山南一嶺環繞，至此爲衆水分流之地，府名當取諸此。今考一統志長子嶺下文同。光緒三十七年置長嶺縣，即故府址。」

鎮海府，〔一〕防禦。兵事隸南女直湯河司。統縣一：

平南縣。

〔一〕在今遼寧莊河縣城附近。清一統志卷三八：「湯河在遼陽州東南五十二里，源出分水嶺，北流入太子河。」「分水嶺一在海城縣東，綿亘數百里。」

冀州，防禦。聖宗建，升永安軍。

東州。以渤海户置。

尚州。以渤海户置。

吉州，福昌軍，刺史。

麓州，〔一〕下，刺史。渤海置。

〔一〕按此亦熟女真十八州之一。索隱卷四：「唐書渤海傳無此州名，蓋即麓郡，見上乾州。」

荆州，〔一〕刺史。

〔一〕按此亦熟女真十八州之一。

懿州，〔一〕**寧昌軍**，節度。太平三年，越國公主以媵臣户置。初曰慶懿軍，更曰廣順軍，隸上京。清寧七年宣懿皇后進入，改今名。統縣二：

寧昌縣。本平陽縣。

順安縣。〔二〕

〔一〕參上京道懿州。

〔二〕金史卷二四地理志：懿州統二縣：順安、靈山。遼懿州治寧昌，金徙治順安。按讀史方輿紀要卷三七：順安北距寧昌二十里。今已知金懿州在阜新縣東北八十里繞陽河西岸塔子營，則知其地即遼順安矣。滿洲源流考卷一一：「遼史有兩懿州，一載東京道，一載上京道，據史：『初曰慶懿軍，更曰廣順軍，隸上京。』則實一州也。」滿洲歷史地理：「遼僅有一懿州，而以之分屬於上京、東京兩道，是遼史之誤。志文在東京道懿州下明言『隸上京』，又在上京道懿州下記『西北至上京八百里』，不言至東京里道。由此可知以懿州屬上京爲妥。」

勝州，〔一〕**昌永軍**，刺史。

〔一〕滕，應作勝。今吉林農安縣西南懷德鎮東北。索隱卷四：「案亦以滕臣户置。」推測之辭。本史卷四八百官志：東京道三十七州内有勝州。滕是誤字。吉林通志卷一一：「今農安縣西南。」張棣金圖經：「威州至小寺鋪五十里。小寺鋪至勝州五十里。」雲麓漫鈔卷八引御寨行程：「四十里至信州彰聖館，七十里至勝州來德館。」按滿洲源流考卷一一云：「史不載沿革，當爲滕州所置。」按此州與黄龍府相次，以宋人行程録證之，當係勝州之誤。

蕭僅墓誌銘（見北方文物一九八八年二期）：「遷勝州節度使，薦膺貴德州節度。」又知此州在開泰、太平年已陞節度。

順化城，〔一〕**嚮義軍**，下，刺史。開泰三年以漢户置。兵事隸東京統軍司。

〔一〕今遼寧復縣普蘭店附近。鴨江行部志：「自永康次順化宮，中途望西南兩山巍然浮於海上，訪諸野老，云此蘇州關也。」朱希祖考證：「金志：復州永康縣舊名永寧，大定七年更。順化營即遼之順化城，與寧州、蘇州皆相近，故可望蘇州矣。」

寧州，〔一〕觀察。統和二十九年伐高麗，以渤海降户置。〔二〕兵事隸東京統軍司。統縣一：

新安縣。

〔一〕今遼寧復縣西北永寧城。

〔二〕本史卷一六聖宗紀：「開泰八年五月，遷寧州渤海户於遼、土二河之間。」

衍州，**安廣軍**，〔一〕防禦。以漢户置。初刺史，後升軍。兵事屬東京統軍司。統縣一：

宜豐縣。

〔一〕今遼寧遼陽縣東南八十里大安平。

史記卷八六刺客列傳：「（秦將）李信追（燕太子）丹，丹匿衍水中。」讀史方輿紀要卷三七：「燕太子丹匿於衍水中，後人因名爲太子河。」太子河爲遼河下游一支流，奉天通志卷七五：「遼置衍州，或取義於衍水，溯及燕丹而命爲河名也。」金史卷二四地理志：「遼陽府宜豐，遼舊衍州安廣軍，有東梁河。」清一統志卷三九：「在遼陽州西南，明統志：宜豐廢縣在都司城西南一百里。」

連州，德昌軍，刺史。以漢户置。兵事屬東京統軍司。統縣一：

安民縣。

歸州，〔一〕觀察。太祖平渤海，以降户置，後廢。統和二十九年伐高麗，以所俘渤海户復置。兵事屬南女直湯河司。統縣一：

歸勝縣。

〔一〕今遼寧蓋縣西南九十里歸州屯。清一統志卷三九：「故城在蓋平縣西南九十里，今有土堡曰歸州城，周一里有奇。」李考卷二、索隱卷四并因之。松井云：「歸州治所歸勝縣，金爲歸勝鎮，在熊岳城西南三十里近海處有歸州城，即遼歸州。」

蘇州，〔一〕安復軍，節度。本高麗南蘇，興宗置州。〔二〕兵事屬南女直湯河司。統縣二：

來蘇縣。

懷化縣。

〔一〕今遼寧金縣化城古城，在大連灣北岸。

〔二〕金史卷二四地理志：「復州化成（縣），遼蘇州安復軍，興宗置。」松漠紀聞謂人皇王自蘇乘筏浮海，即出此關口。鴨江行部志：「自永康次順化營，中途望西南兩山，巍然浮於海上，訪諸野老，云此蘇州關也，遼之蘇州，今改爲化成縣，關禁設自有遼，以其南來舟楫，非出此途，不能登岸。相傳隋、唐之伐高麗，兵糧戰艦，亦自此來。南去百里，有山曰鐵山，常屯甲士千人，以防海路。每夕平安火報，自此始焉。西南水行五百餘里，有山曰紅娘子島，島上夜聞鷄犬之聲，乃登、萊沿海之居民也。」索隱卷四：「漢志：玄菟郡高句驪有南蘇水，云西北經塞外，唐滅高麗，置南蘇州。一統志謂在今興京界，不在金州，而遼之蘇州，金改化成縣，明置金州衛，今寧海縣治。則蘇州之名，雖因南蘇州，而地實異也。」讀史方輿紀要卷三七：「南蘇城即（今金州）衞治，晉永和初，燕王皝遣慕容恪攻高句驪，拔南蘇。隆安二年，燕慕容盛以高句驪王安事燕禮慢，自將兵襲之，拔新城、南蘇二城，開境七百餘里。隋大業七年，伐高麗，分遣段文振出南蘇道。唐貞觀二十一年，李世勣伐高麗，渡遼水，歷南蘇等城，敗其兵而還。又乾封二年，薛仁貴破高麗兵，拔其南蘇等城。顯慶中，置南蘇州於此，尋没於渤海。遼置蘇州，兼置末蘇縣爲州治。宋建隆初，女真自其國之蘇州，汎海至登州賣馬，故道猶存。宣和初，復由此道遣馬政等通金，謀攻遼。」

〔補〕**金州。**〔一〕

〔一〕統和二十三年王悦墓誌銘（喀左出土）：「長女適金州防禦使管内諸處置使張近武之次男日行爲妻。」（見全遼文卷五）是遼有金州。乾亨三年陳公之銘（遼陽出土）：「金州諸軍事行金州刺史、充本州防禦使。」重熙七年張思忠墓誌銘（義縣出土）：「男婦四人：一金州防禦使大守節女。」（見全遼文卷七）明一統志卷二五：「唐置金州，元廢。」盛京通志云：「唐高宗伐高麗，薛仁貴戰於金山，大破之，拔南蘇、木底、蒼岩三州，後置金州。州蓋以金山得名。」或謂金州爲上京道静州。

復州，懷德軍，〔一〕節度。興宗置。兵事屬南女直湯河司。〔二〕統縣二：

德勝縣。

永寧縣。〔三〕

〔一〕今遼寧復縣西北復州城鎮。全遼志卷一：「復州在遼陽城南四百二十里，晉、隋以前同海州，唐置州。五代歸契丹，（遷其人）爲遷民縣，屬黄龍府。後又（於其地）置復州懷德軍。」明初重建，改爲磚城，較舊城小，今城南北兩面，尚有遼土城遺迹。

〔二〕讀史方輿紀要卷三七：「駱駞山在（復州）衛西三十里，又西二十里海中有屏風山。」

〔三〕索隱卷四：「案金志：復州永康縣，舊名永寧。元統志則云：廢復州（遷其人）本遼遷民縣，屬黄龍府，後（以其地）置復州，號永寧軍節度，改縣曰永寧。後又更爲永康，金因之。」

肅州，信陵軍，〔一〕刺史。重熙十年州民亡入女直，取之復置。〔二〕兵事隸北女直兵馬司。統縣一：

清安縣。〔三〕

〔一〕今遼寧昌圖縣昌圖鎮馬仲河古城。

金圖經：「宿州北鋪至安州南鋪四十里。」宿州即肅州。李考卷二：「一統志：遼肅州治清安，廢縣在今奉天府開原縣東北三十里。蒙古遊牧記：遼肅州在奉天府鐵嶺縣東北。考鐵嶺東北爲開原。一統志謂肅州在開原東北，則非兩縣之交也。兩説相歧，未知孰是？」索隱卷四：「金志：咸平府清安縣，遼肅州。全遼志：在開原城東北三十里。」

〔二〕遼東行部志：「清安，世傳遼太祖始置爲肅州，本朝改降爲縣。」本史卷一八興宗紀：重熙九年十二月：「以所得女直户置肅州。」此言復置，蓋有由也。

〔三〕金史卷二四地理志：「清安，遼肅州信陵軍，熙宗皇統三年降爲縣。」

安州，〔一〕刺史。〔二〕兵事隸北女直兵馬司。

榮州。〔三〕

〔一〕今遼寧昌圖縣四面城古城。

元一統志：「歸仁縣故城在咸平府北，舊安州。金皇統二年改爲縣，後廢，城址猶存。」李考卷二：「案前通州所統，有歸仁縣，當是金廢安州，以其地併入歸仁縣，因名安州城爲歸仁縣城耳。其地應在奉天府開原縣邊外。松漠紀聞序其從上京至燕（京）之程，由東北而西南，云自信州二百九十里至安州南鋪。遼信州在内蒙古科爾沁左翼東南三百八十里，自信州故城南行三百十里至開原縣，故知遼安州在開原邊外也。」據調查，安州故址在今遼寧昌圖縣四面城古城。（見遼寧史蹟資料。）索隱卷四：「案唐渤海安邊府所領有安州。」元統志謂歸仁縣故城舊安州。金皇統三年改爲縣，後廢。今考金志，咸平府有歸仁，未嘗廢也。歸仁注本云：遼舊隸通州安遠軍，亦未言即安州，且歸仁金因遼名，而謂皇統三年改，更非。」

〔二〕按本史卷一五聖宗紀統和二十八年十一月，王八曾爲安州團練使。卷九四耶律何魯掃古傳：『清寧初，加安州團練使。』卷四八百官志四亦作團練，惟契丹國志卷二二刺史州内有安州，或初是刺史，後升團練。本史卷一〇五蕭文傳：「父直善，安州防禦使。」文官於大康、壽昌間。

〔三〕今康平東北遼河西岸齊家坨子一帶。金爲榮安縣。遼東行部志：「榮安縣，昔在遼爲榮州。」金史卷二四地理志：「榮安，東有遼河。」州治當在今康平縣東北部。

率州。

荷州。

源州。

渤海州。

寧江州，〔一〕**混同軍**，觀察。清寧中置。初防禦，〔二〕後升。兵事屬東北統軍司。統縣一：

混同縣。〔三〕

〔一〕今吉林扶餘縣東南石頭城子古城，一説在今伯都訥。

索隱卷四：「此州在龍州黄龍府東北。一統志：『故城在吉林城北境混同江東岸。』高士奇扈從録云：『大烏拉去船廠八十餘里，即遼寧江州也。』」松井云：寧江州（今伯都訥東南石頭城子）州治混同縣。金太祖起兵伐遼時，寧江州守將蕭兀納與金兵戰於寧江州，戰敗渡江而西，則此州應在河東。金太祖於淶流水即今拉林河告諭軍士，然後攻寧江州，陷之，次又破遼軍於出河店。太祖告諭軍士處曰得勝陀，今拉林河左岸，此河與松花江合流地點之近南，今爲石碑崴子。出河店今稱珠赫城，在伯都訥（新城府）之東南。寧江州在今石碑崴子、珠赫城之間甚明。吉林通志卷一一謂即今石頭城子。池内宏鐵利考附圖，定點於石頭城子西北大榆樹。中國歷史地圖集定點於扶餘縣城東之南大城子古城。

〔二〕本史卷九八蕭兀納傳：兀納前任本州刺史。是先由刺史升防禦。

〔三〕契丹國志卷一〇：「州有榷場」，與女真爲市。

河州，〔一〕德化軍。置軍器坊。

〔一〕索隱卷四：「唐渤海長嶺府領河州。滿洲源流考引明人地志曰：廢河州在黄龍府北，遼置州。又引一統志：開元東北五百里有穩圖河，源出坊州北山，北流入松花江。所謂坊州，疑即河州，考遼、金無坊州。第因河州有軍器坊，遂以坊州屬之，亦恐未足爲憑。」

祥州，〔一〕**瑞聖軍**，節度。〔二〕興宗以鐵驪户置。〔三〕兵事隸黄龍府都部署司。統縣一：

懷德縣。

〔一〕今吉林農安縣城東北六十里萬金塔古城。

輯本元一統志卷二：「廢祥州，在賓州西南，屬黄龍府。」雲麓漫鈔卷八引御寨行程：「威州五十里至龍驪館（農安），六十里至詳（祥）州常平館，六十里至賓州混同館。」松漠紀聞：「賓州七十里至北易（益）州，五十里至濟州東鋪，二十里至濟州（今農安）。」許亢宗行程録：「第三十四程，自托撒九十里至漫七離孛堇寨，道旁有益州、賓州，（皆）空城。」賓州既在今農安東北，則此賓州空城疑是祥州之誤。

〔二〕按本史卷三〇天祚帝紀：耶律大石歷泰、祥二州刺史。

〔三〕本史卷九四耶律速撒傳：「應曆初：歷霸、濟、祥、順、聖五州都總管……保寧三年，改九部都詳穩。」

遼史補注卷三十九

志第九

地理志三

中京道

中京大定府，〔一〕虞爲營州，夏屬冀州，周在幽州之分。秦郡天下，是爲遼西。漢爲新安平縣，〔二〕漢末步奚〔三〕居之。幅員千里，多大山深谷，阻險足以自固。魏武北征，縱兵大戰，降者二十餘萬，去之松漠。〔四〕其後拓拔氏乘遼建牙於此，〔五〕當饒樂河〔六〕水之南，溫渝河〔七〕水之北。唐太宗伐高麗，駐蹕於此。〔八〕部帥蘇支〔九〕從征有功。奚長可度〔一〇〕率衆内附，爲置饒樂都督府。〔一一〕咸通以後，契丹始大，奚族不敢復抗。太祖建國，舉族臣屬。聖宗嘗過七金山、〔一二〕土河之濱，南望雲氣，有郛郭樓闕之狀，因議建都。擇良工於燕、薊，董役二歲，郛郭、宮掖、樓閣、府庫、市肆、廊廡，擬神都〔一三〕之制。統和二十四年，五帳院進故奚王牙帳地。〔一四〕二十五年，城之，實以漢户，號曰中京，府曰大定。

皇城中有祖廟，景宗、承天皇后御容殿。城池湫濕，多鑿井泄之，〔一五〕人以爲便。大同驛以待宋使，朝天館待新羅使，來賓館待夏使。〔一六〕有七金山、馬盂山、〔一七〕雙山、松山、〔一八〕土河。〔一九〕

統州十、縣九：

〔一〕遺址在今内蒙古昭烏達盟寧城縣大明城。

清一統志卷二八：「城周二十里許。城内有浮圖二，城外西南隅有浮圖一。」又卷四〇六：「大寧故城，本遼時大定府，在今喀喇沁右翼南百里，喜峯口東北四百八十里，南北四門，東西二門，久圮。」

據一九六〇年内蒙古文物工作隊發掘報告：城址由外城、内城、皇城三重組成，保存基本完整。外城東西長四二〇〇米，南北寬三五〇〇米。幅員一五四〇〇米，約合三十里。殘存高度約四至六米間。西墻保存較好，有樓櫓痕迹。南墻中部有兩夯築土堆，高達六米，當爲朱夏門遺址。自朱夏門往北，有一中央幹道。長一四〇〇米，寬六〇米，兩旁有排水溝。幹道兩側，各有三條平行南北街道。另有東西街道五條。還有市坊、廊舍、官署、廟宇及驛館等建築。内城位於外城正中偏北，成一回字形建築羣。東西長二千米，南北寬一千五百米。東、南、北三面城墻保存較好，殘高約五米。築有樓櫓，間距約百米。南墻中部也有兩高土堆，當爲内城南門陽德門。皇城位處内城正中偏北，正方形，長寬各千米。城墻多被毁破，只有西墻殘迹隱約可見。南墻正中經鑽探，似有門址，當爲閶闔門。皇城東南角和西南角各有一封土堆，當爲東西角樓。發掘所見遺蹟，與宋使所記大體相符。（見文物一九八〇年第五期。）

武經總要前集卷二二北蕃地理志：「中京大定府，東至營州界青山嶺一百七十里，西即山後儒州界，東南至建州二百三十里，南至幽州九百里，北至上京六百九十里。」「軒車泊，周圍三十餘里，南中京，北上京。」

契丹國志卷二二：「中京之地，奚國王牙帳所居。由古北口至中京北，皆奚境。奚本與契丹等，後爲契丹所并，所在分奚、契丹、漢人、渤海雜處之。言語、風俗與契丹不同，善耕種，步射，入山採獵，其行如飛。契丹圖志云：奚地居上、東、燕三京之中，土肥人曠，西臨馬盂山六十里，其山南北一千里，東西八百里，連亘燕京西山，遂以其地建城，號曰中京。」長編：大中祥符元年（統和二十六年，一〇〇八）三月，宋摶等奉使至中京，記其所見云：「中京，在幽州東北，城壘卑小，鮮居人，夾道多蔽以墻垣。宮中有武功殿，國主居之，文化殿，國母居之。又有東掖、西掖門。」同年路振亦奉使至中京，撰乘軺録云：「外城高丈餘，東西有步廊，幅員三十里。南門曰朱夏門，凡三門，門有樓閣。自朱夏門入，街道闊百餘步，東西有廊舍，約三百間，居民列廛肆廡下，街東西各三坊，坊門相對。」此六街建置，似仿燕京，南京有六街，見本史卷一七聖宗紀太平五年。熱河志卷八二引元一統志：「東北隅豐實坊，東南隅虎臣坊、致用坊，西北隅世恩坊、勸善坊，西南隅利通坊、貨遷坊。」全遼文卷六耿延毅墓誌銘稱有貴德坊。下文王曾上契丹事一段亦記中京城垣市樓等。

乘軺録云：「（自朱夏門）三里，至第二重城門，城南門曰陽德門，凡三門，門有樓閣。城高三丈，有睥睨，幅員約七里。自陽德門入，一里而至内城，門曰閶闔門，凡三門。街道東西，并無居民，但有短墻以障空地耳。閶闔門樓有五鳳，狀如京師，大約制度卑陋。東、西掖門，去閶闔門各三百餘步，東、西角樓，相去約二里。是夕，宿大同驛。驛在陽德門外。驛東西各三廳，蓋仿京師上元驛也。……府曰大定府。無屬縣，有留守、府尹之官，官府寺丞，皆草創未就，蓋與朝廷通使以來，方議建立都邑。内城中止有文化、武功二殿，後有宫室，但穹廬毳幕。」據考古探測，内外城略呈回字形，内城墻東西長二千米，南北長一千五百米，墻上均設有馬面。皇城位處内城正中偏北，正方形，長、寬各千米。按本史卷一六聖宗紀：「開泰七年十月，名中京新建二殿曰延慶，曰永安。」

〔二〕漢書卷二八下地理志：遼西郡新安平。後漢書郡國志無此縣。索隱卷四：「一統志（引）舊志疑漢故縣本在大寧，漢末始南移在今灤州西，非是，蓋遼志援古多不足據也。漢章謂後漢無新安平縣，安知漢末有移縣治事。」

〔三〕按元一統志作部奚，疑是奚部倒誤，或部是步字之誤。索隱卷四：「後漢書三國志並無步奚傳，此志蓋誤以鮮卑步度根爲步奚，故云幅員千里，步度根爲檀石槐之孫，不能及檀石槐之彊盛，後爲小種鮮卑軻比能所殺。」

〔四〕索隱卷四：「魏武北征烏丸，與遼西烏丸、蹋頓、樓班等戰於丸城，此志誤以烏桓爲奚，而又誤以魏道武爲魏武。唐書北狄傳，漢曹操斬烏丸帥蹋頓，奚蓋其後也。亦想當然之詞。」

〔五〕「乘遼」二字不解，疑有訛脱。按輯本元一統志卷二大寧路：「奚匿松漠間。元魏時，其部族始於此建牙帳。」

〔六〕魏書卷二太祖紀：「登國三年五月，北征庫莫奚，六月，大破之，渡弱落水。」弱落水即饒樂水。

〔七〕明一統志卷一：「榆河，一名温榆河。」顧炎武昌平山水記卷下謂温榆河本水經注濕餘河之訛。又稱温榆河即榆河，下流由順義通州入潞河。索隱卷四：「朱彝尊日下舊聞據後漢書王霸傳注引水經注亦作温榆，以證遼史。漢章謂温榆河水，漢志在上谷郡軍都，遼志在南京道順州，並非此志温榆。顧祖禹讀史方輿紀要云：『土河亦名温榆河。』蓋此志温榆河水與水經温榆水，名同地異。亭林、竹垞皆未辨也。」

〔八〕按唐太宗伐高麗，出營州經渝關，似不應過此。

〔九〕索隱卷四：「案唐書：元魏時自號庫莫奚，至隋始去庫莫但曰奚。帝伐高麗，大酋蘇支從戰有功。」

〔一〇〕索隱卷四：「案唐書：可度下有者字。」

〔一一〕索隱卷四：「案唐地理志：奉誠都督府本饒樂都督府，唐初置，後廢。貞觀二十二年，以内屬奚可度者部落更置。」

〔一二〕即今九頭山，在中京城址北約七公里。輯本元一統志卷二：「在大寧縣北十五里，東西長十里，南北廣五里。山有七峯，因名。遼時嘗建三學寺於其中。」又：「三學寺，在大寧縣北十五里七金山。遼咸雍元年建，有碑。後罹兵火，碑字剥落難辨。」又：「興中州狼山上有三學寺。」索隱卷四：「今喀喇沁右翼東百二十里和爾博爾金山。」

〔一三〕神都指洛陽。新唐書卷四：「則天皇后光宅元年九月，改元，改東都爲神都。」

〔一四〕按本史卷一四聖宗紀：「統和二十年十二月，奚王府五帳六節度獻七金山土河川地。」卷一五聖宗紀：「開泰元年十二月，奉遷南京諸帝石像於中京觀德殿。」

〔一五〕據考古鑽探，自入朱夏門，道爲黄土、灰土及沙粒鋪成，路面畧呈弧形，寬達六十四米，兩側有排水溝，溝以石片及木板砌成，上覆石板木料，此項水溝設施，似即泄井。

〔一六〕索隱卷四：「三朝北盟會編：中京相府院，契丹時宰相所居。」

〔一七〕輯本元一統志卷二：「在大寧縣西六十里，中有一峯，形類馬盂，故名。」索隱卷四：「今喀喇沁右翼南百九十里明安山。」

〔一八〕輯本元一統志卷二：「在富庶縣西五十里，南北長二十里，東西廣五里。地多松，因名。」索隱卷四：「今喀喇沁右翼八十里納喇蘇台山。」拾遺卷一三引元混一輿地要覽：「大寧路，遼爲中京。

有瑇瑁山、熊山。」輯本元一統志卷二：「熊山，在龍山縣南六十里。俗傳遼主臨山畋獵，獲一白熊，因號熊山。上有熊山寺。」

〔一九〕輯本元一統志卷二：「塗河，源出惠州西北，經州界八十里，東北流入大寧縣南境，至大寧縣東北境二百二十里，入高州境，又東北流至行營草地，即此。」又：「撒馬水在大寧縣西北四十里，闊十步。遼太祖時牧馬於此，因名。源出撒馬峪，東流經縣境一百五十里，合於塗河。」承德府志卷二〇：「鎮國寺，在大定府西關，有鐵塔，遼統和三年建。」中國歷史地圖集編繪時，譚其驤曾撰文主張遼後期南北通和後，中京爲事實上之首都。讀史方輿紀要卷八：「契丹以臨潢爲皇都，亦曰上京……遼西曰中京。注：宋景德四年（統和二十五年），隆緒城遼西爲中京，府曰大定，自上京徙都焉。」遼史未明著遷都，但卷一五聖宗紀云：「統和二十八年秋八月辛亥，幸中京，丁卯，自將伐高麗，以皇弟隆祐留守京師。」本史卷八六劉六符傳：「道宗即位，將行大册禮，北院樞密使蕭革曰：『行大禮，備儀物，必擇廣地，莫若黄川。』六符曰：『不然。禮儀國之大體，帝王之樂，不奏於野。今中京四方之極，朝覲各得其所，宜中京行之。』上從其議。」當時未必有正式遷都之詔誥，但事實上已成四方之極。

大定縣。白霫故地，以諸國俘户居之。〔一〕

長興縣。〔二〕本漢賓從縣，以諸部人居之。〔三〕

富庶縣。本漢新安平地，開泰二年析京民置。〔四〕

勸農縣。本漢賓從縣地，開泰二年析京民置。〔五〕

文定縣。開泰二年析京民置。

升平縣。開泰二年析京民置。

歸化縣。本漢柳城縣地。

神水縣。本漢徒河縣〔六〕地，開泰二年置。

金源縣。本唐青山縣境，開泰二年析京民置。〔七〕

〔一〕索隱卷四：「案奚、霫五部，見隋書四夷突厥傳，唐書始有白霫傳。傳云：與同羅、僕骨接，南契丹，北烏羅渾，東靺鞨，西拔野古，保奥支水，冷陘山，是其故地在契丹北。又地理志以白霫部置居延州，白霫别部置稽落州，隸安北都護府，亦與奚、契丹之羈縻府、州隸營州都督府不同……或遼初徙白霫降户居大定縣歟？」全遼文卷九鄭恪墓誌銘：「君諱恪，世爲白霫北原人」，誌文爲「白霫布衣劉航書」。誌出喀喇沁右翼河洛村張家營子北山。金史卷二四地理志：「大定府大定（縣），遼縣舊名，有土河、七金山，陰涼河。」

〔二〕長興，原誤「長安」。據金史卷二四地理志、輯本元一統志卷二及陳襄使遼語録改。

熱河志卷六〇引金志大定府長興縣有土（塗）河。元史卷五九地理志：「大寧路大定縣，中統二年，省長興入焉。」熱河志卷六〇擬大定長興並爲府治。大定在府南，長興在府北。考金史卷二四地理志於長興縣及三韓縣皆注有塗河，知長興縣境與高州接，高州在中京之北，元時大定縣既併長興之後，距高州界一百五十里，則長興未併之先必在高州之南、大定之北矣。按路振乘軺録、王曾上契丹事，富谷館與中京之間爲通天館，陳襄使遼語録作長興館，館、縣名同。輯本元一統志卷二：「廢長興縣，遼既建中京，置長興爲赤縣。蕃、漢流民，雜居其間，故其習俗不同。」

〔三〕拾遺卷一三：「京東考古録曰：漢書賓從縣，莽曰勉武，今本亦有作賓徒者。後漢書：遼東屬國賓徒，故屬遼西。通鑑：晉趙王倫貶吴王宴爲賓徒縣王。秦苻堅封慕容垂爲賓徒侯，並取此爲名。晉書載記作賓都侯。都之與徒，以音相近而轉，尤爲明證。而遼史則云：中京大定府長安縣，本漢賓從縣地，勸農縣，本漢賓從縣地。此承漢志傳寫之譌，而未考後漢、晉二書也。」新舊唐書地理志羈縻奚州九，一曰鮮州，領縣一，曰賓從，亦作從。

〔四〕今遼寧喀喇沁左翼蒙古族自治縣北公營子土城子東南。富庶縣，金因，明廢。故城在故大寧衛東，亦在故平泉州東北，地名公營子。熱河志卷九七：「富庶故城，在平泉州東北。」輯本元一統志卷二：富庶縣西北至大寧路，東至建州，南至利州，西南至和衆縣。今州屬喀喇沁（左）翼旗東南境地名公營子，有廢城址，周五里，正當大寧之東南，與輯本元一統志卷二西北至大寧路一百五十里之方位相合。

據本史卷一五聖宗紀：開泰二年二月，此地原名山子川。

〔五〕據本史卷一五聖宗紀：開泰二年二月，此地原名阿覽峪。

〔六〕索隱卷四：「漢徒河故城，在故錦州府錦縣西北。」據本史卷一五聖宗紀：開泰二年二月，此地原名女河川。

〔七〕金源亦作金原，見全遼文卷九董庠妻張氏墓誌銘。

據本史卷一五聖宗紀：開泰二年二月，此地原名金甸子。索隱卷四：「晉書載記慕容廆遷於徒河之青山。通典：徒河青山，在營州郡城東一百九十里。金志金源注亦云：唐青山縣，遼以地有金甸爲名。考唐青山縣屬契丹降户青山州，其縣治似亦在今錦縣。金志又云：縣有駱駝山。今駱駝山在義縣北四十五里，見聖宗紀可證也。」

恩州，〔一〕懷德軍，下刺史。本漢新安平縣地。太宗建州。開泰中，以渤海户實之。

初隸永興宫，後屬中京。統縣一：

恩化縣。開泰中渤海人户置。

〔一〕今内蒙古赤峯市喀喇沁旗齊家村古城。亦即喀喇沁旗西橋鄉七家村古城。沈括使遼圖抄：

「中京：……濟三虜河，至臨都館。（南距中京七十里）皆平川，經小坡，自路曲東出七八里，望之可見曰恩州。」武經總要前集卷二二北蕃地理志云：「恩州，德光所建，本烏桓舊地，南至中京六十里（今大明城北六十里），西至馬盂山六十里，西北至曼頭山三十里，山北至宜坤州（本志作儀坤）五十里，西南至上京二百五十里（有誤），北至高州百二十里。」純常子枝語卷三八引地理叢考云：「恩州，南中京，西馬盂山，西北渡潢至曼頭山入宜坤州，北高州。」李考卷三：「恩州，在今內蒙古喀喇沁右翼北境。案此地前漢爲遼西郡邊境，後漢爲鮮卑地。」

惠州，〔一〕惠和軍，中，刺史。本唐歸義州地。〔二〕太祖俘漢民數百户兔麛山下，〔三〕創城居之，置州，屬中京。統縣一：

惠和縣。聖宗遷上京惠州民，括諸宮院落帳户置。〔四〕

〔一〕今遼寧建平縣八家子古城。熱河志卷九八：故城在承德府建昌縣北三百四十里，接內蒙古敖罕部境，地名博羅科。舊城周四里，北山有浮圖，高五丈。武經總要前集卷二二北蕃地理志：「西南至中京百二十里，南至建州二百三十里，北至潢水石橋，至高州百五十里。」

契丹風俗：「（自中京北）六十里至羖羱河館，過惠州，城二重，至低小，外城無人居，内城有瓦屋、倉廩，人多漢服。七十里至榆林館。」彭汝礪鄱陽集惠州詩三首之一：「城壘四五尺，閭閻千百家。朝塵疑作雨，暮雪欲飛花。舊寺僧何在？空堂鬼自邪。三更愁不寐，相笑是皇華。」蘇轍欒城集卷一六惠州詩：「孤城千室閉重闉，蒼莽平川絶四鄰。漢使塵來空極目，沙場雪重欲無春。羞歸應有李都尉，念舊可憐徐舍人。會逐單于渭橋下，歡呼齊拜屬車塵。」惠州是一片平原，與博羅科地勢相合。

〔二〕唐歸義州係河北道羈縻州，曾僑治良鄉之廣陽城，今良鄉縣東北境，此應指未僑治良鄉之前，原在博羅科。

〔三〕李考卷三：「在今内蒙古翁牛特左翼東北四十里，蒙古名爲布靖客。案敖罕之北八十里即翁牛特南境，蓋一山兼及兩部之境也。」清一統志卷二七：「布静克伊山，在赤峯縣屬翁牛特左翼東北四十里。漢名兔麛山。」

〔四〕輯本元一統志卷二：「十方講院，在惠和縣東北隅。遼壽隆二年建。」

高州，〔一〕觀察。唐信州之地。萬歲通天元年，以契丹室活部置。〔二〕開泰中，聖宗伐高麗，以俘户置高州。〔三〕有平頂山、〔四〕灤河。〔五〕屬中京。統縣一：

三韓縣。辰韓爲扶餘，弁韓爲新羅，馬韓爲高麗。〔六〕開泰中，聖宗伐高麗，俘三國之遺人置縣。户五千。

〔一〕在老哈河與英金河合流點不遠，寧城縣西北，今赤峯市東北太平地附近。武經總要前集卷二二北蕃地理志：「高州，南至中京百四十里，東南至恩州十里，西北至饒州六十里。」拾遺卷一三：「（高州）乃唐松漠府故壘，新州、武安故州也。」

〔二〕索隱卷四：「唐志以乙失活部落置，僑治范陽境。」

〔三〕按本史卷一二聖宗紀：統和七年正月，夏仙壽以功授高州刺史。開泰中或是增加俘户升觀察州。

〔四〕平，原誤「半」。按輯本元一統志卷二：「平頂山，在高州北五里。」據改。

〔五〕灤，原誤「欒」，按下文澤州及王曾行程録並作灤河，據改。

〔六〕索隱卷四：「後漢書東夷傳夫餘與三韓別傳。三韓：一馬韓、二辰韓、三弁辰。弁辰凡七十八國，其一曰伯濟，即百濟。三國志東夷傳：辰韓十二國，其一曰斯盧，即新羅也。而以伯濟爲馬韓所分。百濟國始見宋書夷貊傳，新羅國始見梁書夷貊傳，至唐書東夷傳以百濟爲扶餘別種，新羅爲弁韓種，與前史大異。此志本唐書而扶餘下無別種字，則與東京道所言夫餘故地自相矛盾矣。其實前漢之世，百濟王温祚已併馬韓，新羅王已併辰韓、弁韓。唐滅百濟後，高麗滅新羅。遼初猶以三韓名縣，不過因仍古號耳。」京東考古録引晉書云：「韓種有三：一曰馬韓，二曰辰韓，三曰弁韓。辰韓在帶方南，東西以海爲限。馬韓居山海之間，無城郭，凡有小國五十六，大者萬户，小者數千家，各有渠帥。又曰：辰韓在馬韓之東，自言秦之亡人，避役入韓，韓割東界以居之，立城柵，言語有類秦人，由是或謂之秦韓。初有六國，後稍分爲十二。又有弁韓，亦十二國，合四五萬户，各有渠帥，皆屬於辰韓。辰韓常用馬韓人作主，雖世世相承，而不得自立，明其流徙之人，故爲馬韓所制也。」索隱卷四又云：「案後漢高句驪與三韓别傳，與馬韓無涉，若遼時高麗全有三韓之地，不得以爲馬韓後。」

武安州，〔一〕觀察。唐沃州地。太祖俘漢民居木葉山下，因建城以遷之，號杏堝新城。復以遼西户益之，更曰新州。統和八年改今名。〔二〕初刺史，後升。有黄柏嶺、臬羅水、箇没里水。〔三〕屬中京。統縣一：

沃野縣。

〔一〕今内蒙古敖漢旗東白塔子古城。

新唐書卷四三下地理志：「契丹沃州，載初中置，後僑治薊之南回城。」（新唐書卷四三下地理志回城，舊唐書卷三九地理志作迴城。）金史卷二四地理志更名武安爲武平，元史卷五九地理志亦名武平縣。（在故大寧城北。）

〔二〕本史卷一三聖宗紀統和八年三月：「城杏堝，以宋俘實之。」

〔三〕按契丹國志卷首初興本末作臬羅箇沒里。「臬羅箇」，黄也；「沒里」，水也。即潢河，並非兩水。

利州，〔一〕中，觀察。本中京阜俗縣。統和二十六年置刺史州，〔二〕開泰元年升。屬中京。統縣一：

阜俗縣。唐末，契丹漸熾，役使奚人，遷居琵琶川。〔三〕統和四年置縣。初隸彰愍宮，更隸中京，後置州，仍屬中京。

〔一〕今遼寧喀左蒙古族自治縣大城子鎮古城。據來賓縣里堠碑：「北至阜俗縣黄家寨一百三十里。」錢大昕潛研堂金石文字跋尾卷一八曾定大城子古城址爲遼、金、元利州城，塔子溝紀畧因之。熱河志卷九八古迹云：「城東有金承安五年利州精岩禪寺圓蓋和尚塔銘，其文云：『松漠之北，利州之東，無縫塔樣，八面玲瓏。』又元至元二十四年利州長壽山玉京觀地産碑，其文云：『跋利州之西，憑榆河之渡，仡然魁秀者，長壽山也。』知大城子爲故利州城信矣。大城子在縣屬喀喇沁左翼旗北界，其西北接平泉州屬喀喇沁右翼旗界，爲大寧路地，亦與元一統志西北至大寧一百六十里之方位相合。」喀左縣西之雙尖山，有遼統和二十三年王悦墓誌銘（見全遼文卷五）出土。墓誌稱悦「葬於利州西三十里尖山南」。不僅利州方位明確，更知州西有尖山，至今仍沿用其名。武經總要前集卷二二北蕃地理志：「利州，東北至建州百一十里，西南至潤州六十里，（原作蘭州，遼志未著此州，金志利州龍山縣下有蘭州寨，應是遼州至金廢爲鎮寨者。）南小凌河路至平州五十五里，西北至中京百五十里。」

〔二〕統和二十三年王悦墓誌銘（見全遼文卷五）：「以其年（統和二十三年）十一月十六日，葬於利州西三十里尖山南焉。」二十三年已有利州，非二十六年始置。金史卷二四地理志：「統和十六年置。」遼史「二」字衍誤。按本史卷一五聖宗紀：統和二十九年六月升觀察。輯本元一統志卷二：「利州，統和十六年置。利州軍名曰永昌，開泰元年置，領阜俗縣。」

〔三〕拾遺卷一三：「琵琶川，奚所徙居，在州東北數十里，古北口北也。」索隱卷四：「案五代史記：奚當唐末居陰涼川，在營府之西，幽州之西南皆數百里，後徙居琵琶川，在幽州東北數百里。契丹阿保機彊盛，奚人常爲契丹守界上，苦其苛虐，奚王去諸以別部西徙媯州，始分爲東、西奚，自去諸自別爲西奚，而東奚在琵琶川者，亦爲契丹所併。一統志：琵琶川在建昌縣南。」武經總要前集卷二二北蕃地理志：「利州，承天后所建。」

榆州，高平軍，〔一〕下，刺史。本漢臨渝縣地，後隸右北平驪城縣。〔二〕唐載初二年，析慎州置黎州，[三]處鞊鞨部落，後爲奚人所據。太宗南征，横帳解里以所俘鎮州民置州。開泰中没入，屬中京。統縣二：

和衆縣。本新黎縣地。[四]

永和縣。本漢昌城縣地，[五]統和二十二年置。[六]

〔一〕今遼寧凌源縣西十八里鋪古城。李考卷三：「和衆在利州之西，而利州西有榆河。然則州之所以名榆者，其因榆河歟。」武經總要前集卷二二北蕃地理志作：「渝州，東至北海州（應作海北州），西北至中京百七十里，西至招延州四十里。」

索隱卷四：「案説文，渝水在遼西臨渝，東出塞。陳澧漢志水道疏證謂渝水今大凌河，則漢臨渝縣在今平泉縣西。水經注：渝水西南逕河連城，疑是臨渝故城。一統志：漢縣。古無的據。舊志因撫寧縣志，以獅子河爲渝河。遂謂今撫寧縣即漢臨渝，有故城在縣北，唐改石城，遼始徙灤州界，誤。漢章謂漢臨渝不在遼平州石城，亦不在大定榆州，志皆誤證。」

〔二〕索隱卷四：「案遼西之縣，安得隸右北平？漢志右北平驪成注：大揭石山在縣西南。水經注：禹貢碣石山在遼西臨渝縣南水中。此志蓋以此誤會。一統志：驪成，古莫知所在，舊志據輿地廣記云：碣石在今石城縣，故驪成也。以爲今樂亭縣西南三十里古城，其非遼榆州地可知。」

〔三〕慎州，原誤「鎮州」，據新唐書卷四三下地理志改。索隱卷四：「案唐志析慎州置。武德初，以鞢鞨涑沫烏素固部落置慎州。」

〔四〕索隱卷四：「案新黎縣即唐河北道黎州所領。一統志：和衆故城，今建昌縣西北二十五里。周三里有奇。土人稱土城子。又引九邊志：在白狼山北。今考水經注：白鹿山即白狼山，喀喇沁右翼西北三十里布虎圖山即白鹿山。」

〔五〕索隱卷四：「案漢昌城，據水經濡水注，在今灤縣西南，此志誤證。」

〔六〕按乾亨三年張正嵩墓誌銘已有永和縣。（見全遼文卷四。）

澤州，〔一〕廣濟軍，下，刺史。本漢土垠縣地。〔二〕太祖俘蔚州民，立寨居之，採煉陷河銀冶。〔三〕隸中京留守司。開泰中置澤州。有松亭關、〔四〕神山、九宮嶺、石子嶺、〔五〕灤河、撒河。〔六〕屬中京。統縣二：

神山縣。〔七〕神山在西南。

灤河縣。〔八〕本漢徐無縣地，〔九〕屬永興宮。

〔一〕今河北省平泉縣西南察漢城。

索隱卷四：「案一統志：舊會州城在平泉州北一百里，本遼澤州地，元改惠州，後訛爲會州。方輿紀要：會州城在大寧衛西南二百四十里，又行二百四十里即喜峯口，謂此城也。今故城高丈餘，周三里有奇，蒙古稱察哈城。又云：舊會州城在喀喇沁右翼南二百二十里，周三里餘，四門。蒙古名插漢城。本元時惠州地。漢章謂惠州，金所改。」

李考卷三：「蒙古遊牧記謂神山在承德府平泉州治北。其說曰熱河志：『按遼澤州治神山縣，縣以山名。遼志謂山在縣西南，考神山在今平泉州治，當時縣治又在神山東北，近倚州治，是遼澤州城當在今平泉州治北，喀喇沁中旗札薩克公所駐之南，自是以南至邊墻外，皆爲神山縣地，其州屬西南境，所屆頗遠。』金史太祖紀：既取中京，遂下澤州，旋降北安州。今平泉南境及承德府東南境，皆澤州之地也。」武經總要前集卷二二北蕃地理志：「東至利州百里，北至中京百里，西至北安州二百里，南至平州二百五十里，西南至松亭關二百里。」

〔二〕索隱卷四：「漢右北平土垠縣，一統志：在今豐潤縣東南關城，非遼澤州。」

〔三〕索隱卷四：「案淘金圖河源出喀喇沁右翼西南百九十里，西南流入灤河，與聖宗紀之陷河治異。」

〔四〕光緒永平府志卷二七：「松亭關，今之喜峯口是也。」索隱卷三：「松亭關，案在今喜峯口關北。一統志：喜峯口關在永平府遷安縣西北百七十里，西南去遵化州七十里，其北百二十里有松亭關，東北去大寧衛三百六十里，遼、金時故關也。拾遺引東都事畧曰：劉敞使契丹，言松亭趨柳河甚徑，不數日可至中京。又引宋元史質曰：閤詢使契丹言，松亭路迂枉，胡不徑葱嶺？皆見宋史列傳。又引高士奇松亭行紀曰：「喜峯口，古松亭山。則與一統志不合矣。」據近年當地查證，松亭關在北爲防南兵北進關隘，遼築。喜峯口在南爲防北兵南進關隘，明築。可在明初戰役中證實。

〔五〕熱河志卷六六：「拜察山，漢名神山，在平泉州屬喀喇沁右翼南一百五十里。遼志：『中京澤州有神山。』元一統志：『神山在惠州西南十三里。』按元惠州即遼澤州，在今平泉州南境，與此方位相合。當即古神山也。」劉敞使北詩有神山一題，注云：「在鹿兒峽北。又出山一題，注云：「自檀州東北入山，有金溝館、古北口館、新館、卧如來館、打造部落館、牛山館、鹿兒峽館再至鐵漿館。」凡九程始出山。

〔六〕輯本元一統志卷二：「瀓河，源出惠州西南乾山，東流至灤陽站東，合灤河。」清一統志卷一三：「舊志在永平府遷安縣西北一百六十里，亦名龍井關河。至縣西七十里漢兒莊南二里，東注灤河。」

〔七〕輯本元一統志卷二：「惠州有廢神山縣，元罷爲神山站。」索隱卷四：「金志：大定府神山縣。遼澤州（神山）縣，承安二年嘗置惠州，升孩兒館爲灤陽縣以隸之。泰和四年罷。永平府志：今漢兒莊即金孩兒館，金升爲縣，非遼灤河故縣。遼縣在今遷安縣西北百六十里灤陽營。蒙古遊牧記：遼神山縣當在今平泉州治北。」

〔八〕同治遷安縣志卷八：「灤河縣，遼置灤河縣，與神山並屬澤州。金廢州，留神山，以屬大定府，而灤河縣並廢，今灤陽營是也。」

〔九〕六字當置於南京道景州遵化縣下。水經注卷一四鮑邱水注：「庚水南流歷徐無山，又逕徐無縣故城東。」清一統志卷二九：「徐無故城在（遵化）州西。」

北安州，〔一〕興化軍，上，刺史。本漢女祁縣〔二〕地，屬上谷郡。晉爲馮跋所據。〔三〕唐爲奚王府西省地。〔四〕聖宗以漢户置北安州。〔五〕屬中京。統縣一：

興化縣。〔六〕本漢且居縣地。

〔一〕今河北隆化縣城北伊遜河東岸土城子。金史卷二太祖紀：天輔六年，既取中京，遂下澤州，旋降北安州。蓋中京之南爲澤州，澤州以西即北安州。

武經總要前集卷二二北蕃地理志：「後魏置安州。契丹建爲北安州。墨斗嶺、牛山、會僊石、灤河、柳河皆在其境。東北至中京二百五十里，西南至古北口二百八十里，南至幽州二百五十里，西北至柳河五十里。」又：「墨斗嶺亦名度雲嶺，在得勝嶺北百二十里，唐置墨斗軍使禦捍奚界。」欒城集卷一六會仙館二絶句曰：「北嶂南屏恰四周，西山微缺放溪流。胡人置酒留連客，頗識峯巒是勝遊。」「嶺上西行雙石人，臨溪照水久逡巡。低頭似愧南來使，居處雖高已失身。」

全遼文卷六宋匡世墓誌云：「統和十六年，授北安州興化縣令。」

〔二〕漢女祁故城在今河北省赤城縣境。遼屬西京道。

〔三〕北燕據地，西至僑置并州而止。此誤。

〔四〕索隱卷四：「案志蓋以唐羈縻祁黎州爲漢女祁縣。」

〔五〕城址西北部爲大片高臺建築基址，曾由高臺區採集得遼代建築構件和獸面大瓦當等遺物，可證此地曾有遼時建築。由高臺區面積之廣及磚石刻工之精，想見此地應有樓臺殿閣之類。舊傳此地曾有遼后梳妝樓。清乾隆青城詩云：「舊陌周環峙廢丘，傳聞遼后建妝樓。烟雲聚散皆陳迹，唯有伊遜河自流。」

〔六〕金史卷二四地理志：「北京路興州，本遼北安州興化軍，縣二：又有利民縣，承安五年以利民寨升，泰和四年廢。興化倚。遼舊縣，舊有白檀鎮。宜興，本興化縣白檀鎮。」錢氏考異卷八三云：「遼之北安州有興化縣，無利民縣。」是。縣有白檀鎮，金爲宜興縣。又利民寨，金亦升縣，後廢。朝陽縣董家店鄉于家溝村出土銅印一方。文曰：「白檀鎮商酒記。」無鑄造年月及款識。金史地理志言「舊有」，可推知爲遼鎮。據印文又可知有商酒官司。

清一統志卷二八：金、元、興州在承德府灤平縣西南，故城基址尚存。興化縣原誤「利民縣」，據全遼文卷六宋匡世墓誌及錢氏考異卷八三改。利民爲金承安五年以利民寨升置，遼無利民縣。利民寨，今河北省豐寧縣博洛河屯。興化縣在今承德縣喀喇河屯。

潭州，廣潤軍，下，刺史。本中京之龍山縣，〔一〕開泰中置州，仍屬中京。統縣一：

龍山縣。本漢交黎縣〔二〕地，開泰二年以習家寨置。

〔一〕今遼寧喀喇沁左翼蒙古族自治縣西南十八里白塔子古城。清一統志卷二八：「龍山故城在（承德府）建昌縣南，喀喇沁右翼旗西南八里大凌河之旁，有廢城址，周三里。」熱河志卷六〇：「元一統志：『龍山縣，東北至利州，西北至和衆縣。』知在利州之西南，和衆縣之東南，與喀喇沁左翼西南八里之説相合。元一統志又謂：『南至撫寧縣界冷口，西南至遷安縣。』則自今永平府冷口邊墻以外建昌南境爲龍山縣地也。」

輯本元一統志卷二：「石柱山，山中有方圓石柱，遼時有僧建寺於此，後寺廢，柱礎猶存。」又云：「極樂寺，在龍山縣西南十三里，遼時建，内有劉鑾塑像。石柱山寺，（在）龍山縣南八十里石柱山中，遼僧白羊大師建寺於此。」參見本卷中京大定府注〔一八〕。

〔二〕漢書卷二八下地理志下遼西郡交黎應劭注：今昌黎。太平寰宇記卷七一：後漢改交黎爲昌黎。故城在營州柳城縣東南。是交黎爲續志之昌黎。當在今土默特右翼東南，不在此。

松山州，勝安軍，〔一〕下，刺史。開泰中置。統和八年省，復置。〔二〕屬中京。統縣一：

松山縣。〔三〕本漢文成縣地，邊松漠，商賈會衝，開泰二年置縣。有松山川。〔四〕

〔一〕今赤峯市西南五十里城子村古城。松山州，山原誤「江」，據本史卷四八百官志四及金史卷二四地理志改。松山縣，山原亦誤「江」，據本史卷一五開泰二年二月及金史卷二四地理志改。州治松山縣，即今赤峯市西南城子村。村南猴頭溝。在猴頭溝鄉缸瓦窑村有遼代窑址。薛映行記：「自中京正北八十里至臨都館，又四十里至官窑館，又七十里至松山館。」中京南北皆有窑。熱河志卷九七：「松山故城，在赤峯縣境。元一統志：『松州，東南至大寧路，東至高州，西至興州。』今縣境地名小烏珠穆沁，有廢城址，高四、五尺，周四里，正當平泉州境大寧故城之西北，與元一統志東南至大寧二百二十里之方位相合。當爲故松山城。」城在今赤峯縣大營子之東二十公里處。

〔二〕復置謂開泰中置爲復置。對統和八年省而言。可見始置必在統和八年以前。

〔三〕距城東南約二十公里山上有石窟，初建於乾統二年，金皇統三年重修。輯本元一統志卷一：「遮蓋山，在松州東南二十里。」山在今翁牛特旗南境小烏珠穆沁廢城南十餘里，有金皇統三年千佛洞碑銘云：「縣之東南，有山孤嵐，名曰遮蓋。」在金時有松山縣而無松山州，所稱縣之東南者，殆即指松山縣也。

〔四〕索隱卷四：「案漢志文成有渝水，又有侯水，北入渝。水道疏證謂侯水爲大凌河之源喇木倫水，渝水則即大凌河。據此可知此州在今敖穆稜河旁，喀喇沁左翼西。」

宋王曾上契丹事曰：出燕京北門，至望京館。五十里至順州。七十里至檀州，漸入山。五十里至金溝館。將至館，川原平曠，謂之金溝淀。〔一〕自此入山，詰曲登陟，無復里堠，但以馬行記日，〔二〕約其里數。九十里至古北口，兩傍峻崖，僅容車軌。〔三〕又度德勝嶺，盤道數層，俗名思鄉嶺。〔四〕八十里至新館。〔五〕過雕窠嶺、偏槍嶺，〔六〕四十里至卧如來館。〔七〕過烏灤河，〔八〕東有灤州，又過摸斗嶺一名渡雲嶺、〔九〕芹菜嶺，七十里至柳河館。松亭嶺甚險峻，七十里至打造部落館。〔一〇〕東南行五十里至牛山館。八十里至鹿兒峽館。過蝦蟆嶺，九十里至鐵漿館。〔一一〕過石子嶺，〔一二〕自此漸出山。七十里至富谷館。〔一三〕八十里至通天館。二十里至中京大定府。城垣卑小，方圓纔四里許。門但重屋，無築闍之制。南門曰朱夏，門内通步廊，多坊門。又有市樓四：曰天方、大衢、〔一四〕通闤、望闕。次至大同館，其門正北曰陽德閶闔，城内西南隅岡上有寺。〔一五〕城南有園圃，宴射之所。自過古北口，〔一六〕居人草庵板屋，耕種，但無桑柘；所種皆從壠上，虞吹沙所壅。山中長松鬱然，深谷中時見畜牧牛馬橐駝，多青羊黄豕。〔一七〕

〔一〕淀亦作甸，意謂川原平曠之地，非指河水河道。此甸因溝得名。索隱卷四：「今興州河東南流至灤平縣境，復折而東流，經金溝屯之東，入灤河。」誤指金溝。彭汝礪鄱陽集金鈎館詩：「絶域三千里，窮村四五家。雲深無去雁，日暮有棲鴉。霧擁雲垂野，霜連月在沙。夜長無復寐，寂寞聽寒笳。」

〔二〕按王曾行程録作：「以馬行記日影，而約其里數。」

〔三〕按以上屬南京道，以下屬中京道。古北，乘軺録作虎北。云：「虜置榷場於虎北口而收地征。」

〔四〕按即今古北口北五十餘里十八盤嶺。乘軺録云：「下虎北口山，即入奚界，五里，有關，虜率十餘人守之，澗水西南流，至虎北口南，名朝里河。河五十里過大山，名摘星嶺，高五里，又謂之辭鄉嶺。十六日，自新館行，至卧如館四十里。七里過編厢嶺。十七日，自卧如館東北行，至柳河館六十里。五里過石子嶺，道險。三十里過鑾河，四十里過墨斗嶺，又行十餘里，至平州路，六十里過柳河。十八日，過柳河館，東北行，至部落館八十里。十里過小山，六十里過契丹嶺。十九日，自部落館東北行，至牛山館五十里，山勢平漫。二十日，自牛山館東北行，至鹿兒館六十里，地勢微險。二十一日，自鹿兒館東北行，至鐵漿館八十里，山勢平遠。二十二日，自鐵漿館東北行，至富谷（音浴）館八十里，山勢平遠。二十三日，自富谷館東北行，至通天館八十里，山遠路平。二十四日，自通天館東北行，至契丹國三十里，山遠路平。」陳襄、沈括亦有行記，可以相互參訂，沈括同王曾作思鄉嶺，即路振所記辭鄉嶺或摘星嶺，陳襄作望雲嶺，彭汝礪鄱陽集有望雲嶺詩，注云：「自古北口五十里至嶺上，南北使者各置酒三盞，乃行。」詩云：「人臣思國似思親，忠孝從來不可分。更與諸君聊秣馬，請登高處望堯雲。」蘇頌蘇魏公集卷一三前使遼詩有過摘星嶺詩曰：「路無斥堠惟看日，嶺近雲霄可摘星。」自此以南路平坦，以北，山路險滑。蘇氏後使遼詩中，亦有詩咏摘星嶺：「昨日才離摸斗東，今朝又過摘星峯。」原注：「摸斗、摘星，二嶺名。」高士奇塞北小鈔記其扈從行程，過十八盤嶺，盤道曲折。以爲即遼思鄉嶺。

〔五〕按大典卷一一九八一引王曾行程録：「四十里至新館。」沈括使遼圖抄：「新館西南距古北口七十里」。又云：「自古北口至新館，山川之氣，險麗雄峭，路由峽間，詭曲降陟；而潮里之水，貫瀉清洌，虜境之勝，殆鍾於此。」蘇頌蘇魏公集卷一三後使遼詩過新館罕見居人詩曰：「引弓風俗可傷嗟，滿目清溪與白沙。封域雖長編户少，隔山才見兩三家。」

〔六〕偏槍嶺，路振作編厢嶺。

〔七〕卧如來館，路振作卧如館，沈括使遼圖抄云：「卧如館：西南距新館四十里，館宅川間，中有大水曰霤水，乃故霤之區也。絶霤有佛寺，隳崖石以爲偃佛，此其所以名館也。」

〔八〕灤，原誤「濼」。據王曾行程録改。烏灤河，路振作鑾河，沈括作欒水，均誤。宋會要、契丹國志引王曾此文，並作烏灤河，是。即今灤河。

〔九〕摸斗嶺，摸原誤「黑」。宋會要、契丹國志所引並作「墨斗嶺，亦名度雲嶺，長二十里許，又過芹菜嶺，七十里至柳河館。」陳襄、沈括、蘇頌並作摸斗嶺，是。據改。謂其高可摸斗也。度雲意亦謂高。本志既誤嶺名，又誤作二嶺。「一名」二字原脱，渡原作「度」，並據王曾行程録補正。

〔一〇〕「至」、「館」二字原脱，據王曾行程録補。

〔一一〕陳襄、路振、沈括並作鐵漿館，李燾引王曾此文作鐵匠館，劉敞公是集卷二一有鐵漿館詩注云：「此館以前屬奚，山溪深險，以北屬契丹，稍平衍，漸近磧矣。別一道自松亭關入幽州，甚徑易，敵常秘不欲使漢知。」宋綬契丹風俗亦云由古北口至中京北皆奚境。關於劉敞所稱遶路事在其行狀、墓誌、東都事畧卷七六及宋史卷三一九本傳中已演成佳話，流傳當時，謂驛道回屈。按沈括所記自柳河館至打造館「有徑路行於巑岏薈翳之間，較之驛道，近差十里餘」。

〔一二〕宋人行程録云：館問過一嶺，或謂石子嶺。

〔一三〕路振亦作富谷，原注谷音浴。按熱河志在平泉州東北境。輯本元一統志卷二引宋綬出使録：「富谷館八十里至通天館，距中京二十里。」

〔一四〕宋會要引王曾行程録，天方、大衢作天市、天衢。

〔一五〕城内，原誤「城西内」。據宋會要王曾行程録改。

〔一六〕古北口，古字原脱，據宋會要王曾行程録補。

〔一七〕宋會要引此文與本志同誤作青鹽黄豕。長編、契丹國志引并作青羊黄豕，是。據改。

成州，〔一〕興府軍，〔二〕節度。晉國長公主以媵户置，軍曰長慶，隸上京。復改軍名。〔三〕統縣一：

同昌縣。

〔一〕按即上京成州，遺址在今阜新西紅帽子村。

〔二〕按上京道作成州長慶軍。本史卷一六聖宗紀太平元年三月，「駙馬都尉蕭紹業建私城，賜名睦州，軍曰長慶。」是此州原爲頭下州，名睦州，軍曰長慶。後隸上京道即成州長慶軍；改隸中京道以後爲成州興府軍。

〔三〕復改軍名之上，應有「後來屬」三字。

興中府，〔一〕本霸州彰武軍，節度。古孤竹國。〔二〕漢柳城縣〔三〕地。慕容皝以柳城之北，龍山之南，〔四〕福德之地，乃築龍城，構宮廟，改柳城爲龍城縣，遂遷都，號曰和龍宮。〔五〕慕容垂復居焉，〔六〕後爲馮跋所滅。〔七〕元魏取爲遼西郡。〔八〕隋平高保寧，置營州。〔九〕煬帝廢州置柳城郡。〔一〇〕唐武德初，改營州總管府，尋爲都督府。萬歲通天中，陷李萬榮。神龍初，移府幽州。開元四年復治柳城。八年西徙漁陽。十年還柳城。後爲奚所據。〔一一〕太祖平奚及俘燕民，將建城，命韓知方擇其處。〔一二〕乃完葺柳城，號霸州彰武軍，節度。統和中，制置建、霸、宜、錦、白川等五州。〔一三〕尋落制置，隸積慶宮。後屬興聖宮。重熙十年升興中府。〔一四〕有大華山、小華山、〔一五〕香高山、〔一六〕麝香崖——天授皇帝刻石在焉、〔一七〕駐龍峪、神射泉、小靈河。〔一八〕統州二，縣四：〔一九〕

興中縣。本漢柳城縣地。〔二〇〕太祖掠漢民居此，建霸城縣。〔二一〕重熙中置府，更名。

營丘縣。〔二二〕析霸城置。

象雷縣。開泰二年以麥務川置。初隸中京，後屬。

閭山縣。本漢且慮縣。〔二三〕開泰二年以羅家軍置。隸中京，後屬。

安德州，〔二四〕化平軍，下，刺史。以霸州安德縣置，來屬。統縣一：

安德縣。統和八年析霸城東南龍山徒河境户置。初隸乾州，更屬霸州，置州來屬。

黔州，〔二五〕阜昌軍，下，刺史。本漢遼西郡地。太祖平渤海，以所俘户居之，隸黑水河提轄司。安帝〔二六〕置州，析宜、霸二州漢户益之。初隸永興宫，更隸中京，後置府，來屬。統縣一：

盛吉縣。太祖平渤海，俘興州盛吉縣民來居，因置縣。

〔一〕今遼寧省朝陽市老城區。

武經總要前集卷二二北蕃地理志：「興中府，營州地，唐平盧軍節度使治所，東至遼河三百里，西至中京三百里，西南至建州六十里，北至潢水四百里，西北至松陘嶺百里，東南至安東都護府二百七十里，號平壤城，東北至白川州七十里。」水道提綱卷二曰：「古興中城，俗曰古爾板蘇巴漢城，遼、金時三塔猶存。」閱微草堂筆記卷一五姑妄聽之：「三座塔，蒙古名古爾板蘇巴爾，漢、唐之營州柳城縣，遼之興中府也，今爲喀喇沁右翼地。」漢柳城與隋、唐柳城非一地。隋有遼西郡，置營州，設柳城郡轄柳城縣；唐置營州都督府，亦設柳城郡，轄柳城縣。隋、唐之營州州治與柳城郡治及其所轄柳城縣治均在一地，即今朝陽老城區。

〔二〕索隱卷四：「周書齊語，始見孤竹，爾雅釋地作觚竹。漢志：遼西郡令支有孤竹城。應劭注：故伯夷國。水經濡水注：濡水又東南流，逕令支縣故城東孤竹城西，孤竹君祠在山上，城在山側。一統志：孤竹山距城西十五里，孤竹國城在其陰。」

潛研堂金石文跋尾卷一七：「右釋迦佛舍利塔記。興中故城之址有浮圖三焉，土人名其地曰三座塔。其南塔之前，嘗有掘土得地宮。一崇八尺，廣六尺五寸，八面相等，周遭嵌碑文。其一片云：『維大契丹國興中府重熙十五年丙戌歲十一月丁丑朔十六日壬辰起手鑄，次年四月乙巳朔八日壬子午時葬釋迦佛舍利。』記凡五十字，字大徑二寸餘。末載辦塔主僧，則覺花島海雲寺業律沙門志全也。塔徙於天慶二年，以釋慧材所撰記考之，塔蓋十三簷，藏釋迦佛舍利一千三百餘顆，定光佛舍利六百餘顆，此惟云釋迦，文不備也。」

〔三〕漢書卷二八下地理志遼西郡有此縣，續漢書地理志：遼西郡無此縣。新唐書卷三九地理志三：永泰元年，於平州置柳城軍。

〔四〕南應作西。通鑑卷九六晉紀：「咸康七年春正月，燕王皝使唐國内史陽裕等築城於柳城之北，和龍山之西，立宗廟、宫闕，命曰龍城。」胡注：「由此改柳城爲龍城縣。」輯本元一統志卷二謂：「和龍山在興中州東。」元興中州即今朝陽城。

〔五〕拾遺卷一三引水經注卷一四：「燕慕容皝以柳城之北，龍山之南，福地也。使陽裕築龍城，改柳城爲龍城縣。十二年，黑龍、白龍見於龍山。皝親觀龍，去二百步，祭以太牢。二龍交首嬉翔，解角而去。皝悦。大赦。號新宫曰和龍宫，立龍翔祠於山上。」

〔六〕京東考古録：「垂都鄴，其子寶始還龍城也。」

〔七〕京東考古録：「高雲滅慕容氏，馮跋代高雲，非跋滅慕容氏也。」

〔八〕索隱卷四：「魏書地形志：遼西郡屬平州，無龍城縣，惟營州治和龍城，其屬郡昌黎，有龍城縣。注：真君八年併柳城，昌黎，棘城屬焉。此志未分别言之。」

〔九〕索隱卷四：「營州非隋始置，後魏已取古營州以名州矣。周書武帝紀：建德六年十二月，北營州刺史高寶寧據州反，是營州對後魏之南營州，又曰北營州。」

〔一〇〕索隱卷四：「隋書地理志：大業初置遼西郡，與志異。然通鑑隋紀大業十三年，虎賁郎將羅藝黜柳城太守楊林甫。蓋隋末曰柳城郡。此志與太平寰宇記同。」

〔一一〕案新唐書卷三九地理志：「營州柳城郡，本遼西郡，天寶元年更名。縣一，柳城。西北接奚，北接契丹。」

〔一二〕按本史卷七四韓知古傳，神册初知古曾授彰武節度使，與此事蹟合。知方亦未另見，疑「方」是

「古」字之訛。太祖平奚及俘燕民建城，則初建時應爲太祖之私城也。

〔一三〕按本史卷一六聖宗紀開泰七年閏四月：「以蕭進忠爲彰武軍節度使兼五州制置。」

〔一四〕按金史卷二四地理志作重熙十一年升。

〔一五〕清一統志卷二七：「華山，在朝陽縣東北土默特右翼境，漢名大華山。」又據清一統志卷四〇五：小華山有二：一在其東四十里，一在其北十五里。

〔一六〕輯本元一統志卷二：「昊天寺，在大寧縣西一百里香臺山。遼乾統七年建。」又：「香臺峯，在大寧縣西一百里。遼建昊天寺。」

〔一七〕輯本元一統志卷二：「和龍山在興中州東，南北長六十里，東西廣三十里，一峯特聳，號曰天柱孤峯。遼天授皇帝嘗獵其間，獲一香麝，因名其崖曰麝香崖，峪曰駐龍峪，泉曰神射泉。」又：「華嚴寺，遼天授皇帝嘗獵和龍山，建華嚴寺。」又：「崇福寺，在興中州西南隅。遼乾統二年建。」又：「大觀音閣，在興中州市心。遼清寧四年建。」

新唐書卷三九地理志：營州土貢麝香。

蒙古遊牧記卷二：「土默特右旗南三十餘里，有努祿拉呼山，亦名駐龍峪」，即此。

〔一八〕今稱小淩河，東南流至錦縣入海。全遼文卷一〇妙行大師行狀碑有海北州淩河。

〔一九〕全遼文卷一三劉日詠墓誌銘題：「大契丹國興中府南和州劉公墓誌銘并序。」

本史卷八六耶律合里只傳：「我嗣聖皇帝俘石重貴，至今興中有石家寨。」

〔二〇〕本史卷四〇地理志四：「南京道營州廣寧縣，漢柳城縣，屬遼西郡。東北與奚、契丹接境，萬歲通天元年，入契丹李萬榮。神龍元年移幽州界，開元四年復舊地。」據出土墓誌與城址勘查，漢柳城在南，濱於今大淩河東岸；隋唐之柳城在北，在大淩河西岸，相距十一二公里。唐永泰元年，於平州置柳城軍，又與柳城縣不同。

拾遺卷一三：「歐陽忞輿地廣記曰：『隋開皇初改龍城縣曰龍山，十八年，復改曰柳城。』隋圖經曰：『鮮卑山，在柳城縣東南。』」

〔二一〕在今朝陽縣朝陽鎮。開泰九年耿延毅墓誌銘（見全遼文卷六）：「葬於章武軍霸城縣八角山前原。即柳城西北是也。」今此墓正發現於朝陽鎮西北，墓地後有一小山，八峯並峙，應即八角山。

〔二二〕拾遺補卷四：「趙一清水經注釋曰：『營丘城在營州南。慕容廆以宥州流人置營丘郡，契丹重熙初，析霸城置營丘縣，蓋因故郡爲名也。』」

〔二三〕索隱卷四：「且慮、閭山並以醫無閭山名，漢屬遼西，遼屬興中，即隋、唐營州。寰宇記云：營州西南至平州七百里。」

〔二四〕今朝陽市東南六十里五十家子古城。

民國朝陽縣志卷一〇：「安德故城，在朝陽縣東南柏山上。有廢城址，城外古井旁，有遼乾統八年安德州靈巖寺碑，爲朝請大夫、守殿中少監、知安德州軍州事耶律劭撰，知即故安德城。」又朝陽出土金興中府永德縣内真言幢。金史卷二四地理志永德注：「遼安德縣。」索隱卷四：「案金廢州改縣曰永德。一統志：永德廢縣在錦縣西北。舊志：北去興中城百里。蒙古遊牧記：土默特右翼旗南七十里，有遼安德故城。」

〔二五〕今義縣、北票交界處。

〔二六〕按本史卷七穆宗紀：穆宗謚曰孝安敬正皇帝。安帝指穆宗亦不合。道光殿本改安帝爲世宗，未詳何據。此言初隸永興宮，檢卷三一營衞志上：太宗永興宮有黔州。

武經總要前集卷二二北蕃地理志：「黔州，東北至望海峯五十里，東至顯州五十里，東南至梁家務六十里，北至閭山縣六十里。」又：「白川州，東至黔州五十里」。索隱卷四：「今土默特右翼西百七十里有喀喇城，周六里有奇，四門，西北有二塔。一統志：蓋亦遼、金時州縣。漢章謂蒙古語喀喇黑也，與黔爲黑同，此州本隸黑水河提轄司，故相傳謂之喀喇城。」

宜州，〔一〕崇義軍，上，節度。本遼西纍縣〔二〕地。東丹王每秋畋于此，興宗以定州俘户建州。〔三〕有墳山，松柏連亘百餘里，禁樵採，淩河，累石爲堤。隸積慶宮。統縣二：

弘政縣。世宗以定州俘户置。民工織紝，多技巧。

聞義縣。世宗置。初隸海北州，後來屬。〔四〕

〔一〕今遼寧義縣。按紀大安三年，天慶八年並作義州。李慎儒以爲在城東北二十五里。按全遼志卷一：「義州衛，在遼陽城西四百二十里，五代淪於契丹，改宜州崇義軍。」遼載云：「奉國寺在宜州城内，殿高七丈，佛像稱是。一名七佛寺，剏於遼開泰中。」今奉國寺實在義縣城内東北隅，清光緒八年修理正殿時，發見附於梁架之題記：「遼開泰九年正月十四日起工。」是今義州即宜州，非城東北二十五里之地。

本史卷九四耶律速撒傳：「歷霸、濟、祥、順、聖五州都總管。」卷四八百官志四：「五州都總管府。耶律速撒，穆宗應曆初爲義、霸、祥、順、聖五州都總管。」或疑濟州即義州。静安寺碑額題「大遼義州大横帳蘭陵（郡）夫人蕭氏創建静安寺碑。」（見全遼文卷八創建静安寺碑銘注。）

〔二〕索隱卷四：「一統志：纍縣故城在今永平府昌黎縣南，又云應在今灤州、樂亭間，不在遼宜州境。」

〔三〕王郁，天顯初爲崇義軍節度使。又卒於宜州，見本史卷七五本傳，是宜州在太祖時已有。全遼文卷四保寧十年李内貞墓誌：「次子璟，攝宜州觀察推官。」則保寧間曾是觀察州。同卷乾亨三年劉繼文墓誌亦有宜州。（按本史卷一三聖宗紀：統和八年三月置宜州。）

蒙古遊牧記卷二：「今朝陽縣治東北一百九十里，有台頭溝山，山下爲廳峪道院故址，有金皇統八年宜州廳峪道院復建藏經千人邑碑。碑文稱廳峪者，耶律賽因温家之墓所，建以藏經。今惟石佛數尊尚存，半已殘損。有通吴軍壘。永平府志載遼中京宜州有江南水軍，號通吴軍壘。知當在其境。」

〔四〕索隱卷四：「東京道海北州，初隸宜州，後屬乾州。統縣一，曰開義。與此聞義異。金志：義州開義。注：遼海北州縣故名，是開義非金改名，豈海北州屬乾州時，已改聞義爲開義歟？一統志：開義廢縣在義州南四十里。」

淩，原作埈，殿本作浚，似應是淩河，即建州靈河。

錦州，臨海軍，〔一〕中，節度。本漢遼東無慮縣。〔二〕慕容皝置西樂縣。太祖以漢俘建州。有大胡僧山、小胡僧山、〔三〕大查牙山、小查牙山、〔四〕淘河島。隸弘義宮。統州一，縣二：

永樂縣。

安昌縣。〔五〕

巖州，〔六〕保肅軍，下，刺史。本漢海陽縣地。〔七〕太祖平渤海，遷漢户雜居興州境，聖宗於此建城焉。有銀冶。〔八〕隸弘義宮，來屬。〔九〕統縣一：

興城縣。〔一〇〕

〔一〕今遼寧錦州市。

拾遺卷一三：「奉使行程録曰：『第二十程自紅花務九十里至錦州。自出渝關東行，路平如掌，至此微有登陟，經由十三山下，歐陽文忠叙胡嶠所記十三山即此。』元混一輿圖要覽曰：『離營州，東行六十里至渝關，五百八十里至錦州。』遼載曰：『大廣濟寺，在錦州城内，有白塔十三層，高二百五十丈，造於遼道宗清寧間，後降舍利藏之，金高璉有記。』」

〔二〕索隱卷四：「案志於東京道顯州奉先縣，乾州奉陵縣並曰漢無慮縣地。此州當曰漢遼西徒河縣地。徒河故城在今錦縣西北。」

〔三〕全遼文卷九大安五年蕭孝忠墓誌：「錦州界内胡僧山西二十里北撒里比部。」

索隱卷四：「錦縣西七十五里大紅羅山，高五里餘，周五十餘里。縣西六十里有小紅羅山，周三十里。兩山對峙，東西綿亘百餘里。」

〔四〕索隱卷四：「錦縣西南六十里大筆架山、小筆架山，對峙海中，潮退有石如橋。一廣八丈，長四里許，一廣三丈，長三里許。」

〔五〕索隱卷四：「錦縣西九十五里，有古安昌縣之永和村，城基東有一塔，塔下有金大定間碑，即其故址。周二里百九十步，門四。」

〔六〕今遼寧興城縣南四城子。河北省平泉出土嵒州刺史王鄰墓誌銘：「持節嵒州諸軍事嵒州刺史。」（見全遼文卷五。）嵒州，巖州之舊稱，當時屬東京道。

〔七〕清一統志卷一四：「漢海陽故城，漢置，唐平州馬城縣。」遼改置望都縣，在今永平府界，不在此。（參見明一統志卷五。）

〔八〕「有銀冶」三字據賈師訓墓誌銘（見全遼文卷九）增。

〔九〕按應是「初隸弘義宫，後來屬」。

〔一〇〕金史卷二四地理志：「興城縣有桃花島。」按即本志淘河島。全遼志卷四：「興城縣，（在）寧遠城南四十里，今在海中覺華島。」盛京通志卷二八：「在今州南十五里桃花島上，故址猶存。」覺華島在州南二十里海中，元屬瑞州，遼時或屬來州。桃花島在州南十五里海中，興城似應在此島。許亢宗行程録：「海雲寺去海半里許。」寺在覺華島上，離海岸近。今距離較遠，應是地形變化。

〔補〕**靈州**，節度。〔一〕

〔一〕在靈河沿岸。乘軺録：「沿靈河有靈、錦、顯、霸四州，地生桑、麻、（産）貝、錦，州民無田租，但供蠶織，名曰太后絲蠶户。」先爲觀察，見本史卷一〇九王繼恩傳；後爲節度，見契丹國志卷一三。

川州，〔一〕**長寧軍**，中，節度。本唐青山州〔二〕地。太祖弟明王安端置。會同三年，詔爲白川州。〔三〕安端子察割以大逆誅，没入，省曰川州。初隸崇德宫，統和中屬文忠王府。

統縣三：

弘理縣。〔四〕統和八年以諸宮提轄司户置。

咸康縣。〔五〕

宜民縣。〔六〕統和中置。

〔一〕今遼寧北票縣東北八十里黑城子古城。民國朝陽縣志卷一〇：「白川州故城，在朝陽縣東北六十七里。遼置川州，治咸康縣，並領弘理、宜民二縣，尋省弘理縣。武經總要謂白川州西南至霸州七十里。今土默特右翼旗北一百五里地名四角坂，有廢城址，東西一百五丈，南北一百五十丈。周不及三里。其西南距縣治六十七里，與武經總要所記方位正合。城内有遼開泰二年石幢記，爲白川州官吏所建。知即遼時故白川州城。」武經總要前集卷二二北蕃地理志：「白川州，東距醫巫閭山，西至營州。地宜桑柘，民知織紝之利。東至黔州七十里，西至中京四百三十里，東南至宜州百里，西南至霸州七十里。」潛研堂金石文跋尾卷一七：「興中故城東北六十七里有古城址，周不及三里，遼白川州地也，城中有遼石幢記。」

〔二〕索隱卷四：「唐志，契丹羈縻青山州，析玄州置，統青山縣。今義縣東三十里有青山，即唐置州地。」

〔三〕原治咸康縣，在今北票縣西南八家鄉四家板村大淩河北岸。後遷宜民縣。輯本元一統志卷二：「川州文廟，遼時嘗創廟學於川州治西南，金承安五年重修，泰和初趙秉文爲記。」

〔四〕弘理，本史卷一三聖宗紀作洪理。輯本元一統志卷二：「遼川州，領咸康、宜民、弘理三縣。遼後省弘理入宜民。」

〔五〕承德府志卷四八載遼開泰二年石幢記，銜名有儒林郎、試大理評事、守白川州咸康縣令、武騎尉王□，是此縣建置最晚應在開泰二年前。

〔六〕民國朝陽縣志卷一〇引熱河志：「宜民故城，在朝陽縣北。今其地有土城，址高六丈，周八里，土人稱爲黑城子。南距縣治一百六十一里，與元一統志所記方位正合，此與遼之白川州別爲一城。方輿紀要謂川州有東西二城，是也。」白川州治所，先在咸康，即今朝陽市東北六十七里四角坡村，遺址曾出土遼開泰二年幢記，幢尾有「金紫崇禄大夫、檢校太傅、使持節白川州諸軍事、白川州刺史」及「白川州咸康縣令」等，後徙治宜民，即今北票東北八十里黑城子村古城。金史卷二四地理志：「宜民（縣），遼川州。」即沿徙治以後之州治。遼東行部志：「宜民，舊號川州，長寧軍節度使；或謂白川州，故至今地名白川。本朝天會間，改川州刺史。其後遭契丹之亂，殘滅幾盡，由是復降爲縣。」城址方形，每面長約二里，四門，四角有敵樓，遺址城北，曾出土元至元五年重修川州東嶽廟碑，碑有「白川岳祠，奠於坤隅」之文，碑陰有川州達魯花赤等銜。可知黑城子遺址即遼川州宜民。索隱卷四：「金志：宜民縣，遼川州，會同中嘗名白川州，天禄五年去白字。一統志：『川州故城，在廣寧縣西北百二十里，亦在土默特右翼東北一百五里。蒙古名卓索喀喇城，周七里有奇，四門，久圮。』又云：『白川州故城，在承德府朝陽縣東北六十七里四角坂，有廢城，周三里餘，蒙古名卓索喀喇城。』蒙古遊牧記引一統志原本同。又云：『今土默特右翼旗東北接土默特左翼旗境皆川州也。旗屬之黑城子北八里東嶽廟，有元至正五年川州重修廟碑記。』漢章謂土默特左、右翼東北與朝陽縣東北地不相比，且白川州故城周三里餘，川州故城周七里餘，小大亦異。蓋遼改白川州爲川州時，不獨改州名，並移州治矣。方輿紀要但紀遼、金二川州城，未辨遼川城已有二也。」

建州，〔一〕**保静軍**，上，節度。唐武德中，置昌樂縣。太祖完葺故壘，置州。天禄二年，〔二〕故石晉太后詣世宗，求於漢城側耕墾自贍。許於建州南四十里給地五十頃，營構房室，創立宗廟。〔三〕州在靈河〔四〕之南，屢遭水害，聖宗遷於河北唐〔五〕崇州故城。〔六〕初名武寧軍，〔七〕隸永興宫，後屬敦睦宫。統縣二：

永霸縣。〔八〕

永康縣。本唐昌黎縣〔九〕地。〔一〇〕

〔一〕今遼寧朝陽縣大平房鄉黄花灘古城。清一統志卷四三：「廢建州，在錦縣西北一百餘里。」清一統志卷四〇五又云：「今有（建州）舊城，在土默特右翼西南一百二十里，周二里餘，四門。」熱河志卷六〇：「按方輿紀要，建州城在大寧衛東南四百餘里，止約畧之詞。考建州本有二城，遼太祖初置之建州，在大凌河之南、小凌河之北，正當興中府之南。遼聖宗移置之建州，在大凌河之北，正當興中城之西。武經總要謂建州東北至霸州，西南至小凌河。一統志原本謂建州故城在土默特右翼南一百二十里，皆初置之建州而言，即今朝陽縣治南之五十家子廢城是也。若移置之建州，據元一統志原本當在興中城之西，爲今朝陽縣屬土默特右翼西一百七十里之喀喇城。一統志原本以爲亦遼、金時州而無考，實建州城也。」又卷九八云：「在朝陽縣西，初在淩河之南，聖宗遷於河北。今土默特右翼西至一百七十里地名黄河灘，有廢城址。東西二百七十丈，南北三百六十丈，周十里有奇，四門，蒙古名喀喇城，城西北有浮圖十七級，周十二丈，其旁又有小浮圖七級，周四丈。」

〔二〕原作漢乾祐元年。錢氏考異卷八三：「案乾祐元年，遼世宗天禄二年也。史當書遼年號。」索隱卷四：「案史例當云世宗天禄二年。通鑑後漢紀在乾祐二年二月。」據改。

〔三〕民國朝陽縣志卷一〇引新五代史卷一七晉家人傳，互見本史：「漢兒城，故石晉李太后自馳至霸州，見永康王，求於漢兒城側賜地種牧以爲生。明年，徙帝、太后於建州，節度使趙延暉避正寢以館之，去建州數十里外，得地五十餘頃，帝遣從行者耕而食之。」又云：「建州有二城，一在淩河之南，一在淩河之北，世宗之時，州尚在河南也。今縣屬土默特右翼旗西南一百二十里，地名五十家子，有廢城址，周二里許，四門，久圮，城中有浮圖一，在大淩河之南，當即遼初之建州城，所謂漢兒城是也。」

〔四〕索隱卷四：「案靈河即淩河，淩河有二：大淩河在錦縣東，小淩河繞錦縣西而南，復折而北，經城之東，又轉南流，迴旋如錦，又名錦川，此靈河即興中府之小靈河矣。」

〔五〕唐，原誤「康」。據新唐書卷四三下地理志改。

〔六〕索隱卷四：「唐志，羈縻奚州有崇州，貞觀三年，治營州之廢陽師鎮。遼遷建州當在此。通鑑注云：『歐史曰：自遼陽府東南行千三(二)百里至建州。今按建州在遼陽之西北，其南則義州，其北則土河，土河之北則契丹之中京大定府。』此注據建州既遷靈河之北言之，故言州北則土河也。」

〔七〕名，原誤「屬」。金史卷二四地理志：「建州，遼初名軍曰武寧。」據改。民國朝陽縣志卷一〇：「建州故城，在朝陽縣西，遼太祖置州，治永霸縣。州初在淩河之南，聖宗遷於河北，金因之。元以永霸縣省入，明初廢。今土默特右翼旗西一百七十里，地名黄河灘，有廢城址，東西二百七十丈，南北三百六十丈，周十里有奇，四門。其東距縣治爲興中州地，其西南達大城子爲利州地，當爲故建州城。」

〔八〕今遼寧朝陽縣喀喇城。

索隱卷四：「金志：建州，縣一。永霸，本唐昌黎縣地。元志：建州無縣。通鑑注引陳元靚曰：『大元建州領建平、永霸二縣。』是遼之永霸，元初猶未廢也。」

〔九〕索隱卷四：「案唐志，崇州，一縣：昌黎。日知録考此昌黎與漢、晉及金之昌黎縣皆異。唐貞觀八年置。」

〔一〇〕輯本元一統志卷二：「李太后墓，在建州熨斗山之北。五代漢乾祐二年二月，遼主耶律德光徙晉出帝及李太后於建州，節度使趙延暉避正寢以館之。明年三月李太后寢疾，謂出帝曰：『我死，焚其骨送范陽佛舍。』遂卒。帝與皇后、宫人、宦者被髪徒跣，扶舁其柩至熨斗山，得地，穿其隴首而葬焉。後人因號李太后塚。又有安妃從出帝北遷，死於建州道中，遂與李太后並葬於此。」（熱河志卷九八引）

來州，〔一〕**歸德軍**，下，節度。聖宗以女直五部歲饑來歸，置州居之。〔二〕初刺史，後升。隸永興宮。有三州山、〔三〕六州山、〔四〕五脂山。〔五〕統州二、縣一：〔六〕

來賓縣。〔七〕本唐來遠縣地。

隰州，〔八〕平海軍，下，刺史。慕容皝置集寧縣。聖宗括帳户遷信州，大雪不能進，建城於此置焉。〔九〕隸興聖宫，來屬。統縣一：

海濱縣。〔一〇〕本漢縣。瀕海，地多鹻鹵，置鹽場於此。

遷州，興善軍，下，刺史。本漢陽樂縣〔一一〕地。聖宗平大延琳，遷歸州民置，來屬。有箭笴山。統縣一：

遷民縣。〔一二〕

潤州，〔一三〕海陽軍，下，刺史。聖宗平大延琳，遷寧州之民居此置州。統縣一：

海陽縣。〔一四〕本漢陽樂縣地，遷潤州，本東京城内渤海民户，因叛移於此。

〔一〕今遼寧綏中縣城西南五十里前衛城。

來州，一作萊州。松漠紀聞：「由千州至萊州八十里。」索隱卷四：「一統志：『瑞州故城，在寧遠州西南一百三十里，西至山海關六十里，南至海二十里。城周五里有奇，門三。遼太平元年置來州，金謂本唐瑞州地，改瑞州。』今考此州下志當云本唐瑞州地。唐志：河北道羈縻突厥州，瑞州本威州，貞觀十年以烏突汗達干部落置。在營州之境，咸亨中更名。」拾遺卷一三引全遼志：「廣寧前屯衛在遼陽城西九百六十里，唐置營州，後改瑞州，遼改來州。」

〔二〕按本史卷一六聖宗紀太平元年四月「置來州」。附郭來賓縣。

據來賓縣里堠碑：「東至海濱縣界首劉蘭頭莊〔雙〕堠三十五里。南至海二十四里。西至州西單堠三十五里。北至阜俗縣黄家寨百三十里。」金史卷二四地理志：「北京路瑞州。本來州，天德三年（一一五一）更爲宗州，泰和六年（一二〇六）以避睿宗諱，謂本唐瑞州地，故更今名。（統）縣三：瑞安，舊名來賓，唐來遠縣也。明昌六年（一一九五）更爲宗安，泰和六年（一二〇六）復更今名。」據馮永謙考訂，來賓縣里堠碑應建於金皇統三年（一一四三）以後至明昌六年（一一九五）以前之間。（參見考古一九八三年第三期馮永謙著遼寧綏中縣金代來賓縣里堠碑考。）

〔三〕索隱卷四：「寧遠州東五里三首山。又州西百五十五里有三山，三峯並秀，一統志謂即遼志三州山。」

〔四〕索隱卷四：「一統志：醫無閭山掩抱六重，亦名六山，高十餘里，周二百四十里。」

〔五〕五脂山，脂，疑應作指。讀史方輿紀要卷三七：「萬松山，在衞西北十五里，山多松，因名。山北相接曰五指山，五峯秀拔，若五指然。三山，在衞西北三十里，高數千仞，三峯並秀。遼志謂之三州山。」許亢宗行程録：「第十八程：自來州八十里至海雲寺，離來州三十里，即行海東岸，俯挹滄溟，與天同碧，窮極目力，不知所極。是寺去海半里許，寺後有温泉二池，望海中有一大島，樓殿窣堵波之上有龍宫寺。」讀史方輿紀要卷三七：「覺華島在（寧遠）衞東南二十里，上有海雲、龍宫二寺。」

〔六〕按下文實統三州一縣。

〔七〕按遼東志卷一：「唐置營州，後改瑞州。五代没於遼，改爲來州，置來賓縣。」明一統志卷二五：「瑞州，遼改爲來州，附郭置來賓縣。」

〔八〕在今興城縣西南海濱。

松漠紀聞謂來州東八十里至隰州。

〔九〕拾遺卷一三：「許亢宗行程録曰：『第十六程：自遷州九十里至習州。遷州東門外十數步，即古長城所築，遺址宛然。』北邊備對曰：『古來築長城以捍北虜者四世：燕、趙、秦、隋也。秦制多承燕、趙，而隋世不盡因秦也。史記：燕城起於造陽而至襄平、遼陽。造陽者，上谷地也。襄平者，遼東縣也。遼陽者，遼水之北也。皆燕國邊胡之地，故其建築亦在此地也。趙之城，則自代地而西，屬於高闕，代者，鴈門郡也。高闕者，靈州北流河之西，陰山之上游也。趙武靈王國於雲、代，故其備胡之城，但能並河而西，以極乎趙境耳。至秦已並六國，天下爲一，西至上郡、北地，而東至遼東、西，悉爲秦有。故蒙恬之致役也，西起臨洮，則中國極西之地也。北屬遼東，則中國極東之地也。自東迄西，殆萬餘里。無論燕、趙之與岷、蘭，其在當時，蓋無一地而無長城也。於是會合三制，而要其所宿，則秦城之長，固周乎中國之北矣。然審而求之，則其城不皆秦築也，秦但補築使足耳。』鶚案遷州古長城，以程泰之之言考之，殆燕築耳。」

〔一〇〕潤州海陽縣原與隰州海濱縣互舛。錢氏考異卷八三已先指出。金史卷二四地理志：「海陽，遼潤州海陽軍故縣。海濱，遼隰州平海軍故縣。」按海陽縣與軍名同，海濱縣瀕海。輯本元一統志卷二：「遼隰州，治海濱縣。」明一統志、清一統志亦均以海濱縣爲隰州治。據改。

遼東志卷一：「海濱縣，寧遠（衛）城西六十五里，今爲東關驛。」據調查，東關驛無遼、金城址。金驛路係經隰州（綏中縣北），不經東關驛。

〔一二〕索隱卷四：「漢遼西陽樂縣，據水經渝水注引魏土地記云在海陽縣西南。一統志：陽樂故城在永平府撫寧縣西關外。從舊志説也。又據後漢遼西郡治陽樂。趙苞爲遼西太守，迎母到郡，道經柳城。謂陽樂故城，應在柳城之東。今永平府東北口外，疑魏晉時移於肥如東界。又引北蕃地理志：遼遷州在臨渝關東五十里，南去海二十里，則遼遷州與漢陽樂地不相比。李釋，楊圖：州在今撫寧縣東，與一統志不合。」

〔一三〕索隱卷四：「案金、元俱廢爲鎮。」

〔一三〕今河北省秦皇島市以西海陽鎮。

索隱卷四：「松漠紀聞：『潤州西去平州一百四十里。』」拾遺卷一三引北蕃地理志：「潤州在盧龍塞東北。在中京南五百五十里，東至遼州（遷州）四十里，西至渝關四十里，南至海三十里。」

〔一四〕見上文注〔一〇〕。又金史卷八〇赤盞暉傳：「赤盞暉，其先附於遼。後家來州。遼季以破賊功，授禮賓副使，領來、隰、遷、潤四州屯兵。天輔六年（保大二年）降。」

〔補〕**招延州**。〔一〕

〔一〕「延」，一作賢。兹從南京本及永樂大典引地理叢考（見純常子枝語卷三八）。武經總要前集卷二二北蕃地理志：「以渤海部落居之。東至小淩河，西南至幽州四百五十里，南至潤州界，北至澤州。」燕雲奉使録：「又出燕京地圖云：『招延州是渤海住坐，本國拘收，外有居庸、金波等關，貴朝佔據古北松亭關，本奚家族帳，自本朝爲主。』」

〔補〕**懷密州**。〔一〕

〔一〕舊五代史卷八五：「開運四年（遼大同元年）六月，契丹國母召帝一行往懷密州，州在黄龍府西北千餘里，行至遼陽，又行二百里，會國母爲永康王所執。帝遣使奉表於永康王，且祝克捷，自是帝一行稍得供給。」

遼史補注卷四十

志第十

地理志四

南京道

南京析津府，〔一〕本古冀州之地。高陽氏謂之幽陵，陶唐曰幽都，有虞析爲幽州。商併幽於冀。周分并爲幽。職方，東北幽州，山鎮醫巫閭，澤藪貕養，川河、泲，浸菑、時。其利魚、鹽，其畜馬、牛、豕，其穀黍、稷、稻。〔二〕武王封太保奭于燕。秦以其地爲漁陽、〔三〕上谷、右北平、遼西、遼東五郡。漢爲燕國，歷封臧荼、盧綰、劉建、劉澤、劉旦，嘗置涿郡廣陽國。〔四〕後漢爲廣平國廣陽郡；〔五〕或合于上谷。復置幽州。〔六〕後周置燕及范陽郡，隋爲幽州總管。〔七〕唐置大都督府，改范陽節度使。〔八〕安禄山、史思明、李懷仙、朱滔、劉怦、劉濟相繼割據。劉總歸唐。至張仲武、張允仲，〔九〕以正得民。劉仁恭父子僭争，遂入

五代。〔一〇〕自唐而晉，高祖以遼有援立〔一一〕之勞，割幽州等十六州以獻。太宗升爲南京，又曰燕京。〔一二〕

城方三十六里，〔一三〕崇三丈，衡廣一丈五尺。敵樓、戰櫓具。八門：東曰安東、迎春，南曰開陽、丹鳳，西曰顯西、清晉，北曰通天、拱辰。〔一四〕大內在西南隅，皇城內有景宗、聖宗御容殿二，〔一五〕東曰宣和，南曰大內。〔一六〕內門曰宣教，改元和；外三門曰南端、左掖、右掖。左掖改萬春，右掖改千秋。〔一七〕門有樓閣，毬場在其南，東爲永平館。〔一八〕皇城西門曰顯西，設而不開；北曰子北。西城巔有涼殿，〔一九〕東北隅有燕角樓。〔二〇〕坊市、廨舍、寺觀，蓋不勝書。〔二一〕其外，有居庸、松亭、榆林之關，〔二二〕古北之口，桑乾河、〔二三〕高梁河、〔二四〕石子河、〔二五〕大安山、〔二六〕燕山〔二七〕——中有瑶嶼。〔二八〕府曰幽都，軍號盧龍，開泰元年落軍額。〔二九〕

統州六、縣十一：

〔一〕今北京市。城址在外城西南方。

〔二〕索隱卷五：「按此本大戴禮記五帝德篇。」

〔三〕今北京密雲縣一帶。懷柔縣北房鎮梨園莊村發現古城址，有大量漢磚漢瓦，推測即漁陽城址。

〔四〕索隱卷五：「漢涿郡爲燕國所分，自高帝六年始。廣陽爲燕國改名，昭帝元鳳元年爲郡。宣帝本始元年爲國，以封劉旦子建。此志叙次殊不明晰。」

〔五〕索隱卷五：「後漢世祖省併廣平國入鉅鹿郡，與廣陽何涉？廣陽國亦省併上谷郡。至和帝永元八年復置郡，至魏又名燕國。」

〔六〕按幽州自漢武帝始。

〔七〕索隱卷五：「隋志：涿郡舊置幽州，後周平齊，改置總管府。大業初，府廢。至大業十三年，羅藝乃自稱幽州總管。」

〔八〕索隱卷五：「唐開元二年始置幽州節度使，十五年稱大使，十八年仍去大字。天寶元年更爲范陽軍節度，寶應元年更爲盧龍。」

〔九〕索隱卷五：「幽州節度，安史前有王晙、裴伯先、趙含章、薛楚玉、張守珪、李適之、王斛斯、裴寬，至劉總歸唐後，則張弘靖、朱克融、李載義、楊志誠、史元忠、陳行素，而後至張仲武、張允伸。」

〔一〇〕索隱卷五：「劉仁恭前又有張公素、李茂勳、李可舉、李全忠、李匡威、李匡籌。」又云：「劉守光後有周德威、符存審、趙德鈞。日下舊聞引徐樞寰宇分合志云：盧龍節鎮二十八易帥，凡一百四十八年。」

〔一一〕援立，原誤「援力」。按本史卷三七地理志一：「太宗援立晉。」卷四一地理志五：「晉高祖以契丹有援立功。」據改。

〔一二〕金史卷二四地理志：「開泰元年號燕京。」索隱卷五：「孫承澤春明夢餘録：『南城在今北京城西南，唐幽州藩鎮城及遼、金故都城也。』一統志：『牙城在宛平縣西南五里。相傳唐藩鎮牙城、遼別都亦在此，俗呼蕭太后城，西半尚存。』」劉定之呆齋集：「京師西南五六里外有舊城，唐藩鎮、遼、金别都之城也。元遷都稍東，於是舊城東半遂入於朝市間，而西半猶存，號爲蕭太后城。蕭太后者，遼后皆以蕭爲姓，有子爲帝，則太后别居宫城，統部屬，故其亡也，末帝淳之妻，猶得獨存，稱太后，以主其國，踰年乃滅也。」

〔一三〕奉使行程録稱「城周二十七里」。

〔一四〕南京有六街。見本史卷一七聖宗紀太平五年十二月。燕京訪古録：「宣武門外老墻根，有半截廢城一段，長一丈八尺，高九尺，城磚堅固，石基如新。平嵌一白石，長四尺八寸，寬二尺，上刻隸書『通天』二大横字，左刻『遼開泰元年』五字，右刻『北門』二字，均隸書。其殘破城磚上，又有一鐵方磚平嵌，磚方一尺二寸，厚七寸，上鐫『龍翔鳳舞』四大隸字，其上横鐫『大遼開泰殿陛』六小隸字。考此處爲遼時内城東北隅也。」

〔一五〕又有興宗嘉寧殿，見本史卷二一道宗紀清寧五年十月。宫殿有元和殿、昭慶殿，見卷四太宗紀會同三年四月。

〔一六〕乘軺録：「幽州城周二十五里，東南（衍）曰水窻門，南曰開陽門，西曰清音（晉）門，北曰北安門。内城幅員五里，東曰宣和門，南曰丹鳳門，西曰顯西門，北曰衙北門。内城三門不開，止從宣和門出入。城中凡二十六坊，坊有門樓，大署其額，有罽賓、肅慎、盧龍等坊，並唐時舊坊名也。居民棊布，巷端直，列肆者百室。俗皆漢服，中有胡服者，蓋雜契丹、渤海婦女耳。」除乘軺録所列舉之三坊外，尚有二十三坊，計延慶坊，見輯本元一統志卷一。南、北永安坊，見金史卷二四地理志。隗臺坊，見全遼文卷四趙德鈞妻贈秦國夫人种氏墓誌銘。元廼賢黄金臺詩稱「臺在南城大悲閣東南隗臺坊内」。南薊寧坊，見考古一九六二年十二月時立愛墓誌銘。北羅坊，見全遼文卷八韓資道墓誌銘。堂陰坊，見全遼文卷九燕京大昊天寺傳菩薩戒故妙行大師遺行碑銘（永樂大典卷四六五〇引元一統志）。齊禮坊，見全遼文卷一〇王師儒墓誌銘。遼西坊，見全遼文卷六澄贊上人塔記。宣化坊，見全遼文卷八咸雍元年賣地券。仙露坊，見全遼文卷四仙露寺葬舍利佛牙石匣記。時和坊，見輯本析津志寺觀：「歸義寺，在舊城時和坊。」又見大典本順天府志卷七：「歸義寺，在舊城時和坊内。」按歸義寺在今彰義門大街北，唐爲時和坊。京師坊巷志稿卷下：「歸義寺，遼時坐落在宣化坊内。」可見唐時和坊在遼爲宣化坊。盧龍坊，見全遼文卷四李内貞墓誌，唐姚子昂墓誌，一九五六年永定門外出土。肅慎坊（里），見唐陸府君王氏墓誌，又唐陳立行墓誌（京畿冢墓遺文卷下）。

一九七一年石景山鋼鐵廠出土唐南陽張氏夫人墓誌：「謝於幽都縣界時和里之私第。」一九五一年東單御河橋出土唐桑氏墓誌：「終於燕都坊之私第。」一九七一年廣安門外出土唐故汝南郡夫人周氏墓誌：「終於花巖坊之私第。」一九七〇年豐臺城關出土遼故隴西郡夫人李氏墓誌：「重熙十二年夏六月一日□朔，薨於燕京永平坊之私第。」

唐有銅馬坊，見京畿冢墓遺文卷下唐大中二年郎氏墓誌。

全唐文卷九九五，唐濮陽卞氏墓誌有薊北坊。　大典本順天府志卷七善化寺：「唐宣宗大中十二年春，别卜禪居於遵化坊吉地。」京畿冢墓遺文卷下唐王公晟夫人張氏墓誌：「咸通十一年庚寅夏六月二日，屬纊於薊縣軍都坊之私第。」

輯本析津志古蹟條：「南城坊有唐盧龍節度使劉怦碑，顔真卿頲書丹。」

沈榜宛署雜記卷一九：「普慶寺，遼天慶三年創，在鳴玉坊。」

日下舊聞考卷六〇：「尉使君寺，北魏元象元年幽州刺史尉長命造。（據元一統志）遼保寧中，建殿九間，複閣衡廊，窮極偉麗。」卷六一：「慈悲庵，北院内有遼壽昌五年慈智大德師佛頂尊勝大悲陀羅尼幢并記。」卷五九：「慈仁寺，亦呼報國寺，蓋先有報國寺在寺之西北隅也。今僧院中尚有遼乾統三年尊勝陀羅尼石幢。」又云：「按今報國寺西北隅有寺無額，土人呼爲小報國寺。遼幢今無考。」又：「竹林寺，遼道宗清寧八年楚國大長公主捨諸私第，創厥精廬，奉敕以竹林爲額。寺僧云：一塔無影。」吴長元宸垣識畧卷六：「大覺寺，遼築義井精舍於開陽門之郭，傍有古井，清涼滑甘，因以名焉。」今按大覺寺在京西北，方位不符。　蔣一葵長安客話卷二：「都城西北隅妙應寺，（阜城門内）偏右有白塔一座，人多稱白塔寺。世傳是塔創自遼壽昌二年，爲釋迦佛舍利建。」劉侗帝京景物畧卷四同，並稱：「或言遼主於燕京五方，方鎮以塔，塔五色，兵燹後惟白塔靈異特存。」今按白塔形制及宛署雜記卷一九等文獻，今白塔應修於元至元八年，但此塔以前曾有遼修之塔或亦白色，則甚可能也。

〔一七〕案本史卷一四聖宗紀統和二十四年八月：「改南京宮宣教門爲元和，外三門爲南端，左掖門爲萬春，右掖門爲千秋。」本志則言外三門爲南端、左掖、右掖之通稱，南端爲原名未改，是。本紀誤。

〔一八〕王曾行程録：「南門外，有于越王廨，爲宴集之所。門外永平館（路振作永和館，沈括同此作永平館）舊名碣石館，請和後易之。」

明一統志卷一順天府：「永平館，在府南一十里，遼朝士宴集之所。」

〔一九〕索隱卷五：「按太宗紀會同三年十二月，詔燕京皇城西南堞建涼殿。又王士點禁扁云：『遼南京宮之扁曰長春、曰太和、曰延和。殿之扁曰清涼、曰元和、曰嘉寧。堂之扁曰天膳。樓之扁曰五花、曰五鳳、曰迎月。閣之扁曰乾文。門之扁曰元和、曰南端、曰萬春、曰千秋、曰鳳凰。園曰柳園。』」

〔二〇〕日下舊聞考卷六〇：「按遼燕角樓今無考。惟土地廟之西，其地猶有燕閣兒之名，閣讀如稿。更考明張爵五城坊巷衚衕集於白紙坊條下，亦載有燕角兒，在廣寧門右安門内西南角，是明一統志所載，正指其地，況遼時舊城，其址半在今外城之西，則今燕角之地，適當其東，遼時樓址，或即在是。」

〔二一〕沈德符野獲編卷一：「大内北苑中有廣寒殿者，舊聞爲耶律后梳妝樓。」高士奇金鰲退食筆記卷上：「瓊華島，在太液池中。其巔古殿，相傳本遼太后梳妝臺。」楊士奇郊遊記曰：「降而觀於浮圖之址。問僧此寺所創始，不能言也。僧指其南廢丘，隆然而峙，曰此遼之蕭太后妝臺也。」西河詩話：「遼后梳妝檯址，在太液池東小山上，一名瓊花島，即今白塔寺址是也。」析津日記：「廣恩寺，遼之奉福寺也。在白雲觀西南地名栗園，蕭韓家奴嘗典之。奉福寺有清寧九年非濁幢記。南京栗園疑即此地。輯本析津志寺觀：「聖恩寺，即大悲閣。後有方石甃八角塔。在南城舊市之中。建自唐，至遼開泰重修。聖宗遇雨，飛駕來臨，改寺聖恩，而閣隸焉。報先寺，有遼聖文神武全功大略聰仁睿孝天佑皇帝御書華嚴經覺林菩薩偈。咸雍三年歲次丁未十一月望日祀尼居。三覺寺，在南城天慶寺東，寺有契丹昭孝皇帝大碑記。」

〔三二〕索隱卷五：「今山海關，隋書曰渝關，亦曰臨渝關，通典曰臨閭關。」並謂此榆林蓋臨渝之聲同而倒誤者。

〔三三〕索隱卷五：「居庸，在今昌平縣西北，亦名軍都關、薊門關、納欵關。」又云：「松亭，案今撫寧縣西北喜峯口關北百二十里。」又云：「古北之口，案在今密雲縣東北，亦曰虎北口。」太平寰宇記卷六九：「居庸關，在今昌平縣西北，北齊改爲納欵。淮南子云：『天下九塞』，居庸是其一也。」北邊備對：「太行山，南自河陽、懷縣，迤邐北出，直至燕北，無有間斷者也。此其爲山，不同他地，蓋數千百里，自麓至脊，皆陡峻不可登越，獨有八處，粗通微徑，名之曰陘。居庸關也者，即其最北之第八陘也。此陘東西橫亘五十里，而中間通行之地，才闊五步。」羅壁識遺卷三：「河北以居庸諸關爲險，蓋居燕百里外，關外名虎北口，即漢上谷郡。其山西連太行，東亘遼海，狼、居胥諸山爲襟帶。關南北通處，路繞兩崖間，風起，人行或爲所掀。彭文子謂隘如綫，側如傾，其升峻絶天，其降如趨井。下有澗，巨石磊塊，凡四十五里，艱折萬狀。山外寒氣，先山南兩月。燕之東百里曰榆關，蓋自虎北口下，皆亂山層複，至此循海，方有狹徑，實遼東諸州之障阻。昔時守以土兵，狹不能入。自石晉割關南十六州，劉仁恭割營、平、灤三州賂契丹，由是北至定武，（東）達灤海，千里失險。」許亢宗奉使行程録：「幽州之地，沃野千里。北限大山，重巒複障。中有五關：居庸可以行大車，通轉餉。松亭、金波、古北口，止通人馬，不可行車。外有十八小路，盡兔徑鳥道，止能行人，不可行馬。山之南，地則五穀百果，良材美木，無所不有。出關，未數十里，則山童水濁，皆瘠鹵。彌望黄茅白葦，莫知其極，蓋天設此以限南北也。」使遼圖抄：「金溝館，西南距檀州五十里，自館少東北行，乍原乍隰，三十餘里至中頓。過頓，曲折北行峽中，濟灤水，過三十餘里，鈎折投山隙以度，所謂古北口也。」路振乘軺録記：自檀州至古北口，過白絮河。王曾行程録記作白嶼河。王曾又記有朝鯉河，亦名七渡河，在金溝館與古北口之間。清一統志卷五謂白絮河爲七渡河，與當時行記不符，河流或有改道。按今地，金溝、古北間有潮河。塞北小鈔：「古北口内蕭寺，刻宋蘇轍古北口道中詩云：『亂山寰合疑無路，小徑縈迴長傍谿。仿佛夢中尋蜀道，興州東谷鳳州西。』宋史：元祐間，轍嘗代軾爲翰林學士，尋權吏部尚書，使契丹，館客者侍讀學士王師儒能誦洵、軾之文及轍茯苓賦，按此則奉使時所題也。」安陽集卷四過虎北口詩：「東西層巘鬱嵯峨，關口纔容數騎過。天意本將南北限，即今天意又如何。」昌平山水記卷下：「古北口城北門外有宋楊業祠。業以雍熙中爲雲州觀察使。契丹陷寰州，遇於雁門北陳家谷口，力戰不支被擒，不食三日死，忠矣！然雁門之北口，非古北口也。祠於斯者，誤也。」劉敞公是先生集楊無敵廟詩注云：「在古北口，其下水西流。」詩曰：「西流不返日滔滔，隴上猶歌七尺刀。慟哭應知賈誼意，世人生死兩鴻毛。」蘇轍欒城集古北口過楊無敵廟詩曰：「行祠寂寞寄關門，野草猶知避血痕。一敗可憐非戰罪，太剛嗟獨畏人言。馳驅本爲中原用，嘗享能令異域尊。我欲比君周子隱，誅彤聊足慰忠魂。」拾遺卷一四：「鶚按古北口過楊無敵祠，顧氏以爲誤。考劉原父、蘇子由二詩在奉使時作，則祠剏自遼日可知。無敵忠義感動敵境，又何論古北口之非陳家谷也。」余嘉錫撰楊家將故事考信録（見輔仁學刊一九四三年十三卷一、二期）據蘇詩：「野草猶知避血痕」之句，謂楊業遇擒於雁門陳家谷口，在押送途中被殺於此。此解不足信。又有謂雁門北口與古北口混淆致誤者，亦未合。拾遺之說是也。路振記「虜置榷場於虎北口而收地征」。既爲關隘，又是城鎮，有商旅過往，因於此建廟，並非死於此地。

〔三三〕索隱卷五：「按古名濕水，亦曰落馬河、清泉河、盧溝河、永定河。」范成大石湖詩集卷一二：「盧溝，去燕山三十五里。此河宋敏求謂之蘆菇，即桑乾河也。」欒城集卷一六渡桑乾詩：「北渡桑乾冰欲結，心畏穹廬三尺雪。南渡桑乾風始和，冰開易水應生波。」

〔三四〕索隱卷五：「案名始水經濕水注，亦曰皂河，今名玉河，又曰金水河。」水經注卷一三：「瀔水（桑乾水）又東，與洗馬溝水合。」太平寰宇記卷六九：「高梁河，在薊縣東四里，南流合桑乾水，桑乾水，西北自昌平縣界來，南流，經府西，又東流，經府南，又東南與高梁河合。」

〔二五〕索隱卷五：「今臨榆縣西石河。」

〔二六〕讀史方輿紀要卷一一：「大安山，（在房山）縣北八十里（索隱云在縣西北八十里），山高險。薛居正曰：『大安，幽州西名山也。』」

〔二七〕索隱卷五：「今名西山，在宛平縣西三十里至八十里。」讀史方輿紀要卷一一：「燕山，（在玉田）縣西北二十五里，晉咸康四年，石虎攻段遼，遼將北平相陽裕登燕山以自固，即此。」水經注卷一四：「灅水出俊靡縣，南至無終，東入庚水。庚水，世亦謂之爲柘水也。南徑燕山下，懸崖之側有石鼓，去地百餘丈，望若數百石困，有石梁貫之。鼓之東南，有石人援桴，狀同擊勢。耆舊言：燕山石鼓鳴，則主有兵。」

〔二八〕堯山堂外紀卷六六：「金章宗（爲李宸妃）建梳妝臺於都城東北隅。今京師禁中瓊花島、梳妝臺皆金故物也。臺今訛爲遼蕭后梳妝樓。」日下舊聞考卷二九據朱彝尊日下舊聞引元廼賢（字易之，蒙古譯名又作納延，葛邏祿族，一譯果囉洛）金臺集：「妝臺，李妃所築。」又引金臺集中所載妝臺詩。並引朱彝尊原按：「妝臺相傳俱云遼蕭后遺蹟，易之去金不遠，其謂李元妃所築，可正其譌。」索隱卷五：「遼、金都城無異。其東北隅之瓊華島，或即因遼城中之瑤璵而修築之，故其旁有瑤光臺、瑤光樓，未始非以瑤璵名。」

〔二九〕按本史卷一五聖宗紀開泰元年十一月，改幽都府爲析津府。索隱卷五謂：「下當有『更府名』三字；其統縣析津下『以燕分野旅寅爲析木之津故』十二字當移置此。」

契丹國志卷二二：「南京本幽州地，乃古冀州之域。舜以冀州南北廣遠，分置幽州。唐置范陽節度，臨制奚、契丹。自晉割棄，（遼）建爲南京，又爲燕京析津府。户口三十萬。大内壯麗，城北有市，陸海百貨，聚於其中。僧居佛寺，冠於北方；錦繡組綺，精絶天下。膏腴蔬蓏、果實、稻粱之類，靡不畢出，而桑柘麻麥，羊豕雉兔，不問可知。水甘土厚，人多技藝，秀者學讀書，次者習騎射，耐勞苦。既築城後，遠望數十里間，宛然如帶，迴環繚繞，形勢雄傑。」

本史卷三四兵衛志兵制：「皇帝親征，留親王一人在幽州，權知軍國大事。」

王澤墓誌銘（見全遼文卷七）：「念析津之壤，邇在浚之郊。兵戎冠天下之雄，與賦當域中之半。跨浩穰於三輔，據會要於萬邦。」

金史卷九六梁襄傳：「燕都地處雄要，北倚山嶮，南壓區夏，若坐堂隍，俯視庭宇，本地所生，人馬勇勁。亡遼雖小，止以得燕故能控制南北，坐制宋幣。燕蓋京都之選首也。」

析津縣。〔一〕本晉薊縣，改薊北縣。〔二〕開泰元年更今名，〔三〕以燕分野旅寅爲析木之津，故名。户二萬。

〔一〕今北京外城西北部白雲觀約當古城西北隅，縣在府城内東偏。帝京景物署卷三：「白雲觀，西南五六里，爲蕭太后運糧河，泯然澌滅無問者。」

〔二〕明劉基清類天文分野之書卷二三：「大興，秦薊縣，漢爲廣陽國。東漢爲郡，兼立幽州，仍爲薊縣。晉屬燕國，後爲慕容儁所據。元魏亦爲幽州，立燕郡。隋爲涿郡。唐爲幽州治所。開元二十三年升爲望縣。建中二年，析西界置幽都縣。五代石晉亦爲薊縣。後割地予遼。遼爲幽都府，開泰元年，更縣爲析津。金得之，割以遺宋，宋宣和七年，復歸金。天德五年，改爲大興縣。」金史卷二四地理志貞元二年更大興，元一統志署同。京東考古録：「漢書：薊，古燕國，召公所封。後漢書：薊本燕國，刺史治。水經注：城内西北隅有薊丘，因丘以名邑也。唐書地理志：幽州范陽郡，治薊。開元十八年，析置薊州漁陽郡，治漁陽。及遼改薊爲析津縣，因此薊之名遂没於此而存於彼。今人乃以漁陽爲薊，而忘其本矣。史記樂毅書薊丘之植，植於汶篁。（明）一統志云：『城西北隅即古薊門，舊有樓館，並廢，但門外存二土阜，旁多林木。』頗爲近之。」

〔三〕案本晉薊縣謂石晉薊縣，改薊北縣謂遼改，非謂晉改。全遼文卷四應曆八年趙德鈞妻贈秦國夫人种氏墓誌銘：「燕京□北縣使相鄉勛賢里」，北上闕文即薊字。本史卷一三聖宗紀統和九年三月：「復遣薊北縣令崔簡等分決諸道滯獄。」卷一五聖宗紀：開泰元年改曰析津。舊唐書卷三九地理志二：「薊州所治，古之燕國都，漢爲薊縣，屬廣陽國。晉置幽州，慕容儁稱燕，皆治於此。自晉至隋，幽州刺史皆以薊爲治所。幽都，管郭下西界，與薊分理。建中二年取羅城内廢燕州廨署置幽都縣，在府北一里。」

宛平縣。〔一〕本晉幽都縣，〔二〕開泰元年改今名。户二萬二千。

〔一〕在今北京城内西偏及西郊迤南。

〔二〕索隱卷五：「晉志無幽都縣，此晉字當作唐。（述按此晉亦指石晉，晉上應加石字。）唐志河北道幽州范陽郡有幽都縣，本燕州歸德郡，自營州徙治幽州，建中二年爲縣，名幽都。是其證也。又一統志順天府西南七里有拜郊臺，引金史地理志云：金因遼俗，以重午、中元、重九日行拜天禮。」

元混一輿地要覽：「宛平本幽都縣薊縣西界地，唐爲燕州，朱希彩奏爲廣寧縣，後爲朱滔所陷，廢燕州，立幽都縣。遼改宛平。香山、玉泉山、五華山、仰山、菩薩山俱在西北；盧師山、覺山、雙泉山俱在西。」殿本考證：「按清類天文分野之書，唐建中元年朱滔立燕都縣，石晉割地賂遼，遼改幽都縣，統和二十二年改宛平。據此則本謂石晉沿唐之幽都縣，晉幽都縣似誤，且統和二十三年訛作開泰元年。」今按本紀廿二、三年内均無此事，改幽都縣爲宛平正在開泰元年。可見館臣未檢本史，僅從訛文。

輯本元一統志卷一：「德宗建中二年析西界置幽都縣，石晉亦爲薊縣，後割地予遼，改幽州爲幽都府，薊縣仍屬焉。遼開泰元年更縣名曰析津，以其地旅於寅，爲析木之津故也。」日下舊聞考卷八七據日下舊聞引徐善泠然志：「香山寺址，遼中丞阿勒彌（舊作阿里吉）所捨。殿前二碑，載捨宅始末，光潤如玉，白質紫章，寺僧目爲鷹爪石。」宋啓明長安可遊記：「香山有乳峯石，時噓雲霧，類匡廬香爐峯，故名。」拾遺卷一四：「北遼宣宗耶律淳葬燕西香山永安陵。香山之名，已見遼史。」孫國敉燕都遊覽志：「玉泉山有巨穴，泉歕而上，淙淙有聲，或名之噴雪泉。」長安客話卷三：「仰山峯巒拱秀，中頂如蓮花心。旁有五峯：曰獨秀，翠微，紫蓋，妙高，紫微。中多禪刹，亦勝地也。以在西山外更西四十餘里，故人跡罕到。」明一統志卷一：「菩薩崖，在府西北一百二十里。山畔有三石佛像。」長安客話卷三：「盧師山以神僧盧師得名，師隋末居此山，能馴大青、小青二龍，山有潭廣丈許，覆以巨石，其下深不可測，二龍潛焉。每出則雲氣隨之，歲旱禱雨輒應。」明一統志卷一：「覺山，在府西三十里懸崖之上，與盧師、平坡鼎峙。西有三泉：曰清冷，曰清旨，曰洊至。」燕都遊覽志：「覺山，漢左馮翊，韓延壽墓在焉。五華、雙泉、翠微、仰山諸峯，環之如屏。」

春明夢餘録卷六七：「平遼碑立燕都豐宜門外，史臣韓昉撰，宇文虛中書。舊有詩云：『十丈豐碑勢倚空，風雲猶憶下遼東。百年功業秦皇帝，一代文章太史公。石斷雲鱗秋雨後，苔封鼇背夕陽中。行人立馬空惆悵，禾黍離離滿故宮。』韓昉，燕京人。」

昌平縣。〔一〕本漢軍都縣，〔二〕後漢屬廣陽郡，晉屬燕國，元魏置東燕州、平昌郡〔三〕及昌平縣。郡廢，縣隸幽州。在京北九十里。户七千。〔四〕

〔一〕縣城在今縣西南舊縣。

〔二〕按軍都縣，漢置，屬上谷郡。

麻兆慶昌平外志卷二：「齊悼惠王子本平昌侯，非昌平侯。漢文帝封齊悼惠王肥子卬爲侯，國在今山東安邱縣地也。以（史記齊）悼惠王世家篇刻作昌平。遂致正義注誤爲今州。顧亭林引之，纂入昌平山水記。遼史地理志考證、西寧新志又引昌平山水記證漢昌平爲今昌平。毫厘之差，謬在千里，此之謂也。」

〔三〕「州平昌」三字原脱。輯本元一統志卷一：「後魏即縣郭置東燕州及平昌郡昌平縣，後郡廢而縣存，以隸幽州。」據補。

〔四〕太平寰宇記卷六九：「軍都山，又名居庸山，在縣西北十里。後漢書云：『尚書盧植，隱居上谷軍都山，立黌肆教授，好學者自遠方而至。』」輿地廣記卷一二：「縣北十五里有軍都陘，西北三十五里有納欵關，即居庸故關，亦謂之軍都關。」崔學履昌平州志：「溼榆河，在州治東南五十里。源出軍都山，南流又折而東，以入於潞河。」卷一一又曰：「九聖寺在州治東，遼乾統五年建。」拾遺補卷四：「汪啓淑水曹清暇録曰：燕窩石，在昌平州，形類盆，其一刻燕窩二字。畿輔古蹟志云：遼時遺物也，至今尚存。」

良鄉縣。〔一〕燕爲中都縣，〔二〕漢改良鄉縣，舊屬涿郡，〔三〕北齊天保七年省入薊縣，武平六年復置。唐聖曆元年改固節鎮，〔四〕神龍元年復爲良鄉縣，劉守光徙治此。在京南六十里。〔五〕户七千。

〔一〕今良鄉縣。許亢宗奉使行程録：「良鄉縣，乃唐莊宗時趙德鈞鎮幽州，歲苦契丹侵鈔轉餉，乃於鹽溝置良鄉縣。」牛象坤良鄉縣志：「鹽溝河，發源自宛平縣龍門關，東南流經縣境陶村里入桑乾河。」民國良鄉縣志卷八，記民國十二年，在城民人王懷，於西門外地中掘土，發見唐張道昇墓誌，誌稱道昇「窆於幽州良鄉縣閻溝山原」。可見當地爲唐閻溝。

〔二〕索隱卷五：「春秋昭公七年傳：晉有中都，即漢太原郡中都縣。戰國策：燕無中都。亦不見於燕世家。此志用寰宇記文。」

〔三〕索隱卷五：「漢涿郡良鄉，非今良鄉縣，志當云漢廣陽縣及陽鄉侯國。此志並寰宇記文。下同。」

通鑑後唐長興三年八月良鄉縣胡注：「良鄉，漢古縣，趙德鈞移之於閻溝耳。匈奴須知：閻溝縣北至燕六十里，古良鄉空城南至涿州四十里。蓋契丹得燕之後，改良鄉縣爲閻溝縣，而所謂古良鄉空城，即趙德鈞未移縣之前古城也。」

〔四〕據新唐書卷三九地理志及太平寰宇記卷六九應作固節縣。索隱卷五：「唐志注：良鄉有大防山。實爲今房山縣。後唐長興三年，始移舊良鄉縣於今治。志未辨也。」

〔五〕拾遺卷一四引皇甫鑒城冢記曰：「燕廣城君樂毅墓，在縣南三里。」金史卷二四地理志大興府良鄉有料石岡、閻溝。金泰和元年趙仲先撰謙公法師靈塔銘：「長鄉城義井院、李河靈岩寺皆請爲提控宗主。」光緒十四年重陽葉昌熾跋云：「李河即劉李河，亦名琉璃河，在今良鄉界。良鄉遼屬析津府，曾改名長鄉，金屬中都路大興府，此文作於金泰和初而稱良鄉，猶沿遼舊名也。」

潞縣。〔一〕本漢舊縣，屬漁陽郡。〔二〕唐武德二年置元州，貞觀元年州廢，復爲縣。有潞水。〔三〕在京東六十里。户六千。

〔一〕在今通縣城東八里。光緒通州志卷一：「潞縣故城，在城東八里甘棠鄉，周圍四里。今呼爲古城莊。」

〔二〕通典卷一七八州郡八：「漢平谷縣故城在今縣北。又有漢安樂縣故城，在西北。」

〔三〕太平寰宇記卷六九：「潞河，一名沽河，一名鮑丘水，北自潭州密雲縣界流入。水經注云：『鮑丘水，東歷夏謙澤。』後魏諸州記云：『（潞縣）城西三十里有潞河，源出北山，南流，謂此水也。』」水經注卷一四：「高梁河水，東至潞縣，注於鮑丘水，又南經潞縣故城西，王莽之通潞亭也。」索隱卷五：「漢志作沽水，水經沽水注：又南經潞縣爲潞河。元史河渠志：自通州以下皆呼爲白河。」

安次縣。〔一〕本漢舊縣，〔二〕屬漁陽郡。唐武德四年，徙置東南五十里石梁城，〔三〕貞觀八年，又徙今縣西五里常道城，〔四〕開元二十三年又徙耿就橋行市南。〔五〕在京南一百二十里。户一萬二千。〔六〕

〔一〕縣治在今廊坊西舊州鎮。

〔二〕張文舉東安縣志：「漢安次故城，在今縣西北四十里，其址尚存。俗呼古縣，有古縣集。」金史卷二四地理志云：「安次，晉舊名。」

〔三〕讀史方輿紀要卷一一：「石梁城在舊州頭東南五十里。或云南北朝時所置戍守城也。其地又有崧州城，相傳遼古剌王所置州。」清一統志卷六：「崧州城，在東安縣西北七十里。」民國東安縣志卷一：「石梁城，案其道里即今灰城。崧州城即今之稽察王村。」

〔四〕讀史方輿紀要卷一一：「常道城在舊州頭西五里。三國魏燕王宇之子璜，封常道鄉公，甘露五年，司馬昭迎立之。北魏主宏封宇文英爲常道鄉公，皆此城也。」

〔五〕索隱卷五：「此文皆本寰宇記，兩唐志無之。耿就橋在今東安縣西通濟橋北。」

〔六〕拾遺卷一四：「張文舉東安縣志曰：『桃水首受淶水分東至安次入河。見漢志。』鶚案元初克燕，改縣爲東安州，明初降爲東安縣。東安縣志：『定覺寺在縣西北七十里常道鄉。唐垂拱三年賜額，五代燬於兵。遼天慶間承直郎張銑重建。』『遼中丞韓澤墓，在縣西北五十里，乾統八年葬。』曹學佺名勝志：『留犢村，在縣西北六十里。魏鉅鹿時苗爲壽春令，及歸，留犢而行，回經於此，因以名里。』」

永清縣。〔一〕本漢益昌縣，隋置通澤縣，唐置武隆縣，改會昌，天寶初爲永清縣。〔二〕在京南一百五十里。户五千。〔三〕

〔一〕案縣治即今縣治。

民國霸縣志卷四：「益津廢縣，在州治東。州志：州城東北隅有潴水，故益津縣治也。廣三里許。益津關，本唐幽州永清縣地，後石晉陷於遼，周復，以其城置霸州。草橋關，長安客話：『霸，在宋世蓋與遼分界處。州北一里，相傳楊延昭建草橋於此，因以名。』淤口關，在城東五十里，周顯德六年置。今廢。」

通考卷三一六輿地二：「霸州，本唐幽州永清縣地，後置益津關，晉陷契丹。」

〔二〕讀史方輿紀要卷一一：「永清縣，石晉時没於契丹，周世宗復取之。宋初爲霜州治，景祐二年，并入文安縣。」索隱卷五：「今考五代史記職方考：周顯德六年克益津關，置霸州，治永清。是永清縣屬遼凡二十九年。」按本史卷二二道宗紀咸雍四年十月，永清等縣水，復一歲租。卷二五道宗紀大安四年八月，「永清蝗爲飛鳥所食」。天慶間石刻仍以永清爲遼屬縣。

〔三〕永清當遼宋交界，轄地銜接，有部分兩屬。民户亦南北兩輸，雙方政府承認，稱兩輸户。南北以界河爲限，但彼此越界者亦常有。各置巡邊口鋪，防範巡邏。遼有巡馬，即馬隊巡邏；宋有鄉巡弓手，即步卒巡查。（參見本書卷二一道宗紀清寧六年注〔七〕。）一九九〇年春，永清縣城南發現古地道數處，墻壁磚築，寬可容人，應是宋方所築，因不便行馬。

武清縣。〔一〕前漢雍奴縣，屬漁陽郡。水經注，〔二〕雍奴者，藪澤之名。四面有水曰雍，不流曰奴。唐天寶初改武清。〔三〕在京東南一百五十里。户一萬。〔四〕

〔一〕縣治在今楊村西北舊縣。

〔二〕注字原脱。按「雍奴者」云云，非水經經文，爲酈道元注，據補。見水經注卷一四。

〔三〕索隱卷五：「雍奴故城在今順義縣東，唐天寶元年改雍奴名武清，移治今縣。今縣又得漢泉州縣地，魏真君七年，省泉州，入雍奴。故城在今武清縣東南。」

〔四〕明許鋌武清縣志：「大河以北之水多從直沽入海，此即古者九河入海之處。遼武清縣東北行有新倉鎮，金大定中置寶坻縣。」

香河縣。〔一〕本武清孫村。遼於新倉置榷鹽院，居民聚集，因分武清、三河、〔二〕潞三縣户置。〔三〕在京東南一百二十里。户七千。

〔一〕即今縣。民國香河縣志卷一：「析武清東北境置，并割三河縣、潞縣地益之。」日下舊聞考卷一一八：「遼之新倉鎮，即今寶坻縣城也，在香河縣東六十里，金大定十二年始即其地置縣。遼時寶坻境地亦屬香河。」金劉晞顔創建寶坻縣碑（見金文最卷六九）：「（遼）因置新倉鎮，廣榷鹽以補用度。爾後居民稍聚，漸成井肆。遂於武清北鄙孫村，度地之宜，分武清、潞縣、三河之民置香河縣，仍以新倉鎮隸焉。金大定十有一載，鑾輿東巡，顧謂侍臣（曰）：『此新倉鎮人煙繁庶，可改爲縣，第志之明年。』有司承命，析香河縣東偏鄉閭萬五千家爲縣，命之曰寶坻。」即今寶坻縣治。

〔二〕三河原誤「香河」。按香河爲分武清、三河、潞三縣户所新置，非舊有。據改。

〔三〕長安客話卷五：「香河縣，境南有大龍灣、小龍灣二水，夏秋始合流，經寶坻界入海。相傳遼時海運故道。」

民國香河縣志卷九重修棲隱寺碑記：「邑東南二十里許，有棲隱寺，乃遼聖宗二十四年建。康熙六十一年，住持燕山棄翁德意静然氏重修。」

玉河縣。〔一〕本泉山地。〔二〕劉仁恭於大安山創宫觀，師煉丹羽化之術于方士王若訥，因割薊縣〔三〕分置，以供給之。〔四〕在京西四十里。〔五〕户一千。

〔一〕遺址在今北京西郊古城村，又稱城子村，屬門頭溝區。南距門頭溝三里。

〔二〕索隱卷五：「泉山上當有玉字。一統志：『玉泉山在宛平縣西北二十五里。玉河源出玉泉山，亦名御河。玉河廢縣在宛平縣西南。』」

〔三〕唐代幽州倚郭治兩縣，東爲薊縣，西爲幽都。玉河縣舊址古城村，在北京西郊，薊縣在幽州城東，此言割薊縣分置，不合。按幽州爲古薊所在，俗稱薊城。此薊縣應是薊城或幽都縣之誤。

〔四〕新唐書卷二一二：「（劉仁恭）從方士王若訥學長年，築館大安山，掠子女充之，又招浮屠與講法，以堇土爲錢，斂真錢，穴山藏之，殺匠滅口。禁南方茶，自擷山爲茶，號山曰大恩，以邀利。」

〔五〕京畿金石考卷上：「遼駐蹕寺沙門奉航幢記，乾統八年四月立在玉河鄉池水村善會寺。金僧行臻塔幢記，承安五年四月立，在玉河鄉廣濟院。」是玉河在遼季已改縣爲鄉。一九七五年在門頭溝區龍泉務村發現遼瓷窑遺址，先後出土瓷片、瓷器、三彩佛像三尊。白瓷、遼三彩等。一九七九年在本區齋堂村發現遼壁畫墓。

漷陰縣。〔一〕本漢泉山之霍村鎮。〔二〕遼每季春，弋獵於延芳淀，居民成邑，就城故漷陰鎮，後改爲縣。〔三〕在京東南九十里。延芳淀〔四〕方數百里，春時鵝鶩所聚，夏秋多菱芡。國主春獵，衛士皆衣墨緑，各持連鎚、鷹食、刺鵝錐，列水次，相去五七步。上風擊鼓，驚鵝稍離水面。國主親放海東青鶻擒之。鵝墜，恐鶻力不勝，在列者以佩錐刺鵝，急取其腦飼鶻。得頭鵝者，例賞銀絹。國主、皇族、羣臣各有分地。户五千。〔五〕

〔一〕縣治在今通縣南四十五里漷縣鎮。

〔二〕泉山當作泉州，漢無泉山縣。霍村鎮，金史卷二四地理志作漷陰村。

〔三〕金史卷二四地理志，大興府漷陰注：「遼太平中，以漷陰村置。」

〔四〕明徐昌祚燕山叢録云：「漷陰縣西有延芳淀，大數頃。中饒荷芰，水鳥羣集其中。遼時每季春必來弋獵。打鼓驚天鵝飛起，縱海東青擒之，每一頭鵝，左右皆呼萬歲。」燕山叢録一書，四庫全書總目提要卷一四四云：「（其）書成於萬曆壬寅，有昌祚自序。謂因輯太常寺志得徵州縣志書，因採其所記成此書。」此言延芳淀大數頃，不作方數百里，較得實。清一統志卷六：「神潛宮在通州故漷縣西南二十里。遼后妃從獵行宮也。遺址尚存。」光緒通州志卷一：「神潛故宮，舊志云：在州南漷縣南二十里，遼后妃從獵行宮也。相傳其地土人呼爲神仙村。甘泉井，在漷縣學西北，相傳遼蕭太后命鑿，其味甘潔，即漷縣八景之一，今如舊。」卷二：「古城寺在州張家灣南門外一里，遼天慶十年建。」張祥漷縣志曰：「獨秀園亭在縣北二里，遼司徒郭世珍建。」

〔五〕參本史卷三一營衛志上。

宋王曾上契丹事〔一〕曰：自雄州白溝驛度河，四十里至新城縣，古督亢亭〔二〕之地；又七十里至涿州；北渡范水、劉李河，〔三〕六十里至良鄉縣；渡盧溝河，六十里至幽州，號燕京。子城就羅郭西南爲之。正南曰啓夏門，內有元和殿，〔四〕東門曰宣和。城中坊閈皆有樓。有閔忠寺，〔五〕本唐太宗爲征遼陣亡將士所造；又有開泰寺，〔六〕魏王耶律漢寧造，皆遣朝使遊觀。〔七〕南門外有于越王廨，爲宴集之所。門外永平館，舊名碣石館，請和後易之，南即桑乾河。〔八〕

〔一〕王曾上契丹事，曾開泰元年即宋大中祥符五年使遼。行程録見於宋會要蕃夷二、李燾長編、契丹國志卷二四。

〔二〕太平寰宇記卷七〇：「督亢陂在（范陽）縣東南十里。劉向别録：『督亢，燕膏腴之地。』孫暢之述畫曰：『燕太子丹使荆軻齎督亢地圖入秦，謀殺秦王，尋爲秦滅也。』郡國志引徐野曰：『方城縣有督亢亭。』」索隱卷五：「史記燕世家索隱引徐廣云：涿有督亢亭。地理志屬廣陽。今考漢志，廣陽下無督亢亭。續漢志及水經巨馬水注並云，方城縣有督亢亭。」清黄生字詁義府合按義府卷下謂：「史記荆軻傳：『獻燕督亢之地圖。』注以爲地名，非也。督亢猶言首尾，言盡燕地之所至爲圖也。」即全燕地圖。

〔三〕渡，原誤「復」。據王曾行程録改。按行程録，范水上有涿水。索隱卷五：「范成大（石湖）集：琉璃河，又名劉李河，在涿州北三十里。路振乘軺録同。宋敏求入蕃録謂之六里河，源出房山縣西北，東南流，逕良鄉縣西南，又逕涿州東，又南入新城縣界。水經：名聖水。」

〔四〕按王曾行程録，元和殿後有洪政殿。

〔五〕虜庭事實寺塔條：「燕山京城東壁有大寺一區，名曰憫忠。廊下有石刻云：唐太宗征遼東高麗回，念忠臣孝子没於王事者，所以建此寺而薦福也。東西有兩甎塔，高可十丈，云是安禄山、史思明所建。」日下舊聞考卷三七引春明夢餘録：「憫忠寺有唐景福元年重藏舍利記，其銘曰：大燕城内地東南隅有憫忠寺，門臨康衢。寺舊在城中東南，今在城外西南僻境矣。」朱彝尊原按：

「唐之幽州憫忠寺，在城東南隅，遼之南京因之。」

〔六〕輯本元一統志卷一：「大開泰寺，在昊天寺之西北。寺之故基，遼統軍鄴王宅也。始於樞密使魏王所置，賜名聖壽，作十方大道場。聖宗開泰六年改名開泰，殿宇樓觀，雄壯冠於全燕。」索隱卷五：「日下舊聞、元混一方輿勝覽中猶載開泰寺，至明修一統志及寰宇通志無有，大約易其名，故跡遂不可考。」

〔七〕各書所引王曾行程録，均遺作邀，使作士，南字上並有城字。

〔八〕索隱卷五：「案宋史宋琪傳，端拱二年（述案應爲端拱三年，即統和八年。）上疏云：『桑乾河水屬燕城北隅，遶西壁而轉，大軍如至城下，横堰此水灌入高梁河，三五日瀰漫百餘里，即幽州隔在水南，賊騎來援，已隔水矣。視此孤壘，浹旬必克。』今考此疏，可知宋初桑乾河流經遼南京西北，與王沂公此言不合，未知何時變遷，遼史無河渠志，不可考矣。」

順州，〔一〕歸化軍，中，刺史。秦上谷，漢范陽，〔二〕北齊歸德郡境。隋開皇中，粟末靺鞨與高麗戰不勝，厥稽部長突地稽率八部勝兵數千人，自扶餘城西北舉落内附，置順州以處之。〔三〕唐武德初改燕州，會昌中改歸順州，唐末仍爲順州。〔四〕有温渝河、〔五〕白遂河，〔六〕曹王山，曹操嘗駐軍于此；黍谷山，〔七〕鄒衍吹律之地。南有齊長城。〔八〕城東北有華林、天柱二莊，遼建涼殿，〔九〕春賞花，夏納涼。初軍曰歸寧，後更名。統縣一：

懷柔縣。唐貞觀六年置，治五柳城，改順義縣。〔一〇〕開元四年置松漠府彈汗州。〔一一〕天寶元年改歸化郡。〔一二〕乾元元年復今名。户五千。

〔一一〕今北京順義縣。乘軺録云：「順州古城周約七里。」使遼圖抄：「自（幽）州東北行，三十里至望京館。東行少北十餘里，出古長城，又二十里至中頓。過頓踰孫侯河，又二十里至順州。土厚宜稼。」

今出東直門去機場或順義，有孫河一站。孫河又名孫侯河。其源有二：即北山沙河與西山清河。沙河出昌平界，南流過海青廟，再經燕丹村之清河營。清河自京西玉泉山起，流至清河營而注入沙河。沙河與清河兩水於孫河匯流一處。

〔一二〕索隱卷五：「案上谷，郡名。漢范陽縣屬涿郡，並非今順義縣。范陽或漁陽之誤。漢漁陽郡漁陽縣在今順義東北，又安樂縣在今順義西南，然寰宇記記燕州云：秦爲上谷郡地，歷代土地所屬與范陽同。此志蓋沿其誤。」輯本元一統志卷一：「順州，兩漢及魏晉皆爲范陽之境。」

〔一三〕輯本元一統志卷一：「隋文帝開皇中以燕都之北故城爲順州。煬帝八年置遼西郡。」太平寰宇記引隋北蕃風俗記但云煬帝大業八年置遼西郡，乃營州，無順州名。輯本元一統志卷一：「唐武德初改燕州，天寶元年復爲歸德郡，乾元元年改名順州，會昌中爲歸順州，唐末又爲順州。遼初爲歸寧軍，後更曰歸化軍。」

〔四〕索隱卷五：「舊唐志：順州，貞觀二年置，天寶元年改爲順義郡，乾元元年復爲順州。寰宇志：唐武德元年改爲燕州，天寶元年改歸德郡，乾元元年復爲燕州。並與此志不合。」王應麟通鑑地理通釋卷一四石晉十六州考：「順州順義郡，在范陽郡城（幽州）。唐天寶初置，治賓義縣。九域志：化外順州，領賓順一縣，唐志：突厥州順州。貞觀四年平突厥，以其部落置於幽、靈之境，後僑置幽州城中。」

〔五〕乘軺録記由順州北行，「二里，過温渝河。」昌平山水記卷下：「温餘河即昌平之榆河，下流爲沙河，入順義西南界，下至通州入潞河，順義謂之西河。而金人名縣曰温陽以此。遼史作温渝河，本水經之濕餘河，以字相似而譌也。」索隱卷五：「此河即水經濕餘水。（述案後漢書王霸傳注引作温餘水。）今名北沙河、榆河、富河，流經順義縣西南，下流入潞河，與中京道温渝水異。」日下舊聞考卷一三四：「朱彝尊原按：後漢書：王霸爲上谷太守，陳委輸可從温水漕，以省陸轉輸之勞。事皆施行。章懷太子注引水經注，本作温餘水。遼史：順州有温榆河。金更懷柔縣爲温陽，豈盡無據？又昌平多温泉，有流入雙塔河者，温餘之名，竊疑因此。水經注既無善本，今人習見坊刻，遂指温字爲濕字之譌，正恐類昔人所云以不悖爲悖也。」楊霆順義縣志：「温榆河在縣治西南三十里，起於口北，由沙河下達於漕河，中有三渡，俗名葦溝河。」

〔六〕乘軺録：由順州東北行，「二十五里過白絮河，河源出太行山。」陳襄記由順州到檀州，「過白絮河。」王曾記：「至順州，東北過白嶼河，北望銀冶山，又有黄羅螺盤、牛欄山，七十里至檀州。」白絮、白嶼、白遂同指一河。

〔七〕黍谷山，在潮河東南岸。明一統志卷一：「黍谷山，在懷柔縣東四十里，跨密雲縣界，一名燕谷山。」文昌雜録卷三：「余奉使北遼，過順州，有黍谷坊。接伴副使王仲淵指以謂副使文供備云：觀此可知其寒也。劉向別傳曰：『燕地谷美而寒，不生五穀，鄒子吹律召温氣至，五谷生，至今名黍谷。』北遼士子多燕人，故亦頗知學問也。」索隱卷五：「見劉向別録引方士傳。」牛欄山在潮河西北岸。塞北小鈔：「牛欄山，在順義北二十里。相傳山有中峯洞，洞内金牛時常出現，然山不甚高，遠望之，僅蜿蜒一邱耳。」

〔八〕按此地非齊境，索隱卷五謂齊當作燕。昌平山水記則謂北齊天保中所築。昌平山水記卷下：「(順義)縣西南二十里有天柱村，三十里有葦溝村，村東臨温餘河渡，渡南有長城遺跡。遼史：順州南有齊長城，城東北有華林、天柱二莊，遼建涼殿，春賞花、夏納涼者也。齊長城，(齊)天保中所築。宋沈括曰：幽州東北三十里有望京館，東行少北十里餘出古長城。即此。」光緒通州志：「稱通州長城，迤北接順義，則即北齊天保所築長城矣。潞縣、武清二志俱載境内有古長城，疑昔時亦與此相連。」羅願爾雅翼卷一八：「劉原父奉使契丹時，順州山中有異獸如馬而食虎豹，虜人不識，以問之，曰：『此所謂駮也。』爲言其形狀聲音皆是，虜人歎服。」今案遼人問異獸事，見宋史卷三一九劉敞傳。敞字原父。

〔九〕清一統志卷六：「廟城，在懷柔縣南五里，俗傳遼蕭太后家廟。」周仲士懷柔縣志：「看花臺，縣北三十里，遼蕭太后避暑北上，嘗登臺看花。」

民國順義縣志卷二：「望糧墩，在牛山第四峯北端，磚甃圓台，高丈三尺，徑九尺。相傳遼蕭后建，以望白河運糧。馬場，在田家營東北，面積約三四頃，環以邱隴，相傳爲遼蕭后養馬處。」

〔一〇〕索隱卷五：「舊唐志：順州領縣一，曰賓義；歸順州領縣一，曰懷柔。寰宇記同。賓義即順義。至今順義、懷柔仍分二縣，初無改名之文。」

〔一一〕索隱卷五：「此謂開元四年置，沿舊唐志之誤也。唐書契丹傳：太宗時即有彈汗州名，故地理志歸順州歸化郡注云：本彈汗州，貞觀二十二年置，開元四年更名。是開元四年更彈汗州爲歸順州耳，非始置彈汗州也。寰宇記又訛作單于州。」

〔一二〕郡，原誤「縣」。據舊唐書卷三九地理志及太平寰宇記卷六九改。天寶制：凡州皆改郡。乾元制：又改郡爲州。懷柔縣志：「呼奴山，縣東南三十里，漢鄧禹子訓與上谷太守任興屯兵防匈奴烏桓於此。」明一統志卷一：「呼奴山，亦名狐奴山。」昌平山水記卷下：「狐奴山，西南百步有漢狐奴縣址。此縣魏文帝黄初二年省。」金史卷二四地理志：「温陽，舊名懷柔。有螺山、溆水、兔耳山。」

檀州，〔一〕武威軍，下，刺史。本燕漁陽郡〔二〕地，漢爲白檀縣。〔三〕魏書，曹公歷白檀，破烏丸於柳城。續漢書，白檀在右北平。[四]元魏創密雲郡，兼置安州。後周改爲元州。隋開皇十八年割燕樂、密雲二縣置檀州。[五]唐天寶元年改密雲郡。[六]乾元元年復爲檀州。遼加今軍號。有桑溪、[七]鮑丘山、桃花山、螺山。[八]統縣二：

密雲縣。本漢[九]白檀縣，後漢以居厗奚。[一〇]元魏置密雲郡，領白檀、要陽、密雲三縣。高齊廢郡及二縣，來屬。户五千。

行唐縣。[一一]本定州行唐縣，[一二]太祖掠定州，破行唐，盡驅其民，北至檀州，擇曠土居之。凡置十寨，仍名行唐縣。[一三]隸彰愍宫。户三千。

〔一〕州治今北京密雲。

〔二〕索隱卷五：「漢志：燕東有漁陽。」

〔三〕索隱卷五：「今密雲縣爲漢漁陽獷平厗奚縣地，不當引白檀。漢白檀見李廣傳。漢書補注引一統志稿云：金志興化縣有白檀鎮，此漢白檀也。明統志謂白檀廢縣有白檀山，非漢縣，是也。金興州興化縣，已詳前中京道北安州。」

〔四〕索隱卷五：「續漢書，右北平郡四城，並無白檀。」

〔五〕讀史方輿紀要卷一一：「燕樂、密雲皆漢厗奚縣地，五代時，廢爲燕樂莊。」清一統志卷六：「燕欒，在檀州（今密雲）東北七十里。」燕樂即今隆化縣土城子。

〔六〕索隱卷五：「隋志：燕樂郡爲大業三年改，唐又取後魏郡名。」索隱卷五：「寰宇記：隋割幽州燕樂、密雲二縣，於舊玄州置檀州，取漢白檀縣爲名。」

〔七〕太平寰宇記卷七一：「桑溪，水經注：三城水經伏陵山南與石門水合，是水有桑溪之名，蓋源出桑溪故也。右注鮑丘水。」索隱卷五：「水經鮑丘水注，石門水，有桑谷之名，蓋源出桑溪故也。」水經注卷一四：「鮑丘水，俗謂之大榆河，又東南，龍芻溪水注之。」又曰：「大榆河，南注鮑丘水，又南逕傂奚縣故城東，王莽更之曰敦德也。」索隱卷五：「案爲潮河所經之山，潮河故道，自密雲縣東南合白河、潮河，古名鮑邱水，詳水經。」

〔八〕太平寰宇記卷七一：「桃花山，在漁陽西北一十五里。」又：「螺山水，一名赤城河，即沽水也，東北塞外流入。」明一統志卷一：「紅螺山，在懷柔縣北一（二）十里，高二百餘仞，下有潭，潭中嘗有二螺，色殷紅，夕吐光焰，土人異之，因以名山。」索隱卷五：「案二山並見隋志。魏書地形志：要陽縣有桃花山，（原注：後齊省要陽縣，入密雲。）寰宇志引郡國志：山在漁陽西北十五里。又水經沽水注引魏土地記：漁陽城南五里有螺山。宋王沂公上契丹事云：順州東北有螺盤山。金志：順州有螺山。並即今懷柔縣北二十里紅螺山。」

〔九〕索隱卷五：「漢當作魏。」金史卷二四地理志：「密雲遼檀州武威軍，有古北口，國言曰留斡嶺。」

〔一〇〕別本誤作斤奚。宋白續通典：「檀州密雲縣，即漢厗奚縣舊治，厗音蹏。」索隱卷五：「案漢志，漁陽郡厗奚縣，續志及水經鮑邱水注並作傂奚。太平御覽引漢志作虒奚。又引十道志：檀州本漢虒奚縣，是漢縣本作虒，亦作傂。一誤爲厗，再誤爲斤也。魏書地形志：密雲郡提攜城，提攜即虒奚之音。一統志：虒奚故城，在今密雲縣東北口外，故獷平縣城東北。」塞北小鈔：「潮河在縣東南，自古北口流入縣界，西南流至順義縣，合於白河。」昌平山水記卷下：「密雲山，一名橫山，郡所以名也。縣南二十里爲白檀山，縣所以名也。」劉效祖密雲縣志：「普濟寺，縣東北八十里。遼統和五年建，清寧二年重修，內有顯公和尚祠，冶山上寺、冶山下寺，遼重熙八年建。」

〔一一〕今密雲縣東。

〔一二〕索隱卷五：「案漢、晉志本作南行唐，魏志去南字。故城在今行唐縣北，魏移今治。」

〔一三〕清一統志卷六：「看花臺，在密雲縣西北三十里大水峪。相傳遼蕭后嘗登此。」

涿州，〔一〕永泰軍，上，刺史。〔二〕漢高祖六年分燕置涿郡，魏文帝改范陽郡，晉爲范陽國，元魏復爲郡。隋開皇三年罷郡，屬幽州，大業三年以幽州爲涿郡。唐武德元年郡廢，爲涿縣。七年改范陽縣，大曆四年置涿州。〔三〕石晉以歸太宗。有大房山、〔四〕六聘山、〔五〕涿水、〔六〕樓桑河、〔七〕橫溝河、〔八〕禮遜河、〔九〕祁溝河。〔一〇〕統縣四：

范陽縣。本漢涿縣。唐武德中，改范陽縣。有涿水、范水。〔一一〕户一萬。

固安縣。〔一二〕本漢方城縣，〔一三〕先屬廣陽國。隋開皇九年，自易州淶水縣移置，屬幽州，取漢故安縣名。〔一四〕唐武德四年屬北義州，徙治章信堡。貞觀二年義州廢，移今治，復屬幽州。在州東南九十里。户一萬。〔一五〕

新城縣。〔一六〕本漢新昌縣。〔一七〕唐大曆四年析固安縣置，〔一八〕後省。〔一九〕後唐天成四年復析范陽縣置。〔二〇〕在州南六十里。户一萬。〔二一〕

歸義縣。〔二二〕本漢易縣地。〔二三〕齊併入鄚縣。唐武德五年置北義州，州廢，復置縣來屬。〔二四〕民居在巨馬河南，僑治新城。户四千。〔二五〕

〔一〕州治范陽，今河北省涿州市。許亢宗奉使行程録：「涿州，古涿郡。黄帝與蚩尤戰於涿鹿之野，即此地。昔爲契丹南塞邊城，樓壁并存。及郭藥師舉城内屬，不經兵火，人物富盛，井邑繁庶。近城有涿河、劉李河，合范河東流入海，故名范陽。」

〔二〕張績墓誌銘（見全遼文卷八）：「（績重熙）二年夏，改授涿州軍事判官、試大理評事。」刺史州無此職，軍事判官屬節度使司，是涿州在當時是節度。

〔三〕通鑑地理通釋卷一四：「涿州涿郡，唐大曆四年，節度使朱希彩表析幽州之范陽、歸義、固安置，治范陽。」清一統志卷六：「欒城，在涿州東二十里，其相近有田城，相傳皆遼人所築。」王安石臨川集卷三一涿州詩曰：「涿州沙上望桑乾，鞍馬春風特地寒。萬里如今持漢節，卻尋此路使呼韓。」又出塞詩曰：「涿州沙上飲盤桓，看舞銀貂小契丹。塞雨巧催燕淚落，濛濛吹濕漢衣冠。」

〔四〕山在今房山縣西北，亦名大防山、上方山。太平寰宇記卷六八：「大防山，在（良鄉）縣西北三十五里，山下有石穴。」史恒德涿鹿記：「房山在涿郡西北五十里，北接居庸，東抵漁陽，西連紫荆。所謂幽燕奧室也。」名勝志：「大房山南，晉霍原隱處。」黄榜房山縣志：「孔水洞，在大房山東北，其上懸崖千尺，其下石竇如門，流水湧出，深不可測。」民國房山縣志卷三：「孤山口在縣南五十里涿、易二州分界處。宋雍熙三年（統和四年），李繼宣戰契丹於拒馬河上，追至孤山口，契丹引去。」

〔五〕明一統志卷一：「六聘山，在房山縣西三十里。」索隱卷五：「山亦在房山縣西北，日下舊聞疑即晉霍原教授之地。」

〔六〕索隱卷五：「水經濕水注，涿水出涿鹿山，東北流入濕水。又聖水注應劭云：涿郡南有涿水，郡蓋氏焉，水出上谷涿鹿縣。又寰宇記引土地十三州志云：涿郡南有涿水，北至上谷爲涿鹿河，此一説也。漢志：涿縣桃水，首受淶水，分東至安次入河。寰宇記：涿水源出范陽縣西土山下，東北流，經縣北五里，又東流，注聖水，此從水經注聖水合桃水之文，又一説也。一統志：應劭説疑無據。水經注、寰宇記又似即今拒馬河。今不可考，姑存古名。」乘軺録：「出涿州北門，過涿河，河源出太行山，與巨馬河合流。五里，過胡梁河，十里，過滀河，四十里，過琉璃河，又云劉李河。」

〔七〕索隱卷五：「水經巨馬水注：督亢溝水東南流，又東逕涿縣酈亭樓桑里南，即劉備之舊里也。又東逕督亢澤，是樓桑河即督亢溝水。」

〔八〕乘軺録：「自新城縣北行，至涿州六十里。地平，十五里，過横溝河，三十五里，過桑河。」

〔九〕索隱卷五：「即上劉李河。」

〔一〇〕乾隆涿州志卷一：「岐溝關，州南三十里。一統志：岐溝即水經注所謂奇溝也，亦曰祁溝，唐末設關於此。晉王(李)存勗遣周德威進攻岐溝關，下之，遂圍涿州。」武經總要前集卷二二北蕃地理志：「祁溝關，東北至涿州四十里，西北至易州六十里。」通鑑後梁乾化二年正月，祁溝關，胡注：「在涿州南，易州拒馬河之北。自關而西至易州六十里。拒馬河東至新城縣四十里。」關在涿州新城境。新城南四十里白溝驛，旁白溝河，爲宋、遼分界。祁溝關爲遼南境要隘，其城可容數萬人，見聖宗紀統和四年。設有祁溝(關)兵馬都監，見全遼文卷五王悦墓誌銘。讀史方輿紀要卷一一：「范村，在(涿)州西南。宋宣和四年，童貫伐遼，至高陽關，遣辛興宗總西路兵趨范村，爲遼人所敗。」此即契丹國志卷一一保大二年所記燕王遣蕭幹統兵二萬，迎戰於范村之事。乾隆涿州志卷一：「獨鹿山，在州西一十五里。」獨鹿山即涿鹿山亦即白帶山，見全遼文卷一一天慶八年沙門志才所撰涿州涿鹿山雲居寺續祕藏石經塔記。帝京景物畧卷八：「房山縣西南四十里有山曰白帶山，所生𦮷題草，他山實無，曰𦮷題山，藏石經者千年矣，始曰石經山，至今也。亦曰小西天云。」清寧四年，趙遵仁涿州白帶山雲居寺東峯續鐫成四大部經記（見全遼文卷八）：「幽州沙門釋浄琬，於隋大業中，發心造石經一藏。遂於幽州西南白帶山上，鑿爲石室，以石勒經，藏諸室内。滿即用石塞户，以鐵錮之。其後門人繼焉，五代不絶其志。」又太平七年，樞密直學士韓紹芳來牧是州，因奏請聖宗，繼續鐫造，歷興宗、道宗，「自太平七年至清寧三年，中間續鐫造到大般若經八十卷，計碑二百四十條，以全其部也。又鐫寫到大寶積經一部，全一百二十卷，計碑三百六十條，以成四大部數也。都總合經碑二千七百三十條。」又志才祕藏石經塔記稱，通理大師又續造，門人善鋭繼之：「至天慶七年，於寺内西南隅，穿地爲穴。道宗皇帝所辦石經大碑一百八十片，通理大師所辦石經小碑四千八十片，皆藏瘞地穴之内，上築臺砌磚，建石塔一坐，刻文標記。」按房山石經，於一九五六年八月，經中國佛教協會掘出。遼時以寺院爲中心結千人邑，成爲民間組織形式之一，雲居寺自應曆以來即有千人邑，見全遼文卷五沙門智光重修雲居寺碑記。

乘軺録：「涿州城南有亭，曰修睦，是夕，宿於永寧館，城北有亭，曰望雲。」永寧即涿州驛館。金黄久約涿州重修文宣王廟碑（見金文最卷七二）：「范陽舊有夫子廟，在州城東南，遼統和中，始移置於此。」

〔一一〕水經注卷一一：「涿水出涿鹿山，世謂之張公泉，東北流逕涿鹿縣故城南，王莽所謂拂陸也。黃帝與蚩尤戰於涿鹿之野，留其民於涿鹿之阿，即是處也。」名勝志：「范水在州西南，水北曰陽，范陽郡名以此。」索隱卷五：「漢志：涿郡涿縣外，別有范陽縣。應劭曰：在范水之陽。水經易水注：梁門陂水，東南注易，謂之范水，易水自下有范水。通目是范水爲南易水。故漢范陽故城，在今定興縣南四十里故城鎮，漢涿縣有涿水，無范水也。」金史卷二四地理志：「范陽，有湖梁河、有劉李河。」

〔一二〕即今固安縣。

〔一三〕今固安縣西南有方城村。

〔一四〕索隱卷五：「漢涿郡故安，爲南易水所出。一統志：故安故城，在今易州東南，非此固安。此志本寰宇志文。隋志：固安舊曰故安，開皇六年改焉，與漢志不合矣。漢故安、方城二縣，並廢於北齊。」

〔一五〕嘉靖蘇志臯固安縣志：「渾河在縣西二十餘里，本桑乾河，又名漯河，俗呼渾河，亦曰小黃河，以流濁故也。源出山西大同府馬邑縣東北十里桑乾山，南經縣境，至武清縣小直沽與衛河合流，入於海。」水經注卷一二：「聖水又東南逕韓城東，詩韓奕章曰：溥彼韓城，燕師所完。王肅曰：今涿境方城縣有韓侯城，世謂之寒號城，非也。」困學紀聞、日知録、讀史方輿紀要卷一二均疑古韓城爲韓寨營，畿輔通志謂韓常於此駐軍故名。固安人賈廷琳歷代兵事謂畿輔通志説較可信。

民國固安縣志：「縣治東北角有井名玉石井，相傳遼蕭太后築城時所穿。又縣東南之韓寨營相傳遼大將韓常駐軍於此，故名。」嘉靖固安縣志：「武陽城，在縣西北，燕昭王之所築也。」又：「法華寺，在縣東二十五里，石碣有云：大遼國燕京涿州固安縣萬春鄉皇臺里鄉貢進士張希顏述。考將仕郎、試太子正字、前守涿州司法參軍張鞏書。」又：「歸依寺，在縣東北十八里，遼天慶七年立幢，大師塔在東徐村，遼奉聖州司侯判官給事郎、試太子校書郎、騎都尉蔡咨彥立碣，有進士焦山等字，天慶元年建。」

〔一六〕在今高碑店東南舊新城。許亢宗奉使行程録：「離（雄）州三十里至白溝巨馬河，過河三十里到新城縣。契丹阿保機入寇，唐莊宗以鐵騎五千敗之於新城，即此地。舊爲契丹邊面，自與宋朝結好，百餘年間，樓壁僅存。」

〔一七〕索隱卷五：「漢志：涿郡新昌侯國，後漢省，故城在今新城縣東三十里。」

〔一八〕索隱卷五：「此年所置乃新昌縣。志更當云：太和六年復析新昌置新城縣。」通鑑後唐同光二年（九二四）三月新城胡注云：「新城縣屬涿州，唐太和六年以故督亢地置。」匈奴須知：新城縣北至涿州六十里。」

〔一九〕索隱卷五：「案後唐省新昌入新城。」

〔二〇〕索隱卷五：「案此寰宇記文與唐志不合。」

〔二一〕何濟新城縣志：「白溝河在縣南三十里，出山西代郡淶山，由淶水，定興爲巨馬河，至新城南爲白溝河，即宋遼分界處。」按程卓使金録：「嘉定四年十二月二十三日，過白溝河，昔與遼人分界，又十里過大白溝河，亦名巨馬河。」是分界爲白溝南側一支流，大白溝河在遼界内十里。夢溪筆談卷一三：「瓦橋關北與遼人爲鄰，素無關河爲阻，往歲六宅使何承矩守瓦橋，始議因陂澱之地，瀦水爲塞，欲自相視，恐其謀泄。日會僚佐，汎船、置酒、賞蓼花，作蓼花吟數十篇，令座客屬和，畫以爲圖，傳至京師，人莫喻其意。自此始壅諸淀，慶曆中，内侍楊懷敏復踵爲之。至熙寧中，又開徐村、柳莊等濼，皆以徐、鮑、沙、唐等河，叫猴、雞距、五眼等泉爲之源，東合滹沱、漳、淇、易、白等水并大河。於是自保州西北沈遠濼，東盡滄州泥枯海口，幾八百里，悉爲瀦潦，闊者有及六十里者，至今倚爲藩籬。」長安客話卷六：「霸在宋世，蓋與遼分界處。州北一里舊有界河，相傳楊延朗建草橋於此，關因以名。」

新城縣志：「時承諫，墓在縣東北二里，本遼人，金贈鎮東節度使兼侍中。金李晏時立愛墓誌銘曰：公父諱承諫，積累巨萬，發倉貸人，每折其券。負郭沮洳，常阻行路，創石爲梁，人得平步，善慶攸鍾，是生我公。」

一九五八年新城縣北塲村，於村西北發見時立愛及其妻合葬墓，其中有宇文虚中奉敕撰墓誌銘，在墓左前方又發見其第四子時豐墓及李芝撰墓誌銘。誌云：「新城舊爲遼南邊，有鳳軍契丹數千人屯戍。每遇冬獵，公躍馬從之，遇物必取，衆皆驚服。」

〔三三〕在今雄縣西北。拒馬即白溝，拒馬河南之歸義屬宋，河北之歸義屬遼，故下文稱僑治新城。

〔二三〕索隱卷五：「易縣漢屬涿郡，後漢屬河間國，公孫瓚傳稱易京。通典：易京在歸義縣南十八里。今並在雄縣西北太平社。」

〔二四〕索隱卷五：「此本舊唐志，新書則云武德五年置歸義縣，貞觀八年省，八年復置。又河北羈縻州，別有歸義縣，屬歸義州，僑治良鄉之廣陽城。是唐有二歸義縣，一在雄縣西北，一在良鄉縣東北。」

〔二五〕索隱卷五：「寰宇記：雄州本歸義縣之瓦子濟關，在涿州南，舊置瓦橋關，周顯德六年收復，以其地建爲雄州。乃移易州之容城並歸義二縣於城中，蓋遼與周各有一歸義縣。」三朝北盟會編卷一六政宣上秩十六引宣和録：「涿易之間，有牛欄寨，皆契丹素屯兵馬去處。」

易州，〔一〕高陽軍，上，刺史。〔二〕漢爲易、故安二縣地。〔三〕隋置易州，隋末爲上谷郡。唐武德四年復易州。天寶元年仍上谷郡。乾元元年又改易州。五代隸定州節度使。會同九年孫方簡以其地來附。應曆九年爲周世宗所取，〔四〕後屬宋。統和七年攻克之，升高陽軍。有易水、〔五〕淶水、〔六〕狼山、〔七〕太寧山、〔八〕白馬山。〔九〕

統縣三：

易縣。本漢縣，故城〔一〇〕在今縣東南六十里。齊天保七年省。隋開皇十六年，於故安城西北隅置縣，即今縣治也。〔一一〕户二萬五千。

淶水縣。〔一二〕本漢道縣，〔一三〕今縣北一里故道城是也。元魏移於故城南，〔一四〕即今縣置。〔一五〕周大象二年省。隋開皇十八年改淶水縣，〔一六〕在州東四十里。有淶水。户二萬七千。

容城縣。〔一七〕本漢縣，〔一八〕先屬涿郡，故城在雄州西南。〔一九〕唐武德五年屬北義州。〔二〇〕貞觀元年還本屬。聖曆二年改全忠縣。天寶元年復名容城縣，在州東八十里。户民皆居巨馬河南，〔二一〕僑治涿州新城縣。户五千。

〔一〕即今河北省易縣。

〔二〕本史卷二二道宗紀咸雍七年三月，有易州觀察使高正。

〔三〕故安，原誤「安故」，據漢書卷二八上地理志及上文改。

〔四〕同年周並取瀛、莫二州。

〔五〕戴銑弘治易州志卷一：「拒馬河，在淶水縣治東一里許，源出廣昌淶山，又東南至定興縣，西與白澗河合，又東至新城縣界爲白溝河，又東注霸州，合直沽達於海。一名淶水，以其發源淶山得名，非實有二水也。」

〔六〕輿地廣記卷一二：「漢故安縣故城在今縣南，易水所出，燕太子丹送荆軻入秦，祖道於水上，軻起爲壽，歌曰：風蕭蕭兮易水寒，壯士一去兮不復還。即此。」光緒延慶州志卷五：「乾隆志引歐陽脩曰：西山道路三十餘處，皆可行兵，其險折扼在車城、銀功等路。今輕易委敵，一旦敵以大兵渡易水，而以奇兵自蜚狐出西山諸口，則我腹背受敵矣。」

〔七〕索隱卷五：「通鑑後梁紀：契丹拔涿州，進攻定州，晉王自鎮州將軍救王都，遣神武都指揮使王思同將兵戍狼山之南以拒之。又後晉紀：定州西北二百里有狼山，土人築堡於山下以避胡寇。注引匈奴須知：狼山寨，東北至易州八十里。」明一統志卷二：「郎山，在（保定）府城西北五十里，一名狼山。其峯尖銳如削，皎然玉立。」

〔八〕明一統志卷二：「大寧山，在易州城西五十里，中有大寧寺。」册府元龜卷九四九：「劉昫，涿州人，唐天元中契丹陷其境。昫被俘至新州，逃而獲免，隱居上谷大寧山。」按本史卷一二聖宗紀統和七年三月：「詔開奇峯路通易州市。」清一統志卷三〇：「奇峯嶺，在易州西北四十里，有奇峯口。」

〔九〕索隱卷五：「案寰宇記：山在易縣北八十里，天寶六年敕改燕丹山。」易水志：「樊館山，在州西七里，是樊於期授首處。荆軻山，在州西五里，昔燕丹尊軻上卿館此。」弘治易州志卷五：「黄金臺，在州治東南四十里，昔燕昭王師事郭隗，築臺置千金於上，以延天下士，士争趨燕，故號黄金臺。」癸辛雜識别集卷上：「保定府之西有易州，即郭藥師起兵處，在易水北，州東南有故城，土人號曰燕子城。」記纂淵海：「吟詩臺，在易州西大寧山，五代馮道吟詩於此。」明一統志卷二：「五華樓，在易州治，即燕侯雲物臺。遼聖宗嘗御此樓，書刺史馬質，兵監趙質姓名於西壁。」易水志：「福感寺，在州東一里，遼統和二十八年建。上中小静覺寺，在大寧山，遼大安二年建。」

〔一〇〕索隱卷五：「漢易縣，在今雄縣西北，非今易縣。此當云本漢故安縣地。下云齊天保七年省，省晉、魏之固安縣。」

〔一一〕索隱卷五：「寰宇記：易州取州南易水爲名，今考易縣亦取漢故縣名。」

〔一二〕案即今縣。光緒淶水縣志卷首沿革表：「按通鑑：石晉所割十六州無易州，其後屢改。易州刺史郭璘固守，契丹每過城下，嘆曰：爲此人所扼。齊王開運二年，杜威既降，契丹遣耿崇美誘諭其衆，衆降，璘遂爲崇美所殺。」通志易州建置云：「遼統和九年升高陽軍，領易縣，是易初入遼亦未嘗領淶。」按全遼文卷八咸雍九年水東村傅逐秀等造香幢記稱：「易州淶水縣遒亭鄉水東村。」

〔一三〕索隱卷五：「謂道當作遒，漢志注：遒，古遒字，音字由反。續志亦作遒，晉志始作遒。」

〔一四〕高士奇扈從西巡日録：「（淶水）縣城，舊在拒馬河西北二里，俗名周城灣。水經曰：『拒馬河出代郡廣昌縣淶山。』酈道元注曰：『即淶水也。』」拾遺卷一四：「周城灣，當即周大象中所改城也。」

〔一五〕置應作治。

〔一六〕「二一年省，隋開皇」六字原脱。按周大象三年二月爲隋所滅，無十八年。索隱卷五：「寰宇記（卷六七）云：後周大象二年，省遒縣入涿縣。隋志云：開皇元年以范陽爲遒，更置范陽於此；六年，改爲固安，八年廢；十年又置爲永陽，十八年改爲淶水。」據補。

〔一七〕僑縣，在今縣西北三十里。

〔一八〕索隱卷五：「按後漢省入遒縣。」

〔一九〕索隱卷五：「南當作北，容城之故城有二：元和郡縣志：容城縣，西北至易州八十八里。寰宇記：廢城在雄州西北五十里。此漢至唐之故城也。今容城縣北十五里城子村之故城，爲遼、宋、金、元之容城。漢書補注以城子村爲漢縣，誤。」

〔二〇〕索隱卷五：「案寰宇記：唐武德四年討平竇建德，置北義州，仍改爲遒縣以屬焉。」

〔二一〕索隱卷五：「一統志：五代周顯德六年，移縣於雄州城中，自此容城之名南北並置。」巨馬河，本史卷一一聖宗紀統和四年、卷一七聖宗紀太平八年並作拒馬河，卷四六百官志二作距馬河。

薊州，〔一〕尚武軍，上，刺史。秦漁陽、右北平二郡地。〔二〕隋開皇中徙治玄州總管府，〔三〕煬帝改漁陽郡。唐武德元年，廢入幽州，開元十八年分立薊州。〔四〕統縣三：

漁陽縣。本漢縣，〔五〕屬漁陽郡。晉省，復置。元魏省。〔六〕唐屬幽州，開元十八年置薊州。有鮑丘水。〔七〕户四千。

三河縣。〔八〕本漢臨朐縣地，〔九〕唐開元四年析潞州置。〔一〇〕户三千。

玉田縣。〔一〕本春秋無終子國。漢置無終縣，屬右北平郡。元魏屬漁陽郡治，省，〔二〕唐武德二年復置。貞觀初省，乾封中復置。萬歲通天元年更名玉田，屬營州。開元四年還屬幽州。八年屬營州。十一年又屬幽州。十八年來屬。搜神記：「雍伯，洛陽人，性孝，父母没，葬無終山。山高八十里，上無水，雍伯置飲。人有就飲者，與石一斗，種生玉，因名玉田。」户三千。〔三〕

〔一〕州治漁陽即今天津薊縣。夢溪筆談卷二五：「予使遼，至古契丹界，大薊芨如車蓋。中國無此大者。其地名薊，恐其因此也。如揚州宜楊、荆州宜荆之類。」太平寰宇記卷七〇：「取古薊門關以名州。」

〔二〕索隱卷五：「漢右北平無終縣地，非廣陽國治之薊縣。史記燕世家正義：召公初封，蓋在無終縣，以燕山爲名。隋志：無終縣有燕山。」

〔三〕索隱卷五：「當作徙玄州治。隋志：漁陽郡，開皇六年徙玄州於此，並立總管府。大業初，府廢。又安樂郡舊置安州，後周改爲玄州，開皇十六年州徙。」

〔四〕清一統志卷六：「大興縣東南五十里有圍城，舊唐志：沃州濱海縣本寄治營州城内。州陷契丹，乃遷於薊州東南迴城（即圍城）。」嘉靖熊相薊州志：「盤山，一名盤龍山，在城西北二十五里，高二千餘仞，周百餘里。勢旁礴而盤桓，因以名之。山北數峯陡絶，林立如削，曰紫蓋，曰宿猿，尤爲奇特。最高者曰上盤，有二龍潭，禱雨多應。稍卑者曰中盤，東行十餘里，蔚然深秀，怪石突起，曰白崖。日暮則山色蒼翠，嵐氣溶濕，濛然如雨，上有古寺七十餘所。」讀史方輿紀要卷一一：「石門鎮，在薊州東六十里。山峽嶄絶壁立，其中洞開俗呼爲石門口。宋宣和五年，遼蕭幹敗宋兵於石門鎮，遂陷薊州。」釋智朴盤山志卷三：「感化寺，有遼乾統七年碑，漁陽南抃撰文，沙門肅回書。」又曰：「獨樂寺，在州治西南，不知創自何代，至遼時重修，有翰林院學士承旨劉成碑，統和十年孟夏立石。」又曰：「祐唐寺，有統和五年碑，知薊州軍事判官文林郎試秘書省校書郎李仲宣撰文，沙門德麟書。」郭造卿碣石叢譚：「薊鎮三屯城東北二十五里爲芹菜山，遼進士馮唐卿於山前結廬，種芹自給，故名。」

〔五〕索隱卷五：「漢漁陽縣在今密雲縣西南，志蓋未考爲漢無終也。一統志：隋大業末改無終名漁陽，是取漢縣名以名縣耳。」

〔六〕索隱卷五：「案魏志，幽州漁陽郡有漁陽縣。注：晉罷，後復。後齊省漁陽入密雲，皆與薊州之漁陽無涉。」

〔七〕桑欽水經卷一四：「鮑丘水從塞外來，南過漁陽縣東，又南過潞縣西，又南至雍奴縣北，屈東入於海。」

道光薊州志卷二古蹟：「棗林淀，遼太宗會同九年閲諸道兵於棗林淀。」又「紫金溝，在州南八里，長一里餘、寬十餘丈。水甚深，冬夏不竭，乃遼運河之故道也。」

〔八〕案即今縣。王自謹三河縣志：「縣名三河，以地近朐河、鮑邱河、泇河三水也。」索隱卷五：「此縣蓋以隋志泃河、泇河兼潞河名。」

〔九〕京東考古録：「一統志，三河在漢臨朐縣地。今考兩漢書並無臨朐縣。唐書地理志幽州范陽郡潞縣下云：武德二年置臨朐縣，貞觀元年省臨朐。而薊州漁陽郡三河下云：開元四年析潞縣置。故知本是一地，先分爲臨朐，後分爲三河，皆自唐，非漢也。」錢氏考異卷八三：「朐當作泃，字之訛也。兩漢志俱無臨泃縣，唐武德二年，析潞縣置臨泃，貞觀元年省，開元四年復析潞縣置三河縣，蓋即臨泃故地。臨泃，唐縣，非漢縣明矣。明一統志又承遼志之誤。」通鑑後唐紀：「長興三年九月庚辰朔，奏城三河畢。」索隱卷五：「案漢臨朐縣有二，齊郡、東萊郡。與此皆異。」又云：「錢氏此文並本京東考古録，一統志亦從之。然水經鮑邱水注自有臨泃城，後趙置。」

〔一〇〕州當作縣。

〔一一〕即今縣。按本史卷一三聖宗紀統和八年七月，省玉田縣。

〔一二〕隋書卷三〇地理志：「漁陽郡，統縣一，無終。注：後齊置，後周又廢徐無縣入焉。大業初置漁陽郡。」舊唐書卷三九地理志：「玉田，漢無終縣，屬右北平郡。乾封二年，於廢無終縣置。名無終，屬幽州。萬歲通天二年，改爲玉田縣，神龍元年，割屬營州，開元四年，還屬幽州，八年，又割屬營州，十一年，又屬薊州。」

〔三〕太平寰宇記卷七〇：「無終山，一名翁同山，又名陰山，在（漁陽）縣西北四里。神仙傳云：仙人白仲理者，遼東人也，隱居無終山中，合仙丹，又於山中作金五千斤，以放百姓。又搜神記云：無終山，有陽雍伯玉田。陽雍伯，雒陽人，父母殁，葬於無終山。山上無水，雍伯汲水作義漿，行者皆飲之。三年，有一人就飲，以石子一升遺之，使於高平好地有石處種之。有徐氏者，爲右北平著姓，有女，人多求之，不許。雍伯試求，徐笑以爲狂，乃云以白璧一雙，當可爲婚。雍伯至種石處，得五雙白璧，徐氏大驚，即以女妻之。」（述案今玉田縣北三十里有種玉田。）光緒玉田縣志卷六：「燕昭王墓在無終山。」九州記：「古漁陽北無終山，上有昭王墓。」薊州志：「徐無山，在玉田縣城東北二十里，後漢田疇避難於此，開山圖載山出不灰之木，生火之石。」玉田林南倉鎮之北有藪曰後湖，周迴可三十里，舊傳爲契丹蕭后圍場，爲春水之地（秋山每在薊州）。環湖附近有村曰林東、林西。金史卷二四地理志：玉田有行宫、御林。丁維後湖考因定爲金之御林，並稱係沿契丹而爲之，即以圍場歸之蕭后云。丁考又稱在湖心中曾獲鐵鏁數丈，並雜貨寶，亦適與蕭后妝樓有鏡錢者畧同。丁考見光緒玉田縣志卷六。乾隆寶坻縣志卷一五：「邑有北潭，北通薊、運，南入於海。相傳遼蕭后遺寶鏡於此，寶光不散，與日月争華，殆未必然。遼史后妃傳，蕭后什之八，惟感天后當宋太宗興國四年深入時，親臨戎馬，以退宋師；最後則德興元年，四軍大王奉蕭后由松亭關出走，二后曾道經於此。」石邦政豐潤縣志卷一二：「大天宫寺，在城西南，遼清寧元年鹽監張日成創建。有塔一十三級，初名南塔院，壽昌三年賜額極樂院。至金與大宋修好，行府悉寓於此。天會五年實宋欽宗靖康元年，敕加大天宮寺。」

拾遺卷一四：「豐潤縣本玉田之永濟務，金大定中始置永濟縣，大安初，改豐潤。」金衞紹王諱永濟，太和八年十一月即皇帝位，改元大安，即改永濟縣名豐潤。

金趙攄薊州玉田縣永濟務大天宮寺碑（見金文最卷七一）：「遼清寧之元，有鹽監張公日成者，愛其地，以爲可起梵宇，爲鄉邦歸依之境，乃出金售之。經始基構，中則正殿三楹，塑彌陀像，置大藏經。越南北則堂各五楹，繪本尊四智菩薩。西序則僧堂三楹，隅則鐘樓及内外山門次焉。環則周廡百區，寺僧千指有奇。至於粥魚齋鼓，物物完具，一皆獨辦，不資衆化。而舊有馬鞍山師弟法定者，以名德聞於遼主，嘗被召對，講繹稱旨，賜號演教大師，乃請爲之宗主。功始告成，而東道公逝矣。幸而其子從宜有父風度，清寧八年，於寺乾隅甓甃浮圖一十三級，奉安舍利；構堂三楹，繪先賢容像；築菴二區，延致諸方道人。在寺及永濟務各施息庫一，又施墅地二千四百畝、南墅地二千五百畝，用濟齋厨之需。演教大師攝度徒衆，以立常住，鄉人初以南塔院目之。壽昌三年賜極樂院額，乾統五年改爲天宮寺。天會五年八月，敕加大天宮寺。」

景州，〔一〕清安軍，下，刺史。本薊州遵化縣，〔二〕重熙中置。户三千。遵化縣，本唐平州買馬監，爲縣來屬。〔三〕

〔一〕州治遵化，即今縣。索隱卷五：「一統志：清安一曰清武。」

〔二〕索隱卷五：「一統志：五代唐始置縣。遵化州志謂唐天寶元年置遵化縣，考元和郡縣志無之，蓋誤以後唐爲唐。」張杰遵化縣志：「松亭山，邑東北一百二十里，多古松，其峯下削，腰有洞高二丈餘，深倍之。」水經注卷一四：「沽水，又南出峽，夾岸有二城，世謂之獨固門，以其借險憑固，易爲依據，巖壁升聳，疏通若門，故得是名也。」名勝志：「獨固門，一名龍門，在縣南十里，上合下開，開處高六丈許，水自懸崖傾瀉而下，觸石成井，奔盪之聲，轟然若雷。」松亭行紀卷上：「石門峽，在遵化西五十里，有石將軍在峽西，高三丈。水經注云：灅水又東南，逕石門峽，山高嶄絶，壁立洞開，俗謂之石門口。漢中平四年，漁陽張純反，殺右北平太守劉政。五年，遼東太守陽紘與中郎將孟溢率公孫瓚討純，戰於石門，大敗之，即此地也。」遵化縣志：「禪林寺，邑東北二十五里，姚秦泓始中僧至道建，稱雲昌寺。遼重熙間僧志紀重修，改今名。」

〔三〕全遼文卷八編入光緒遵化通志卷四七載大安九年沙門志延撰景州陳公山觀雞寺碑銘并序：「案幽州土地記：薊城東三百里陳公山有觀雞寺。載考剏修，不詳何代。北依遵化城，實前古養馬之監；南臨永濟院，乃我朝煮鹽之場。九峪十峯，縈迴左右；甘泉仙洞，濬列東西。」全遼文卷一一丁文逌墓誌銘：「旋出爲景州龍池冶監，其冶鐵貨歲出數不供課。公洎至，督役勉工，親時鑄鍊，所收倍於常績。」全遼文卷一〇乾統七年王鑒撰三河縣重修文宣王廟記：「燕京經界，轄制六州，總管内外二十四縣。」

平州，〔一〕**遼興軍**，上，節度。商爲孤竹國，〔二〕春秋山戎國。秦爲遼西、右北平二郡地，漢因之。漢末，公孫度據有，〔三〕傳子康、孫淵，入魏。〔四〕隋開皇中改平州，大業初復爲郡。唐武德初改州，〔五〕天寶元年仍北平郡。後唐復爲平州。太祖天贊二年取之，以定州俘户錯置其地。〔六〕統州二、縣三：

〔一〕州治盧龍，即今縣。本史卷二太祖紀天贊二年二月：「以平州爲盧龍軍，置節度使。」卷七四韓延徽子德樞傳：「（太宗時）授遼興軍節度使。」卷九景宗紀乾亨三年有遼興軍節度使韓德讓。至遼亡，張瑴以遼興軍節度副使降金。民國盧龍縣志卷五引讀史方輿紀要：「府東十八里有遼興城。唐開元初，安東都督府嘗治此。五代時，契丹置遼興府治焉，旋廢。」

〔二〕太平寰宇記卷七〇：「孤竹城，在今（盧龍）縣東，殷之諸侯，即伯夷叔齊之國。又案縣道記云：孤竹城，在肥如縣南二十里。史記謂齊桓公伐山戎，北至孤竹。又隋圖經云：孤竹城，漢靈帝時，遼西太守廉翻夢人謂己曰：『余孤竹君之子，伯夷之弟，遼海漂吾棺槨，聞吾君仁善，願見藏覆。』明日視之，見浮棺於水上，乃改葬焉。吏人嗤笑者，皆無疾而死。今改葬所尚存，祠在山下極嚴。」郭造卿永平府志：「府西北二十里雙子山，有孤竹長君墓，馬鞭山有少君墓，又五里有次君墓，即光和之重葬也。」

〔三〕京東考古録：「晉書：平州，禹貢冀州之域，於周爲幽州界，漢屬右北平郡。後漢末，公孫度自號平州牧，及其子康，康子淵，並據遼東。魏分遼東、昌黎、玄菟、帶方、樂浪五郡爲平州，後還合爲幽州。咸寧二年十月，分昌黎、遼東、玄菟、帶方、樂浪等郡國五，置平州，治昌黎。是則公孫度之平州乃遼東，而咸寧所置之平州乃柳城，即昌黎也。魏書：營州領郡六，其一曰昌黎，晉分遼東置，領縣三，其一曰龍城。太平真君八年，并柳城、昌黎、棘城屬焉。有堯祠、榆頓城、狼水。隋書：遼西郡統縣一，柳城，本魏龍城縣，開皇元年，改爲龍山縣，十八年改爲柳城縣。而平州之名，則自魏更立於遼西。魏書：平州領郡二，其一曰遼西，領縣三，其一曰肥如。獨其於平州之下注云：晉置，治肥如城，未甚詳明。其曰晉置者，謂平州之名始立於晉也；其曰治肥如城者，謂魏之平州治肥如也。上下本不相蒙，且如遼西郡下注云秦置，亦謂遼西之名立於秦也，豈可以秦之遼西亦治肥如乎？以此例之，可見矣。隋、唐二書並未有誤，至遼史於平州遼興軍下云：漢末公孫度據有，傳子康、孫淵，是誤以拓跋氏之平州爲公孫度之平州矣。灤州下亦云，不知其時皆曹氏所有也。」索隱卷五：「案此已見前東京遼陽府，何以又複出於此？漢末公孫度自稱平州牧，非後魏之平州也。」

〔四〕索隱卷五：「案此曹魏也。下缺元魏徙平州事。魏書地形志平州注：晉置，治肥如城。考晉志，平州領五郡。如曹魏以慕容廆爲刺史，不治肥如城。治肥如城者，元魏之平州也。京東考古録云：『平州之名，自魏更立於遼西，自地形志外無實證。』漢章證以通鑑。通鑑晉紀：義熙三年，燕幽州刺史上庸公懿以令支降魏，魏以懿爲平州牧、昌黎王，此魏之平州始徙於令支者，魏道武帝之天賜四年也。通鑑宋紀：元嘉九年，燕王黜長樂公崇使鎮肥如，崇使如魏，請舉郡降。十年，魏主以馮崇爲都督幽、平、東夷諸軍事，車騎大將軍，幽、平二州牧，封遼西王。魏書海夷馮文通傳同。此魏之平州繼治於肥如者，魏太武帝之延和元、二年也。」

〔五〕馮校：「新唐書卷三二：『初治臨渝，武德元年徙治盧龍。』未云改州。」

〔六〕宋琬永平府志卷二四染莊社記：「契丹時，遼興軍凬堯者，行貨路收一卵於篋，歸置錦囊，繫臍下，月餘出蛇如簪，飼之以肉，每出篋之便飼，漸長盈丈，圍將尺許，堯雖傾篋居之，而力不能任矣。乃縱於野，任其自食，嘗命以名曰雅，撫首似不能忍別，雅知人戀戀然，但不能言而去。數歲益大，始食野禽，繼而噬人。有司制之無策，聞於契丹，榜募能捕者，堯知其必雅，乃應募而抵放處，呼其名而至，叙故舊而數其罪，蛇遂俛首伏誅，其血流及近村，土石悉染紅，而莊以名。莊老以堯能施恩除害而祀之，雅能知恩服罪而配焉。是歲里人修祠落成，紀其歲月。金至寧元年仲秋辛卯興平路猛安蒲察孟里記。」遼詩話染莊蛇詩：「余輯遼詩話，偏閱十六州志乘，無足採者，即遼時事跡，亦甚寥寥，惟永平府志所載染莊社記最爲奇異，堪入齊諧之志，幾同海東之談，因作絕句詠之曰：『國士酬知己，由來未足誇。報恩拚一死，不見染莊蛇。』按遼興軍平州即今永平府之地，凬堯姓名甚奇，雖大昊苗裔，而堪入夏氏奇姓通也。凬古風字，堯疑即光字之譌。」

盧龍縣。〔一〕本肥如國。〔二〕春秋晉滅肥，肥子奔燕，受封於此。漢晉屬遼西郡。元魏爲郡治，兼立平州。北齊屬北平郡。隋開皇中，省肥如，入新昌。十八年改新昌曰盧龍。〔三〕唐爲平州，後因之。户七千。

〔一〕即今縣。

〔二〕民國盧龍縣志卷五：「肥如城，治城西北三十里。」索隱卷五：「國當作縣。」

〔三〕索隱卷五：「唐志盧龍本肥如，武德二年改。蓋隋末又名肥如。」

安喜縣。〔一〕本漢令支縣〔二〕地，久廢。太祖以定州安喜縣俘户置。在州東北六十里。户五千。有楊買驢城、龍紀城、漢兒莊城、遼城。〔三〕

〔一〕今遷安縣東北萬軍。金史卷二四地理志：「遷安，遼以所俘安喜縣民置。因名安喜。（金）大定七年更今名。鎮一，建昌。」元初省入盧龍，尋復置，明初因之。

〔二〕松亭行紀卷上：「遷安縣本漢之令支縣，遼始於令支故城置安喜縣，金大定間，始易今名。」索隱卷五：「案漢令支故城，在今遷安縣西。」

〔三〕以上十四字新增。索隱卷五：「漢中山國安喜，本在故定州東三十里。此州安喜縣，金改遷安。今遷安縣北四十里有楊買驢城，周五百步，相傳遼聖宗時，蕭太后所築。其臣司營築事者，姓楊名買驢。」姓楊名買驢，或是傳訛，而此地有南北交易，應可取信。白夏遷安縣志：「龍紀城，在縣北二十里，周圍二百四十步，遼蕭后所築。」乾隆永平府志卷四：「遷安縣漢兒莊城，縣西北一百七十里。」今遷安縣西南二十五公里上盧村出土開泰六年韓相墓誌銘（見全遼文卷六）云：「葬於遼城西安喜縣砂溝鄉福昌里。」是安喜縣東有遼城也。

望都縣。〔一〕本漢海陽縣，〔二〕久廢。太祖以定州望都縣〔三〕俘户置。有海陽山。縣在州南三十里。户三千。

〔一〕在今盧龍縣南三十里。光緒欒亭縣志卷二古蹟：「望都鎮，舊志云在縣境内。案遼時海陽、馬城與望都並置，則是七十里之地且分爲三，有是理乎？况其屬有海陽山，在平州南三十里，按之地勢，亦不甚合。遼時望都屬平州，馬城屬灤州，海陽屬隰州。是遼置之海陽與漢置之海陽，同名而異地，自置縣以來皆屬灤，於馬城爲確。若望都爲縣之北境，理或有之也。」

〔二〕索隱卷五：「案水經濡水注引魏土地記：令支城南六十里有海陽城。」

〔三〕索隱卷五：「案漢中山國望都，本在今望都西北三十里，此望都縣，元省。」

灤州，〔一〕永安軍，中，刺史。本古黄洛城。〔二〕灤河〔三〕環繞，在盧龍山南。〔四〕齊桓公伐山戎，見山神俞鬼，〔五〕即此。秦爲右北平。漢爲石城縣，後名海陽縣。〔六〕漢末爲公孫度所有。〔七〕晉以後屬遼西。石晉割地，在平州之境。〔八〕太祖以俘户置。灤州負山帶河，爲朔漢形勝之地。〔九〕有扶蘇泉〔一〇〕甚甘美，秦太子扶蘇北築長城，嘗駐此。臨榆山，〔一一〕峯巒崛起，高千餘仞，下臨渝河。統縣三：

義豐縣。本黄洛故城。黄洛水〔一二〕北出盧龍山，南流入於濡水。漢屬遼西郡，久廢。唐季入契丹，世宗置縣。户四千。

馬城縣。〔一三〕本盧龍縣地。唐開元二十八年析置縣，以通水運。東北有千金冶，〔一四〕東有茂鄉鎮。遼割隸灤州。在州西南四十里。户三千。

石城縣。〔一五〕漢置，屬右北平郡，久廢。唐貞觀中於此置臨渝縣，〔一六〕萬歲通天元年改石城縣，在灤州南三十里，〔一七〕唐儀鳳石刻在焉。今縣又在其南五十里。遼徙置以就鹽官。户三千。

〔一〕今河北灤縣。許亢宗奉使行程録：「第十一程，自清川九十里至灤州。州處平地，負麓面岡，東行三里許，亂山重疊，形勢險峻，河經其間，河面闊三百步，亦控扼之所也。水極清泚，臨河有大亭，名曰濯清，爲塞北之絶。」索隱卷五：「能改齋漫録引竇苹（新）唐書音訓，諸書山海經並無灤字，惟見切韻。今考廣韻，灤，水名，落官切。古字本作湙。五音集韻：濡，一作湙，奴官切。通雅云：濡水，音乃官反。又一統志云：灤河自漢以前皆書爲濡，唐書地理志：漁陽郡下有渡灤河之文，濡字作灤，當自唐始。」

〔二〕太平寰宇記卷七〇：「黄洛城，殷諸侯之國。」光緒撫寧縣志卷一：「案遼太祖分唐平川之東南置灤州，統縣三，本皆唐馬城、石城之故地，乃遠引黄洛古城。其誤一矣！義豐縣本析唐馬城所置也，亦云黄洛古城與灤州同，然可借證義豐爲灤州之附郭，本非二地，不過築城之地爲黄洛耳。而志未明言，其誤二矣！至於馬城即唐之馬城，本屬北平郡，遼但於其西南析置義豐縣，而以其餘地仍名馬城改隸灤州耳，未嘗有所移置也。乃全録唐志之文而加以錯誤。唐志：馬城，古海陽，開元二十八年置，謂置馬城於古海陽也。志乃云馬城本盧龍縣地，開元二十八年析置。引唐志之文而與唐志不合。其誤三矣！石城即唐之石城，亦本隸右北平郡，今既新立灤州，遂與馬城同改隸之耳。志乃云石城縣漢置，屬右北平郡，久廢。夫石城之名，固始於漢，然漢石城去唐石城相距不下千餘里，何故牽引之乎？其誤四矣！至所云臨渝山高千餘仞，下臨渝河，正可爲遼石城即唐石城，北魏楊樂，東漢臨渝之確證，乃不係於石城而係灤州條下，蓋因遼徙石城於南以就鹽官之後，石城故地，又置遷、潤二州，修志者求故石城地而不得，遂將其境内所有之山水，移而併入於新石城内，而新石城又實無此山水，遂不得不係於灤州條下，爲廣絡原野之計。夫灤州自初立至今，未有移動也，渝山、渝河，果何在乎？其誤五矣！至灤州條下云：漢爲石城縣，後名海陽縣，漢志石城、海陽分屬右北平、遼西二郡，志乃併爲一地二名。其誤六矣！有此六誤，遂令讀者茫然如墮雲霧中，其餘謂平、灤二州，漢末爲公孫度所有；謂營平二州爲石晉所獻；見駁於顧亭林、錢曉徵者，兹不暇論。」

〔三〕能改齋漫録卷八：「竇苹新唐書音訓本紀灤河云：灤，力官切。灤水出奚國都山，諸書山海經並無此字，唯見於切韻。又忠義列傳灤河云：音欒，今大遼平州東臨灤河是也。予按北鄙須知：大遼有灤州，西至燕京五百里。有灤河縣，西至灤州四十里。平州西至燕京八百里，以此見灤河縣在平州之西，竇以爲在東，非也。」今按遼灤河縣，屬中京道澤州。松亭行紀卷上：「按灤水前皆無名。禹貢：夾右碣石入於河。注云：其水如遼、濡、滹、易，皆中高不與河通，故必自北海然後能達河也。漢地理志遼西郡肥如縣注：玄水，東入濡水；濡水，南入海陽。顔師古曰：濡，音乃官反。遼史：黄洛水北出盧龍山，南流入於濡水。而五音集韻則云：濡，水名，一作渜，在遼西肥如海陽。又云：濡，奴官切，蓋音灤也。方氏通雅亦曰：濡水，音乃官反，今字書、韻書失此音。據此則今水有灤而無濡，且渜、灤字形相類，豈古或通用而然耶？」

清桂馥札樸卷三灤水：「說文：『濡水出涿郡故安，從水，需聲，入朱切。』廣韻：『濡，水名，出涿郡，乃官切。』通鑑：『魏主珪北巡至濡源。』注云：『濡音乃官翻。』馥按濡水即灤水，酈注水經云：『汙水北入難河。』濡、難聲相近。通鑑：『開元二年，薛訥擊契丹，行至灤水山峽中，爲伏兵所敗。』即濡水也。隸體需、耎相溷，故有入朱、乃官二切。」述按：出故安者非灤水。

〔四〕索隱卷五：「案今盧龍縣西南二十里周王山，灤水繞之。」

〔五〕太平寰宇記卷七〇：「卑耳溪，隋圖經：按管子云：『齊桓公北征孤竹，未至卑耳之溪十里，見一人長尺，而人物具焉，冠，右祛衣，走馬疾前。管仲曰：『登山之神有俞兒，霸王之君興，而登山之神見。且走馬前，導也。祛衣示前有水也，右祛衣示從右方涉也。』至卑耳之溪，有贊水者曰：『從左方涉，其深及冠，右方涉，其深及膝。』已涉，桓公拜曰：『仲父之聖至此。』」

〔六〕索隱卷五：「漢二縣，石城屬右北平，海陽屬遼西，未嘗改名，且漢石城縣在遼中京大定府境，非此州之石城。」

〔七〕索隱卷五：「案此與平州下同誤。」

〔八〕「石晉割地在平州之境」九字衍文。按石晉割地在太宗時，灤州爲太祖以俘户置，不在十六州之内。

〔九〕元混一輿地要覽：「灤州古無之。唐末阿保機陷平州，劉守光據幽州，暴虐，民不堪命，多逃亡，阿保機築此以居之。」困學紀聞卷一五：「唐無灤州，武經總要：石晉割賂燕、薊，易、定帥王都，驅其民入契丹，因以烏灤河爲名以居之。」

〔一〇〕灤志卷四：「甘泉，在州城西北十五里，味甘。秦太子扶蘇築長城，駐此飲水。又名扶蘇泉。」

〔一一〕太平寰宇記卷七〇：「臨餘山，本名臨渝山，音訛爲餘，有關，通胡、漢之路。在今（盧龍）縣東一百八十里。」

灤志卷四：「長春淀，（在）州城西南一百二十里，遼蕭太后建長春行宫。」又：「華嚴寺，（在）城西五十里，遼壽昌年建。卑家城，（在）城西南七十里，乾統年建。」又卷六：「偏涼亭，在城東北五里横山頭灤河西岸，乾統元年建。」光緒永平府志卷二七：「六角亭、四角亭，俱在偏涼汀。許莊賦序云：遼乾統初年，柳城張子記偏梁亭，梁字與今異。蓋彼時水在榆南横北，舟楫留難，故作偏橋偏梁，以通繂路，因以名亭。今水不西去，舊跡無存。」

〔一二〕索隱卷五：「案黄洛水皆本水經注文。濡水，東南逕盧龍故城東所合之水也。盧龍故城爲漢建安十二年所築，在今潘家口外，非隋、唐之盧龍縣。一統志：案水經注，黄洛水出盧龍塞，在今遷安縣西北界，則黄洛城亦當在其地，非灤州境。」

民國灤縣志卷二古蹟：「石城縣，在今縣城西九十里。遼徙治以就鹽官，與漢、唐、元魏所置之石城縣俱異。（詳見顧亭林京東考古録。）金太宗時改爲清州。（見許亢宗行程録。）明永樂三年，移開平中屯衛於石城廢縣，遂名開平鎮。通典云灤治本黄洛舊城，義豐倚焉。武經總要云：灤西九十里至石城。今開平東距灤治九十里，其爲石城地無疑。然義豐、石城本兩地也。

今開平既爲石城地，而城碑里刻俱稱義豐，殊未可曉，豈石城裁後，曾以義豐移置歟？」

〔一三〕即今灤縣東南馬城，在今樂亭、灤縣之間。潘敦復樂亭縣志卷一：「唐開元中置馬城縣，在今治西北，遼於今治置樂安鎮，仍屬馬城。金大定末，於樂安鎮置樂亭縣。」金史卷二四地理志：樂亭有新橋鎮。索隱卷五：「案唐志注：古海陽城。通典：平州西南百八十五里。」光緒樂亭縣志卷一：「樂亭之始建，史未詳何年。明志指爲大定末，稽學宫碑邑人李杭以天會四年登金進士，五年建學，是天會間已建學，不應大定末始置縣。按金史地理志：灤州，遼爲永安軍。天輔七年，因置節度使。樂亭之建，疑始於此。」又卷六：「崇法寺，在縣南三十里，遼大康間建。」

〔一四〕一九七八年四月，樂亭縣城南十里獨幽城劉莊西北，於遼代塔基地宫中出土陶碑，碑額題云：「平州馬縣南千金千人邑同建無垢净光佛舍利塔。大契丹國昭孝皇帝重熙十三年三月二十六日記。」是重熙十三年當時，馬城縣亦稱馬縣且隸於平州。今樂亭縣城南獨幽城北尚有古老村莊稱馬城廒。按字書「廒」爲倉儲之稱，則此地應屬魚鹽或海運來品之停儲站，千人邑爲民間組織，其上「千金」二字當即指千金冶。保寧元年尊勝陁羅尼幢記銜名（見全遼文卷四）：「平州司馬劉禹賓母葛氏。前補馬城令張報周。」

〔一五〕案在今唐山市東北開平。索隱卷五：「遼石城故城，在今灤州西南，非漢縣故城。」金史卷二四地理志灤州：「石城，有長春行宮。長春淀舊名大定淀。鎮一，榛子。」

太平寰宇記卷七〇：「石城，漢舊縣，取碣石立如城以名之。（秦）始皇使燕人盧生求羡門，刻碣石，漢武帝登之望海，當山有大石如柱，號曰天橋柱，往往而見，立於鉅海之中，狀如人造，然非人力所能成也。」太平御覽卷四五地部一〇：「大碣石山，在右北平驪城西南，王莽改曰碣石也。漢武帝亦嘗登之以望鉅海，而勒其石。今於此枕海有石如甬道數十里，當山頂有大石如柱形，往往而見，立於海之中，潮水大至，及潮波退，不動不没，不知深淺，世名之天橋柱也。狀若人造，亦非人力所就，韋昭亦指此以爲碣石也。」閻若璩潛邱劄記卷二：「前漢志：右北平郡驪成縣有大碣石山。後漢志：遼西郡臨渝縣有碣石山。文穎漢書注：碣石山在遼西絫縣，魏收地形志：肥如縣有碣石山。隋志：盧龍縣有碣石山，唐志：平州石城縣有碣石山。明一統志：碣石山，在昌黎縣西北二十里。諸縣或省或改，則今之盧龍、撫寧、昌黎及灤州界耳。此山綿跨四地，故班固曰大碣石山。今人第因天橋柱屬諸昌黎，隘矣。」郭造卿永平府志：「元張昺灤州石城廢縣姜將軍斬蛟縣廟碑云：後唐潞王從珂。清泰間，將軍鎮榆關，碣石之石城縣坤方。山曰唐麓，趾曰唐溪，臨溪形勢幽阻，林壑疏池，將軍卜城居之，溪有蛟，歲爲害，奔雷走電，激波溢涯。將軍領衆斬蛟於溪上，民乃安。後葬南山，冢若高山，至今民念功建廟。將軍夫人有二，男女各七配享，以上巳誕日致祭。元至元丙子，繕祠，壬午畢，爲記。按天贊之元，破石城，次年陷平州，置灤州以領之。後唐天成之元，平州歸唐，三年復陷歸遼。至清泰建元，則歷七年矣。安有唐將軍敢鎮此地，儻有之，遼事也。」

〔一六〕索隱卷五：「案以上並本寰宇記，記又本舊唐志，但臨榆作臨渝，萬歲通天元年作二年耳。然唐初於遼灤州西北界置臨渝縣，爲平州治。武德二年，移州治盧龍，七年省臨渝，貞觀十五年復置，不可畧也。」

〔一七〕案灤州南三十里之城今名馬城，無城垣，再南偏東五十里即灤州南八十里之城，正是今樂亭縣城，本志誤以馬城爲石城。索隱卷五：「一統志通典云：平州西北到石城縣百四十里。遼志道里與通典不合。今灤州西榛子嶺，疑即唐故縣。」民國昌黎縣志卷一二：「大同山，在縣北十八里張各莊。西上有石城，東南隅有石井，徑數尺，深二三尺，雖冬不凍。石上鐫『太平年造天井』六字，大如掌，太平，遼聖宗年號也。」又：「龍潭洞，東懸崖下，大石峙立，有遼鄰海軍題記二百餘字，後記大康五年五月十九日。」光緒撫寧縣志卷六：「龍泉寺，在縣南二十里無瑕峪，寺後有天井峪，遼天慶間建。」

營州，〔一〕鄰海軍，下，刺史。本商孤竹國。秦屬遼西郡。漢爲昌黎郡。〔二〕前燕慕容皝徙都于此。〔三〕元魏立營州，領昌黎、建德、遼東、樂浪、冀陽、〔四〕營丘六郡。後周爲高寶寧所據。隋開皇置州，大業改遼西郡。唐武德元年改營州，萬歲通天元年始入契丹。聖曆二年僑治漁陽。開元五年還治柳城。天寶元年改曰柳城郡。後唐復爲營州。〔五〕太祖以居定州俘户。統縣一：

廣寧縣。漢柳城縣，〔六〕屬遼西郡。東北與奚、契丹接境。萬歲通天元年，入契丹李萬榮。〔七〕神龍元年移幽州界。開元四年復舊地。遼改今名。〔八〕户三千。

〔一〕今河北昌黎縣。

〔二〕索隱卷五：「案漢無此郡，晉志有昌黎郡，魏置。」

〔三〕拾遺卷一四：「唐書營州柳城郡下云：『城西四百八十里有榆關守捉城。』又云：『西北接奚，北接契丹。』通典營州柳城郡下云：『東至遼河四百八十里，南至海二百六十里，西至北平郡七百里，北至契丹界五十里，東南到安東府二百七十里，西南到北平郡七十里，西北到契丹界七十里，東北到契丹界九十里。』而平州北平郡下云：『東至柳城郡七百里，西至漁陽郡三百里，東北到柳城郡七百里。』是柳城在今永平之東北七百里，而慕容氏之龍城、昌黎及魏以後之營州，並在其地。唐萬歲通天元年爲契丹所陷，聖曆二年，僑治漁陽，開元五年，又還治柳城，而今之昌黎乃昔之廣寧縣。大定二十九年改爲昌黎，名同而地異也。遼史載柳城曰興中府，古孤竹國漢柳城縣地，慕容皝都之。元世祖至元七年十月己丑，降興中府爲州，以地圖按之，當在今前屯衛之北。但唐書平州下云，又有柳城軍，永泰元年置。蓋唐時柳城之地，屢被陷没，移遷無常，此其在平州者，或即今之静安社未可知，然不可以永泰元年之柳城，爲古之柳城也。」

〔四〕索隱卷五：「魏志作冀陽，隋志亦云：後魏置營州於和龍城，領建德、冀陽、昌黎、遼東、樂浪、營邱等郡。」冀原誤「翼」，據魏志、隋志改正。

〔五〕索隱卷五：「志文自本商孤竹國以下至此一百十一字，並爲後魏及隋營州。故與中京道興中府文小異大同，與此營州無涉。此營州當云本漢遼西絫縣地，久廢。唐永泰元年置柳城軍，僑治營州。太祖以居定州俘户。蓋漢志絫縣故城，在今昌黎縣南，而續志無之，可知自後漢後久廢。明統志：柳城在永平府西二十里。永平府志：柳城在昌黎縣西南六十里，唐置營州。元省入昌黎，爲静安社。是皆自唐永泰後之柳城言之，乃中唐之營州，非唐初之營州爲後魏及隋之營州也。一統志謂唐營州未嘗移今府界，未免失考。」

〔六〕拾遺卷一四云，漢當作唐。元豐九域志卷一〇化外州：「河北路營州，下都督，柳城郡，領羈縻十四州，柳城一縣。」漢柳城在中京道。索隱卷五謂自此以下至「復舊地」，應移入中京道興中縣下。

〔七〕榮，原誤「營」，據本史卷六三世表及舊唐書卷一九九、新唐書卷二一九契丹傳改。

〔八〕金史卷二四地理志：「昌黎，遼營州鄰海軍，以所俘定州民置廣寧縣。皇統二年降州來屬，大定二十九年以與廣寧府重，故更今名。」

〔補〕防州。〔一〕

〔一〕應曆三年六月，有幽州榷鹽制置使兼防州刺史、知盧臺軍事張藏英奔周。見册府元龜、通鑑、新、舊五代史、契丹國志。